民事事実認定の技法

加藤新太郎

弘文堂

はしがき

事実認定は、日常生活においても大切なものである。例えば、兄弟げんかしているのを見つけた母親は、どちらが先に手を出したかを尋ね、その理由を質し、手を出さざるを得ない仕打ちを受けたのかを判断したうえで、一方または双方を叱ることが必要である。原因分析をしないまま、「とにかく喧嘩は駄目」と叱るだけでは子どもは言うことを聞かない。原因を言い分と状況から認識することは事実認定であり、賢母であるためには事実認定の技法を備えることが必要である。訴訟における事実認定は、訴訟法原則の下に一定のルールに則って行うものであるから、日常生活上の事実認定とは同列に論じることはできないが、当事者の言い分を十分聞くこと、その真偽を別の事柄から吟味することなどは共通する。

筆者は民事裁判官として、民事事実認定に精通したいと考え、裁判実務の中で経験を積み、暗黙知である土地勘と相場観を獲得するように意識し、それを同僚と意見交換して点検・補正することを心がけてきた。その足跡が、『民事事実認定』(共編著、判例タイムズ社・1999)、『民事事実認定と立証活動Ⅰ・Ⅱ』(編著、判例タイムズ社・2009)、『民事事実認定論』(弘文堂、2014) である。その中で、力量のある裁判官は、若手の時期に皆、裁判長から事実認定の手法について薫陶を受けていることに気づいた。また、裁判官を辞してから、法科大学院での講義・ゼミを、弁護士・司法書士に民事事実認定の講演を行って思ったのは、法律実務家が適切な事実認定をするためには、知識体系としての民事事実認定理論をバックグラウンドとした「実践的スキルの体系としての民事事実認定の技法」を修得することが必須だということである。これは、ピアノ演奏法を学んだだけで直ぐにピアノをうまく弾くことができるわけではないが、演奏法を学ばない人より上達が早いということと同じであろう。

本書は、実践的スキルの体系としての民事事実認定の技法を語る実務書である。筆者の民事事実認定修行の集大成であり、少し気どって言えば、「術(アート)としての民事事実認定論」である。知識体系としての民事事実認定理論(学としての民事事実認定論)を基礎としていることはいうまでもない。

本書の特色は、第１に、法律実務家として必須の事実認定の技法について、実務に伝承されていて現に有効なものを、汎用性・事件類型性に即して整理した点にある。

第２に、議論がともすれば抽象的に陥ることを避けるため、できる限り、具体的なケース（裁判例や筆者が執務において経験した事例）を素材として用いた点にある。個別の多様なケースの集積にとどまらず、暗黙知を可能な限り言葉にして、汎用性ある実践的技法を導くように心がけた。

第３に、本書の各章は、筆者のこれまでの研鑽の成果を基本としている。具体的には、『月報司法書士』（日本司法書士連合会発行）に連載した「講座 民事訴訟の尋問と事実認定」、「講座 民事事実認定のプラクティス」（501号～520号。2013年11月～2015年６月）を基礎として、上記『民事事実認定論』ほかをもとにして、アップ・トゥ・デイトした。また、各章に「コラム」を添え、民事事実認定の広がりや深さを味わえるように工夫している。

本書の名宛人は、主として、法律実務家である弁護士、裁判官、このテーマに関心を持たれる研究者であるが、簡裁訴訟代理権を得た司法書士の方々のほか、法律実務家の卵である司法修習生、法科大学院学生も視野に入っている。本書が多くの方々に受け入れられれば、幸いである。

本書の刊行も、弘文堂の北川陽子さんのお手を煩わせた。筆者の初めての単行著書である『弁護士役割論』（1992）から数えて30年、『手続裁量論』（1996）、『弁護士役割論〔新版〕』（2000）、『司法書士の専門家責任』（2013）、『民事事実認定論』と続き、６冊目となる本書まですべてにお世話をいただいているが、編集者と著者とのかくも永い関係はあまり見当たらないかもしれない。北川さんの良書をつくり上げようという強い意欲と本書刊行に至るまでのご尽力に対し、万感の思いを込めて、厚くお礼申し上げたい。

2021年12月

加藤　新太郎

凡　例

本書における文献略語は、以下のような略語を用いた。
法令・判例の表記方法、判例集・雑誌等の表記は、慣例に従った。

加藤・認定論	加藤新太郎『民事事実認定論』(弘文堂・2014)
加藤・裁量論	加藤新太郎『手続裁量論』(弘文堂・1996)
加藤編・立証活動Ⅰ	加藤新太郎編『民事事実認定と立証活動Ⅰ』(判例タイムズ社・2009)
加藤編・立証活動Ⅱ	加藤新太郎編『民事事実認定と立証活動Ⅱ』(判例タイムズ社・2009)
瀧澤ほか・事実認定	瀧澤泉＝小久保孝雄＝村上正敏＝飯塚宏＝手嶋あさみ『民事訴訟における事実認定』司法研究報告書59輯1号(法曹会・2007)
条解民訴	兼子一原著・松浦馨＝新堂幸司＝竹下守夫＝高橋宏志＝加藤新太郎＝上原敏夫＝高田裕成著『条解民事訴訟法〔第2版〕』(弘文堂・2011)
伊藤＝加藤編・判例から学ぶ	伊藤眞＝加藤新太郎編『[判例から学ぶ] 民事事実認定』(有斐閣・2006)

目次

第１部

民事事実認定の基本

第1章　民事事実認定のアウトライン

1　民事事実認定の意義

民事訴訟の結論は、確定された事実（自白または事実認定）に、法規が適用されることにより導かれる。民事事実認定は、民事訴訟において、当事者間に争いのある事実の存否を証拠調べの結果と弁論の全趣旨によって認定する作業をいう。より正確にいえば、それは、弁論主義・当事者主義などの民事訴訟法の原則の下、当事者の党派的訴訟活動を前提として、その事象の専門家ではない裁判官が、法定の手続に則り証拠法則を遵守して、法的に意味のある主張の不一致である争点について、評価性を含む事象を認識していく作業である。

当事者は、争いのある事実が存在することの蓋然性を裁判官に認識してもらうことができれば、その事実は認定される。当事者が証拠を提出し、争いのある事実が存在することの蓋然性の認識を裁判官に形成してもらうことを目標として行う訴訟活動が「証明」である。民事訴訟においては、争いのある事実が証明されれば、その事実の存在が認定され、証明するまでに至らなければ、その事実が存在したとは認定されない。

民事訴訟では、事実認定が重要であるといわれる。そのとおりであるが、適切な法の解釈とその事実に対する当てはめ（法の適用）を間違えば、結論を誤ることになるから、法の解釈・適用も大切であり、両者はいわば車の両輪である。法律実務家は、しばしば事実認定の実践的な重要性を強調するが、それは「誤った認定をした事実」に法の適用をしてみても意味がないことを骨身にしみて知っているからにほかならない。

さらに、事実は、それを体験した当事者なら知っている事柄である。例えば、「書面は残っていないが、貸した金銭を返済してほしい」という請求がされた場合には、当事者は金銭の交付という事実の有無を認識している。被告とされた借主が金銭の交付を否認した場合には、証拠により事実認定をすることになる。この判断を誤れば、当事者は到底納得できず、司法の信頼性について疑いを抱くことになるのは必至である。

その意味で、裁判官にとって、事実認定スキルは執務に必須の基本的な技能である。そして、訴訟代理人である弁護士にとっても裁判官がどのように事実認定をするかの方法を理解し、これに沿って立証活動をしていくことが、効果的な訴訟活動となる。しかし、実際には、これがなかなか難しい。山浦善樹弁護士（元最高裁判事）は、「民事訴訟における証拠採集」という講演の中で、「弁護士と裁判官とは、事実認定のスタンスに違いがあります。弁護士が、裁判官は自分と同じように考えているはずだと、勝手に思い込んでいると、思わぬ間違いを犯します。これは、弁護士が陥りやすい落とし穴です。訴訟代理人は、裁判官が何を考えているかを、きちんと認識していないといけません。自分の考えていることと裁判官の考えていることと違っているとお話にならないので、裁判官の心証、裁判官の考えていることを正確に理解することが大事だと思います。……弁護士は、依頼者の説明を前提にする関係で、どうしても一方的な見方、局部的な見方になってしまいます」と言われる[1)]。

訴訟代理人は、依頼者の最善の利益を図るべく活動することが要請されるが、それは、ともすると「依頼者の説明を前提にする」党派的訴訟活動となりがちである。しかし、それは、「一方的な見方、局部的な見方」であるから、裁判官が、訴訟代理人と同じように事実認定をしてくれる保障はない。そこで、訴訟代理人としては、裁判官がどのように民事事実認定をしているかという基本構造を理解しておくことが何としても求められるのである。

2　民事事実認定と真実発見

(1) 民事事実認定の目標

民事事実認定は、実体的真実発見・真実解明を目標にすべきものであろうか。この論点については、近時、積極・消極の争いがみられる。

消極説としては、第1に、「手続保障における第三の波説」がある。これは、実体的真実発見・真実解明を訴訟の目標とするのは「結果志向」であると

1）山浦善樹「講演録 民事訴訟における証拠採集」東京弁護士会民事訴訟問題等特別委員会編『民事訴訟代理人の実務Ⅲ 証拠収集と立証』451頁（青林書院・2012）。

し、これを否定し、手続過程にこそ重点を置くべきであるとする「過程志向」の訴訟観を提示するものである。この見解は、「①当事者主義の手続原則の下にある民事訴訟においては、実体的真実解明は、そもそも手続構造にそぐわない、②積極説は、手続過程において紛争主体（当事者）が果たしている役割および手続それ自体がもっている価値を正当に位置づけることができない、③権利や法は、はじめから所与のものとして静止的に存在するものではない、④積極説は、手続過程における当事者相互間の役割よりも裁判官の主導的役割を強調しがちであるが、そうした思考形態は疑問である、⑤実体的真実にかえて、訴訟的真実・訴訟内真実・形式的真実といってみても、事柄の本質は同じである」と考える[2)]。この見解は、実践的には、真実を追求することは、当事者の自主的な紛争解決の動きを阻害すると懐疑的に捉えているわけである。

第２に、民事訴訟においては、裁判官が認識できた事実は訴訟的真実にすぎないという見方を前提として、当事者の提出した証拠方法と交互尋問で引き出した証拠調べの結果の範囲内でのみ事実認定をするのであるから、民事訴訟が必ずしも実体的真実発見・真実解明を目的としているといえるかは疑問とする見解[3)]もみられる。

これに対して、積極説は、民事訴訟においても、実体的真実発見・真実解明が制度目的とされるべきであると説く。その論拠としては、第１説は、実体法の適正な適用を可能とするためであるが、それは実体法の趣旨、すなわち、法主体にとっては権利保護、社会全体にとっては私法秩序の維持を実現するためのものであると考える[4)]。

第２説は、裁判を受ける権利（憲法32条）が実質的に保障されるためには、当事者として争点となっている事実について、収集できる最大限の証拠に基づいて、できる限り真実に近い事実認定がされることを期待するし、民事訴訟制度を支える納税者も、納得できる裁判という視点から、真実発見・真実解明を期待することを論拠にする[5)]。

２）井上治典「民事訴訟の役割」『民事手続論』12頁（有斐閣・1993）。

３）村松俊夫「弁論主義」『民事裁判の理論と実務』104頁注(8)（有信堂・1967）。

４）条解民訴1360頁〔竹下守夫〕。

５）伊藤眞「訴訟における人間」『岩波講座基本法学(1)』222頁（岩波書店・1983）、同『民事訴訟法〔第７版〕』25頁（有斐閣・2020）。なお、弁論主義であるからといって、争点事中間説は、裁判の正当性の核心をなすものは手続保障にあるとしつつ、民事訴訟における実体的真実の発見は、当事者主義的な一定の制度的枠組みの中で所定の手続に従って行われなければならないとする見解[6)]である。この見解は、判決内容の正当性は、道徳的正しさだけでなく、事実認識の正しさをもその意味として含んでいると理解すべきであり、正確な事実認定は、裁判の正当性の基礎づけないし識別にとって不可欠の要素であるとする。中間説は、正確な事実認定＝真実発見・真実解明を民事訴訟の目的・理念とはいわないまでも、審理の目的には据える立場であるといえよう。

(2)検討

実体法の趣旨の理解として、権利保護・私法秩序の維持を第一義とすることは異論のないところと思われるが、これを現実化しようとする場合、真実とはいえない対象に法適用することは無意味であり、およそ正当性を持ち得ない。したがって、当事者が実体的真実発見・真実解明を期待することは至極当然であるし、訴訟制度設営のスポンサーである納税者たる国民（潜在的当事者）にとって納得できる裁判という観点からも、実体的真実解明は根拠づけられる。そのようなことから、実体的真実解明は、民事訴訟においても目標とされなければならない制度目的・制度理念である。その理由は、既に述べたとおり、積極説の説くところと同様に考えるが、第１説と第２説が論拠とするところは、併存し得るものと考えてよいであろう[7)]。

これに対して、消極説は、手続過程を重視するあまり、実体的正義を省みず、正当性確保という点でも十分でなく、したがって、当事者の期待にも沿うことのできない民事訴訟目的論に陥ってしまっている。第三の波説の意図する手続保障の重要性、当事者の自律性・主体性の確保の意義については理解できるが、制度目的の設定、制度理念の構築においてバランスを欠いていると考えられる。

実について真実解明に真剣にならないのは、当事者の求めるところを与えず、期待に背くことであるとする見解として、兼子一「民事訴訟の出発点に立返って」『民事法研究⑴』491頁（酒井書店・1950）。また、ニュアンスの差はあるが、訴訟当事者の真実解明志向ないし期待の尊重という点で同旨の見解として、竜嵜喜助「民事訴訟の言語と闘争」三ケ月章先生古稀祝賀『民事手続法学の革新㊤』66頁（有斐閣・1991）。

6）田中成明「現代裁判の役割とその正統性」『法的空間』273頁（東京大学出版会・1993）。

7）加藤・認定論25頁。

(3) 事実認定論と真実解明

民事訴訟の制度目的・制度理念が実体的真実の発見であると位置づけた場合において、事実認定プロセスでは、それがどのように作動することになるのであろうか。

この場合の実体的真実とは、訴訟外に客観的なものとして存在する真実をいう。このことから、論者によっては、確固不動の存在である所与の真実を発見するのが事実認定であると捉える立場（静態的訴訟観）があるものと想定し、そうではなく、訴訟手続というルールの中で提出された主張と証拠のみにより事実認定をし、それが真実（相対的真実）であるとする立場（動態的訴訟観）と対比した上で、後者の優位性を説くものがある[8)]。

また、事実認定過程についての考え方を２つの理念型に分ける見解もみられる。この見解は、①事実認定とは訴訟外の客観的真実を発見する過程であり、真実に反する認定は誤判であるとする考え方（真実説）、②認定事実が真実であるか否かは度外視して、提出された証拠のうちで、確かな根拠を欠いたり、前後矛盾があったり、明白な事実に反するなど信用できない証拠を排斥し、信用できる証拠には証明力に応じた評価を加えた上で、証拠の内容と争いない事実の全部を無理なく説明できるような合理的ストーリー（仮説）を再構成する過程であるとする考え方（合理説）とに分類する[9)]。

事実認定プロセスは、弁論主義原則の下で、訴訟法規による一定の制約の範囲内で、裁判官が、提出された主張と証拠を虚心坦懐に受け止め、経験則を駆使し、洞察力を働かせて、争点事実（要証事実）について、その真偽を判定していくという作業の過程である。それは、論者が、動態的訴訟観と呼び、合理説と名付けるプロセスとほとんど異なるところがない。逆に言えば、論者が静態的訴訟観と呼ぶものは、「提出された主張と証拠のみにより事実認定をする」手続ではないものを意味するということであろうか。また、論者が名付ける真実説とは、合理説が叙述するような認識作業や証拠評価をしないという立場を想定しているのであろうか。しかし、「そのような事実認定でよい」または「そのような事実認定がよい」とする考え方ないし立場をとる研究者や法律

8）松本伸也「陳述書の活用―訴訟代理人の立場での問題点と改善への期待」上谷清＝加藤新太郎編『新民事訴訟法施行三年の総括と将来の展望』277頁（西神田編集室・2002）。

9）西野喜一『裁判の過程』125頁（判例タイムズ社・1995）。

実務家は、おそらく、わが国では、どこにも存在しないであろう。そうすると、これらの見解は、考え方の整理としては有益であるが、それ以上の意味はないということになる。

すなわち、事実認定のプロセスにおいて、実体的真実発見・真実解明の要請とは、民事訴訟手続の所与の制約の中で、裁判官が、経験則を駆使し、洞察力を働かせて、訴訟外にある客観的な真実に接近しようという目標的命題として作動する。上記の見解のように、静態的訴訟観ないし真実説のような形で、発現することはないのである。

以上の考察によれば、民事訴訟の制度目的・制度理念である実体的真実発見・真実解明の要請は、事実認定方法論においては、裁判官に対して、所与の手続的制約を与件としつつ、訴訟外にある客観的な真実に可能な限り接近すべきであるという目標的な規範命題として作動するものと解するのが相当である[10)]。

3　事実認定と争い方の類型

(1) 争い方の類型

民事訴訟は、私人間において実体私法上の権利義務や法律関係の存否をめぐって生じた紛争（民事紛争）の解決のための手続である。しかし、事実を認定することが、どのような紛争でも求められるわけではなく、争い方の類型と争う対象の類型とによる。

争い方の類型により差異が生じるのは、民事訴訟の基本原則である処分権主義・弁論主義との関係によるものである。

民事訴訟は、紛争当事者の一方（原告）の申立て（訴え）によって開始され、相手方（被告）は否応なくこれに応じなければならず、原告の申立てについて答弁することになるが、その申立てに異論がなければ請求を認諾してもよい。この場合には、民事訴訟は、事実審理に入ることなく終了する。

被告が原告の申立てに対して請求棄却を求める場合には、請求原因事実について認否することになるが、事実を一部認めた場合には、その範囲で自白が成

10）加藤・認定論27頁。

立し、争いのない事実については、証明をする必要がなくなる。被告が第１回の口頭弁論期日に欠席した場合にも、原告の主張する請求原因事実を自白したものとみなされ（民訴法159条）、証拠調べをすることなく原告勝訴の判決がされる。

被告が、原告の主張する請求原因事実を否認した場合には、原告が証拠を提出して証明することが必要になる。これを本証といい、被告がそれを争うために立証することを反証という。民事事実認定は、このように当事者が本証と反証とを繰り出して主張事実を争う場面でされるものなのである。

(2)前提としての処分権主義・弁論主義

民事事実認定は、訴訟法原則という制約付きのものである。つまり、弁論主義原則の下で展開される事実主張のうち要証事実（要証命題）を、証拠法則という一定の約束ごとの中で認識していく作業が、民事事実認定である。その限りで、民事訴訟における事実認定は、同じように事実を認識する学問である文学部哲学科で講じられる事実認識論や心理学科で教えられる認知心理学における認知論（認識論）とは異なる。

弁論主義や処分権主義はいずれも、民事訴訟の審理のあり方に関する原則である。処分権主義は、訴訟物の範囲の確定、審判対象の範囲の設定にかかわるものであるのに対して、弁論主義は、訴訟の存在を前提として、その基礎となる事実と証拠の提出にかかわるものである。したがって、両者の適用場面は異なる。

弁論主義は、民事訴訟の判決の基礎となる事実の確定に必要な資料（訴訟資料）の提出を当事者の権能と責任とする原則である。訴訟資料とは、主張された事実と提出された証拠をいう。

弁論主義の内容は、主張責任、自白法則、職権証拠調べの禁止にあらわれる。

第１に、裁判所は、当事者の主張しない事実を判決の基礎とすることはできない。これは、事実提出の段階で働く弁論主義である。

第２に、裁判所は、当事者に争いのない事実は、そのまま判決の基礎としなければならない。これは、提出された事実に争いがない段階で働く弁論主義である。争いのない事実は、証明を必要としないもの（不要証事実）になる。

第３に、裁判所は、当事者に争いのある事実を認定するには、当事者の申し出た証拠によらなければならない。これは、提出された事実に争いがある段階で働く弁論主義である。つまり、職権証拠調べは原則として禁止されるのである。

弁論主義の根拠については、本質説、手段説、多元説などの見解がみられる[11)]。

本質説は、弁論主義の根拠は、処分権主義と同じく、私的自治の原則に求められるという。これに対して、手段説は、弁論主義は真実発見の手段として採用されていると考える。さらに、多元説は、弁論主義は、私的自治にも、真実発見にも、手続保障などにも根拠があり、いずれかに限定することはないとする。いずれかの見解をとれば、実際の場面で顕著な違いを生じるという論点ではなく、説明としていずれが説得的かという議論である。

4　事実認定と争う対象の類型

(1) 争う対象の類型

民事訴訟は、争う対象の類型から、規範の争い、評価の争い、事実の争い（推測の争い、嘘つきの争い、思い込みの争い）に分けられる[12)]。

事実認定が不要であるのは、このうち、規範の争いの類型についてのみである。

(2) 規範の争い

【ケース1－1　議員定数違憲訴訟】

参議院議員選挙について、A選挙区の選挙人らが、公職選挙法の議員定数配分規定は憲法14条に違反して無効であり、これに基づき施行されたA選挙区の選挙も無効であると主張して、公職選挙法204条に基づき、A選挙管理委員会を被告として、この選挙を無効であるとする旨の裁判を求めた。

11）弁論主義の根拠については、他に法主体探索説、手続保障説もみられる。伊藤・前掲注5）『民事訴訟法〔第7版〕』316頁。

12）加藤・認定論2頁。

規範の争いの典型は、議員定数違憲訴訟である。これは、特定時点の国勢調査による人口に基づく選挙区間における議員１人当たりの人口の格差についての事実そのものに争いはなく、これを前提として、公職選挙法の議員定数配分規定の当該選挙当時における合憲性が問題となる。これは、「規範の争い」であり、事実認定をする必要はない。規範を事実に当てはめて論証する過程を経て、主張の当否が判断される。

(3)評価の争い

評価の争いの典型は、契約の解釈が問題となるものである。これには、①契約の解釈が争いとなる場合、②黙示の意思表示の有無・解釈が争いとなる場合、とがある。評価の争い類型では、①・②いずれの場合も、契約の解釈や黙示の意思表示の有無・解釈を導く基礎となる事実を認定することが必要となる。

【ケース1−2　契約の解釈が争いとなる場合】

建物設計請負契約に基づく代金請求訴訟において、被告は、契約書の成立の真正は争わないが、特定の契約条項の意味について、原告とは異なる理解を示している。建物設計請負契約書に、設計代金支払時期を「設計完了時」とタイプしてある箇所を肉筆で「建物着工時」に直した上で調印しており、建物の工事に着手してはいないから、被告としては、設計代金支払いをする必要はないとして争っている。被告は、資金繰りとの関係で、当面建物を建設することを断念した模様である。

このケースでは「建物設計請負契約書に、設計代金支払時期を『設計完了時』とタイプしてある箇所を肉筆で『建物着工時』に直したが、結局、建物を建設することをしなかった場合、設計代金は支払うことになるのか、ならないのか」が争点となる。これは、まさしく、「建物着工時」を条件と解するか、不確定期限と解するかという契約の解釈の問題であり、評価の争いということになる[13)]。

13）加藤・認定論252頁。

【ケース1−3　黙示の意思表示の有無・解釈が争いとなる場合】

マンション居室の賃貸借契約の貸主Ａは、借主Ｂが賃料を滞納したので、賃料不払いを理由として契約を解除した上で未払い賃料を請求した。Ｂは、慌てて滞納賃料プラスその月の賃料をＡ方に持参したところ、Ａは、これを受領した上で、「賃貸借契約を管理しているＣ社にも連絡しておいてください」と伝えた。

Ｂは、Ｃ社に連絡したところ、「入金については分かりました」と応答された。Ｂは、Ａが滞納賃料とその月の賃料を受領してくれたから、引き続き居室を使ってよいという意向であると考え、これで一安心と思っていたが、しばらくして、Ｃ社から、「賃貸借契約の解除は有効です。いつ退去していただけますか」との通知が来た。

その後、Ａから、Ｂに対し、マンション居室の明渡請求訴訟が提起された。

このケースでは、「賃貸借契約の貸主が、賃料不払いを理由として契約を解除した上で未払い賃料請求したところ、借主が賃料を持参したので、これを受領した」という事実をどのように評価するかという問題となる。黙示の意思表示の有無・解釈が争いとなっているのである。この場合、①貸主の金銭受領を契約解除の撤回という黙示の意思表示とみるか、②貸主は賃料相当損害金として受領したもの（解除の撤回という黙示の意思表示とみるのは相当でない）とみるか、いずれの評価が相当かという争点ということになる。

Ｂとしては、Ａが滞納賃料とその月の賃料を受領したのであるから、引き続き居室を使ってよいという意向を示したと考えたいところである。これは、上記①の「ＡがＢの持参した滞納賃料等を受領したことにより、契約解除の意思表示は撤回された」との主張につながる。これに対して、Ａは、上記②のように、滞納賃料を受け取るのは当然であり、その月分は賃料相当損害金として受領したものであるから、金銭を受領したからといって、契約解除撤回という黙示の意思表示とみるべきではないと反論するであろう。

これだけでは、決着をつけることは難しく、他の事実を考慮することが必要である。

第１に、賃料滞納の期間の長短、滞納歴の多寡である。滞納分が３か月程度であれば、信頼関係は破壊されておらず、解除の効力そのものがないとみられるであろう。これに対して、滞納分が6か月を超えていたら、解除は有効であり、滞納分を受領しても易々と解除撤回はしないことが多いと思われる。滞納歴が多いことは、後者のようにみられやすい。

第2に、滞納分授受の際に、AとBとの間で交わされたやり取りの内容である。Aが、Bに対し、「これからは、きちんと入金をお願いしますよ」と述べた（言った、言わないという争いはあり得るが、そのように言ったと認定できた）とすると、「これから」を想定しているのであるから、解除撤回とみてよい。これに対して、Aが領収書を発行し、「ただし、賃料および賃料相当損害金として」と記載した場合には、解除の撤回はなかったと判断されることになるであろう。

(4) 事実の争い

事実の争いには、当事者が経験した事実の争いと経験していない事実の争いとがある。

【ケース1－4　経験した事実の争い】

消費貸借契約に基づく貸金返還請求訴訟において、被告は、金銭の授受の事実はないとして契約を否認している。

【ケース1－5　経験していない事実の争い】

工場勤務の従業員が工場内で死亡していた事故について、従業員の遺族が原告となって、労働災害事故であるとして、工場側の安全配慮義務違反を理由に損害賠償請求訴訟を提起した。しかし、この事故を目撃した者は、誰もいない。

【ケース1－4】は、当事者にとって金銭の授受は、自らが体験した事柄であり、当然のことながらその有無について認識している。したがって、原告か被告のいずれかが、虚偽を述べている「嘘つきの争い」である。嘘つきの争いでは、当事者は裁判官のする事実認定の適否が分かっているから、この類型の争いで事実認定を誤ることは民事訴訟の信頼性を著しく損なう。もっとも、当事者自らが体験した事柄であっても、その認識能力の問題その他の理由で、真偽が分からなくなっていたり、認識間違いをしているのに事実と思い込んでいることさえないとはいえない。その場合は、「思い込みの争い」というべきであろう。ただ、当事者双方がそうした状態になることは通常はないから、相手方にとっては、「思い込み」をしている当事者はただの「嘘つき」ということになる。

これに対して、**【ケース1－5】**は、原被告のいずれも、従業員が死亡した経緯についての事実を認識できていない。したがって、「推測の争い」である。

このような事実の争いの類型の訴訟については、適切な証拠調べを実施して経験則に依拠した事実認定をしていくことが必要になる。

5　認定すべき事実

民事訴訟において認定すべき事実は、当事者間に争いがあり、規範適用に意味のある主要事実（要件事実を具体化した事実、請求を理由づける事実）である。間接事実、補助事実、事情も主要事実を認定するための資料として、それぞれ一定の意義がある[14)]。

売買契約に基づく代金支払請求を例にとって説明すると、法律要件要素＝要件事実は、「財産権移転の約束」と「代金支払いの約束」（民法555条）である。

主要事実は、これに該当する具体的事実、例えば、「令和○年○月○日、原告（売主）と被告（買主）との間で、絵画を目的物として売買契約の申込と承諾があった（契約書が作成された）」という事実である。

間接事実は、主要事実の存在を推認させるような事実である。民事訴訟規則53条１項にいう「請求を理由づける事実に関連する事実」は、間接事実のことである。例えば、被告が主要事実を争った場合に、原告が主張することになる「買主の売買に至る動機、売買を締結する合理性・必然性をうかがわせる事由、目的物引渡しのための段取り」などが、これに当たる。

補助事実は、証拠の証拠能力および証拠価値に関する事実であり、広い意味での間接事実である。例えば、「契約成立に立ち会ったと証言する証人が原告

14）加藤新太郎「主要事実と間接事実の区別」『民事訴訟法の争点〔第３版〕』182頁（有斐閣・1998）、村田渉「主要事実と間接事実の区別」『民事訴訟法の争点〔新争点〕』158頁（有斐閣・2009）およびそこに引用の文献のほか、本間義信「主要事実と間接事実の区別」鈴木正裕先生古稀祝賀『民事訴訟法の史的展開』407頁（有斐閣・2002）参照。

と縁戚であること」、「契約書の印章が被告本人のものではないこと」などが、これに当たる。

事情は、事件の由来・経過・来歴など事件をより理解しやすくするための背景となる事実である。例えば、「原告・被告が過去に複数回売買を行ってきており、従来は債務の履行が円滑にされてきたが、被告の急な資金繰りの悪化により本件売買契約の成立を争っていること」などが、これに当たる。

6　事実認定の基本型

民事事実認定は、当事者の攻撃防御の構造を要件事実的思考に基づき把握した上で、規範適用において意味ある事実に関する不一致である争点を認識し、当該争点を立証命題（要証命題）として押さえ、証拠調べの結果および弁論の全趣旨から得られた心証と事実の存否の基準である証明度とを対比して行うものである。主要事実の存否を証明する証拠を直接証拠といい、間接事実の存否を証明する証拠を間接証拠という。

事実認定の基本型を図式的にまとめて示せば、次のようなものである[15]。

第1に、直接証拠があり、それに証拠価値があると考えられ、格別の反証がなければ、その証拠から導かれる立証命題たる事実は認定される（直接認定型）。

第2に、直接証拠があったとしても、それ自体証拠価値が乏しいものであったり、反証が奏功すれば、直接証拠から導かれる立証命題たる事実は認定されない（直接認定の反証型）。

第3に、直接証拠がなくとも、間接事実が存在し、それが経験側上立証命題の存在を推認することができるものであれば、当該立証命題たる事実は認定される（間接推認型）。

第4に、間接事実が存在しても、それと両立する別の間接事実が認められ、経験側上立証命題の存在の推認が妨げられる場合は、立証命題たる事実は認定されない（間接推認の反証型）。

事実認定の基本型は、要証事実が、主要事実・間接事実・補助事実のいずれ

15）加藤・認定論27～28頁。

の場合にも妥当する。もっとも、これはプロトタイプであり、実際のケースでは、このような単純な操作で済むものは少ない。実際には、例えば、直接証拠があるが証拠価値に議論の余地があり、重要な間接事実もあるが、その推論の方向も両面あるというケースも少なくない。このようなケースでは、要証事実ごとに個別的に証拠評価をして事実認定しつつ、併せて、全体の流れをみて総合的な評価・調整をしていくことになるが、解きほぐせば複雑なものも基本型に還元されることを忘れてはならない。

7　推論の構造

(1) 推論の構造を踏まえた訴訟活動の必要

事実認定の間接推認型においては、間接事実が主要事実の存在をどのような理由で推認させることになるかという内実を押さえ、これを主張立証することが必要となる。推論の構造を理解した上での訴訟活動が要請されるところである[16)]。

【ケース1－6　書面のない金銭消費貸借契約の存否】

消費貸借契約に基づく貸金返還請求訴訟において、原告は、契約書も金銭受領証もないが、金銭消費貸借契約はあったと主張し、被告は金銭の授受の事実はないとして契約を否認している。

これは、**【ケース1－4】**のバリエーションで、書面のない金銭消費貸借契約の存否が争点となる場合である。この場合には、①当事者の関係、②貸借の経緯、③借主の懐具合、④借主の借りる必要性・目的、⑤貸主の資金調達方法などの項目がポイントとなる。

これを、事実にパラフレイズすれば、①当事者の関係は、当事者が友人同士であるか、親戚であるか、貸主が業者であるかなどである。貸主が業者であれば、書面なしに金を貸すとは考えられないが、親戚・友人であればあり得る。

16）加藤・認定論21頁。推論の構造は裁判例を通じて学んでいくことが有益であるが、これを分析・検討した論考として、村田渉「推認による事実認定例と問題点」判タ1213号42頁（2006）参照。

ただ、どの程度の人間関係（親疎）であったかが肝心なところである。

そのこととの関係で、②貸借の経緯は、過去にも同様の貸し借りがあったか、今回限りのものかという事実が問題になる。過去に同様の書面なしの金銭貸借をしたことがあれば、今回も同様のことがあるかもしれないと考えられる。

③借主の懐具合は、借主において消費貸借があったと主張される時期の前後で金遣いの変化があったかという事実が問題となる。その時期の前後に借主の金遣いに変化がなければ、消費貸借契約はなかった方向で考えられるが、生活費の補てんのために借りたのであれば、そのようにはいえない。

そこで、④の借主が金銭を借りる必要性・目的の意味が出てくる。その場合には、貸借時に当事者間にどのようなやりとりがあったかが重要となる。

さらに、⑤の項目として、貸主がどのように資金を調達したのか、例えば、自分の預貯金を払い戻して貸したのか、他人から融通して貸したのか、手持ち金を貸したのかという点である。この順序で貸借の存在を認めやすい。もっとも、他人から融通して貸したという場合、第三者が信用できなければ、手持ち金を貸したという場合と変わらないといえる。また、貸した金額にもよるであろう。

このように事実は、単独でも評価されるが、他の事実との関連においても評価される。したがって、このような推論の構造を理解した上で主張・立証していくことが必要であり、裁判官も、この点について自覚的に事実認定していくことに留意すべきである。

(2)経験則と推論の構造理解

裁判官は、当該ケースの要証命題（要証事実）について事実上の推定をする場合には、経験則との関係において、次のような問題群を整理している。

❶　どのような間接事実があれば、事実上の推定により何が推認できるか。

❷　推定の前提となる経験則は何か。その経験則の蓋然性の程度はどうか。

❸　その推定を破る特段の事情（経験則の適用除外事由）があるかないか。

❹　特段の事情があるとすれば、それに相当する事実（反対間接事実）は何か。どの程度の蓋然性において第1の推定を覆すことができるものか。

❺　上記特段の事情には争いがあるか。

その上で、争点整理手続において、当該ケースの要証命題（要証事実）推論の判断枠組みに関して、裁判所と双方当事者との間で一定のコンセンサスを形成した後に、証拠調べを実施して自覚的に事実認定をしていくのである。

(3) 事実の評価の相対性

さらに、一定の間接事実がどのような方向に推論できるか問題となる場合がある[17)]。

【ケース1−7　同居している息子の行為】

父親と同居している息子Aが父親X名義の土地の登記済証、父親の実印・印鑑証明書を持参して、代理人としてYから金銭を借り入れて土地に抵当権を設定した場合において、XはAに対してそのような代理権を授与していなかったとして、抵当権設定登記抹消登記請求をしようとするときは、どのように法的構成するのが相当であろうか。

貸主Yは、「①X・Y間の本人契約として有効（息子Aは使者）、②代理人契約として有効（息子Aに代理権授与あり）、③民法109条（代理権授与の表示による表見代理）および同110条（権限外の行為の表見代理）の重複適用に基づき、本人（父親）Xに責任あり」といった構成で訴訟活動を行うことが考えられる。③の構成においては、「貸主Yが息子Aについて代理人の権限があると信ずべき正当な理由がある」ことが必要となる。

③の構成において、Aが「Yを代理している」とYに告げていた場合には、YがAに代理権があると信ずべき正当な理由の評価根拠事実として、「AがX名義の土地の登記済証、Xの実印・印鑑証明書を持参して、Yに示したこと」の意義は大きい。表見代理の成否の判断において、YがAに代理権があると信ずべき正当な理由あったという方向でのプラス評価がされる。これに加えて、「Aが同居で親子である」という事実があると、その評価はどのようになるであろうか。

このケースでは、経験則上、「息子であれば、父親の代理の依頼を受けやすい」と考えられる。そうすると、「AがXと親子である」という事実からは、

17）加藤・認定論22頁。

代理権授与があってもおかしくないといえるから、ＹがＡに代理権があると信ずべき正当な理由があったという方向でプラス評価が重なることになると考えられる。

これに対して、「ＡがＸと同居している」という事実は、「同居していれば、Ｘ名義の土地の登記済証、Ｘの実印・印鑑証明書を勝手に持ち出すことも容易である」ことが経験則であるから、そのように推認される可能性もある。すなわち、Ｙとしては簡単にＡに代理権があると信じてはならず、Ｘに確認してみることが必要であったとも考えられる。

このように「同居で親子」という事実に適用される複数の経験則は、相反する方向で作用する。このように事実の評価の相対性という観点からも、推論の構造についての認識は必要不可欠となる。

8　民事訴訟の判断のプロセスと事実認定

民事訴訟における判断のプロセスについて、当事者の主張から判決言渡しに至るまでを図式的に示せば、次のとおりである[18)]。

第１に、裁判官は、当事者双方の主張と反論を読み解くことにより、紛争の全体像を把握するとともに、両者の攻撃防御の構造を要件事実論的思考・事案分析的思考に基づいて認識する。訴訟物・請求原因事実・抗弁事実を見極め、攻撃防御方法を論理的に位置づけるのである。

紛争の全体像の把握とは、社会的文脈の中で、そのケースがいかなる背景をもっており、実質的にどのような利害が対立しているか、規範およびその基礎となる価値判断の対立はどのようなものかを理解することである。そのケースの類型を認識するとともに、個別性を認識することが重要である。紛争の全体像を的確に把握すると、当該ケースの内実を上手くアピールすることができる。例えば、「メガバンクが、年金生活者の持つ虎の子の定期預金の満期時にリスク性の高い金融商品を購入させたケース」であるとか、「老人ではあるが富裕層で投資経験のある顧客がリスクのあることを理解して金融商品を購入したがリーマンショックで損失が出たのをダメもとで請求しているケース」とい

18）加藤・認定論17頁。

った具合である。

要件事実的思考とは、「原告が請求権を発生させるに足りる要件事実を過不足なく主張しているか、被告がその請求を認諾せず、事実を争う場合に、積極否認をしているか、抗弁を主張する場合に、抗弁を構成する要件事実を過不足なく主張しているか」などを吟味する思考枠組みである[19)]。この思考枠組みにより、攻撃防御方法についての構造を認識することができる。

訴訟物・請求原因事実・抗弁事実の選択、それを証明するための証拠方法の選択は、訴訟代理人である弁護士がしていくことになるが、その際に、指標となるのが要件事実（論）である。弁護士は、事実を知る当事者（依頼者）と、事実認定・法律判断をする裁判所との中間にいる。弁護士は、依頼者から事情を聴取して、事案に最も適合的な法的構成をし、裁判所に審判の対象を提示していく必要がある（処分権主義・弁論主義）。依頼者の語る事実は、生の社会的事実であるが、弁護士が事情を聴取していく際には、要件事実を意識していくことが必要不可欠である（事情聴取時の事項選別機能）。とりわけ、原告がその権利を主張するにあたっては、原告訴訟代理人たる弁護士としては、原告に主張証明責任のある事実（請求原因としての要件事実）を主張すれば足りるが、逆に、この要件事実を一つでも欠落させるときは、原告の請求は主張自体失当として棄却されることになる。

第２に、裁判官は、規範適用において意味ある事実についての主張の不一致である争点を明確にし、それを立証命題の形で、自ら認識するとともに、当事者にも了解させる。これが争点整理である。

第３に、争点に照準を合わせて、証拠調べを実施し、その結果を検討して得られた認識と事実の存否を決する基準である証明度とを対比して、心証形成をする。経験則を踏まえて、証明主題（争点）と証拠との関連（証拠構造）を吟味・評価することが必要とされる。

第４に、認定した事実に法規を適用する。法適用の前提として、法解釈が重要であることはいうまでもない。適切な法解釈に基づき、形式的論理はもとより、実質的にも具体的妥当性ある結論を導くことが求められる。

19）要件事実論的分析については、加藤・裁量論65頁、要件事実論の議論状況については、同「要件事実論の到達点」新堂幸司監修『実務民事訴訟講座〔第３期〕⑤証明責任・要件事実論』21頁（日本評論社・2012）。

第5に、裁判官は、認定した事実に法適用をした結果として導かれた判断を点検する。それが、法の目的とするところにかなうか、当事者の公平に合致するか等具体的妥当性を再考するのである。いわゆる「事件のスジ」からの検討である[20)]。裁判官の心証形成（実体形成）において「事件のスジ」が、どのような意味を有するかは、それ自体一個の重要論点である。

第6に、裁判官は、その心証を言語化し、事案に適合的かつ説得的な構成と文章により、論理的（追証可能）な判決書を作成する。これが、判決書きであるが、自らの思考の論理展開を確認するとともに、当事者に結論を提示する形式にまとめるものである。

このプロセスの中における第3のステップが、事実認定である。第1、第2のステップを前提にしていることに留意すべきである。すなわち、実体の構成と争点を明確にすることが事実認定の基盤となるということである。

9　動かし難い事実と事実経過の自然性

(1)動かし難い事実

事実認定においては、動かし難い事実を捉え、それらを有機的・関係的につないでいき、関係証拠と経験則に照らして、要証事実が自然な経過によって生じているか、合理的に説明することができるかを検討していくことが基本的な手法である。

動かし難い事実とは、公知の事実や顕著な事実、当事者間に争いのない事実のほか客観的な証拠によって確実に認定し得る事実である。客観的な証拠によって確実に認定し得る事実とは、例えば、公文書（住民票、判決書など）、成立の真正が認められる私文書（契約書、領収書など）によって立証された事実、原被告双方の（利害関係がなく立場も異なる）人証が一致して供述した事実などがある[21)]。

20）加藤新太郎「事件のスジの構造と実務」伊藤眞先生古稀祝賀『民事手続の現代的使命』213頁（有斐閣・2015）。

21）瀧澤ほか・事実認定25頁、伊藤滋夫『事実認定の基礎〔改訂版〕』62頁（有斐閣・2020）。

(2) ストーリー論の功罪

この手法について、動かし難い事実は点であり、それらの点をつなぐものを「ストーリー」と呼んで説明する見解がある[22]。この見解は、「原告も被告も、それぞれの立場からのストーリーを作って、裁判官に提示する。裁判官は、双方のストーリーを対比して、どこかに不自然・不合理な点はないか、動かし難い事実の中にそのストーリーでは説明できないものがないか、どのストーリーがより合理的かを判断していく。その際に用いられるのが経験則である」[23]と説明している。この説明の内容は、よく理解できるし、上記に基本的手法として述べた「動かし難い事実を押さえ、それらを有機的・関係的につないでいき、関係証拠と経験則に照らして、要証事実が自然な経過によって生じているか、合理的に説明することができるかを検討していくこと」と違ったことをいっているわけではない。

問題は、原告が主張し、被告が反論する事実経過を「ストーリー」と呼んでいるところにある。高橋宏志教授は、ある鼎談で、「ストーリー論は、原告ストーリー、被告ストーリー、どちらのストーリーに分があるか、裁判官はそれを判断するだけだという議論です」、「(これは) 心証論にからませても議論はできますけれども、(裁判官は) どちらかに旗を上げるだけだといわんばかりの議論で違和感を感じました」[24]と批判的にコメントされている。これに対して、新堂幸司教授は、「ストーリーは、非常に実践的な議論」で、「いろいろな証拠を出し合ったけれど、最終準備書面でストーリーを言い合うわけです。こういう事実の経緯でこういう紛争になった、だから真実のストーリーはこうだ。そういう説得の仕方をするわけですよ」[25]と擁護される。

ストーリー論についての上記のやりとりは、ストーリー論の中身を明確にした上でのものではなかったため、必ずしも噛みあってはいない。新堂教授は、弁護士の行う最終準備書面段階で、主張のスジの良さを含めた事実の連鎖の解

---

22) 瀧澤ほか・事実認定26頁、土屋文昭＝林道晴編『ステップアップ民事事実認定〔第2版〕』7頁〔土屋〕(有斐閣・2019)、土屋文昭『民事裁判過程論』126頁 (有斐閣・2015)。
23) 瀧澤ほか・事実認定26頁。
24) 新堂幸司＝高橋宏志＝加藤新太郎「鼎談 民事訴訟の現在と展望」新堂監修・前掲注19) 14頁〔高橋発言〕。
25) 新堂監修・前掲注19) 14頁〔新堂発言〕。

釈を説得的に述べて審理の仕上げをする場面を想定して、事実の連鎖の解釈をストーリーと理解されている。これに対して、高橋教授は、最終段階よりも早期の段階における主張・反論における背景事情を含めた双方の言い分をストーリーとみている。

新堂教授のいわれるような訴訟代理人弁護士の活動が必要なことには、おそらく大方の異論はないであろう（ただ、これをストーリー論の範疇に入れるかは議論の余地はある）。これに対して、高橋教授は、事実認定におけるストーリー論に対する批判的な見解として成り立ち得るものである。その真意は、裁判官の役割に関する問題意識に加えて、「ストーリー」の語感に対する違和感にあるように思われる。というのは、「ストーリー」には、「小説・映画・演劇などの筋書き」（『大辞林』）の意味があり、いかにも「作り物」というニュアンスが感じられるからである。そうであるとすると、その限りで、事実認定の基本的手法の説明において「ストーリー」という用語を使うのは措辞適切とはいえないことになる。

上記のストーリー論は、そこで説こうとする内実について問題はないが、以上の理由により、本書では、ストーリーという用語は使わないことにする。

●コラム1 ／ 金融機関の訴訟と裁判官の印象・心証

金融機関が民事訴訟に登場するのは、かつては、自ら訴訟を利用しようという意思からではなく、被告になったケースがほとんどであった。これは、事柄の性質上やむを得ないもので、降りかかる火の粉を払うというスタンスになっていた。そして、実際にも、大手の金融機関が敗訴することは少なかった。しかし、昨今では、金融機関であるからというだけの理由で勝ちスジと見るような裁判官はいないであろう。それは、金融機関の信頼度が低下したということを意味するものかといえば、必ずしもそうではなく、事実関係が単純ではなく、その評価も易しいとはいえない案件が増えたということである。そうなると、金融機関の訴訟代理人である弁護士ばかりでなく、これをバックアップする法務担当者の役割が増すことになるのは必然である。

東京地裁で執務していた時期（平成10年から３年半）には、弁論準備期日に、弁護士と一緒に法務担当の金融マン（ウーマン）が来ることが多かった。そのような場合、事実関係の前提となる金融機関の仕事の手順など、弁護士が詳細の説明をしかねるときには、「次回、書面で」ということにせず、直接法務担当者に尋ねるようにしていた。その際の応答ぶりは、①事案をよく咀嚼していて、裁判官の尋ねる関連事項について自社の取り扱いに関する実際の手順を適切に披歴するタイプ、②すぐに答えることなく、弁護士に確認した上で慎重に対応するタイプ、③担当者としては当然把握しているべき事項について答えられない（答えようとしない）タイプに分けられた。

裁判官は、どのタイプの対応であっても、すまし顔で聴いているが、①のタイプに好印象を抱き、②のタイプには担当者の慎重さとある種の保身を感じとり、③のタイプには、その点が当該案件の弱みかもしれないという印象を持つ（②のタイプの保身をいけないというつもりはない）。

問題は、③のタイプであり、次回期日に提出した準備書面でその点に触れていても、当初抱いた印象は消えないことがある。もっとも、担当者が当日リリーフで弁論準備手続に同席したといった事情で、事案を咀嚼していなかっただけという可能性もあり得るが、裁判官には、それは分からない。弁論準備期日も口頭弁論期日と同様に真剣勝負の場であると心得るべきであろうと思う。

控訴審では、一審判決と記録があるから、争点整理が適切に行われている案件では、その勝敗のスジは読み取りやすい。しかし、一審判決の内在的論理を的確に押さえた上で、証拠評価の偏り、適用されている経験則の揺らぎ、法理の当てはめにおける理由説示の不十分さなどを、上手く突いた感のある控訴理由書が提出されると、裁判官は、被控訴人がどのように反論するか、その答弁書を早く見たいと思う。

控訴審の裁判官が記録検討をする時期は、①期日指定の段階、②控訴理由書提出時、③答弁書提出時、④期日の前日、である。その都度、心証は暫定的なものから確定的なものへ移行していくが、書面提出の遅れや反論の漏れも、心証形成に影響する。書面提出の遅れは、相手方の主張が頭に残る時間が長くなるし、反論しない部分があるのは、それができない事情があるのかもしれないと思う。金融機関の準備書面は、社内関係部署の決裁などの理由で、弁護士が起案してから提出まで時間を要することは理解できる。しかし、書面提出の遅れによるマイナスイメージ回避の必要性は、これまで以上に強調されてよいであろう。

@加藤新太郎「金融機関関係訴訟と裁判官の印象・心証」金融法務事情1903号１頁（2010）

第2章　事実認定のルール

1　自由心証主義

(1) 意義

自由心証主義とは、裁判所が判決の基礎となる事実を認定するに当たり、当該審理にあらわれた一切の資料（証拠調べの結果のみならず弁論の全趣旨を含んだもの）に基づいて、裁判官が自由な判断により心証形成を行うことを承認する原則（民訴法247条）である。裁判所が当事者間に争いある事実の真否を認定する場合に、斟酌すべき証拠方法を限定せず、また証拠力（証拠能力・証拠価値＝証明力）についても何も定めず、裁判官の自由な判断に基づいて、証拠の採否と証拠力を判断することができるというのが、自由心証主義である[1)]。わが民事訴訟法も自由心証主義を採用しており、事実認定の冒頭に掲げられるべきルールである。

裁判は、これを論理的に分析すれば、法規を大前提とし、事実を小前提とし、三段論法により、法規を事実に適用して結論を導く作用であるが、このうち事実の認定に関する原則が自由心証主義である。当事者間に争いがない事実は自白であり、裁判所はその事実に拘束されるから、自由心証主義が妥当するのは、当事者間に争いある事実に限られる。

自由心証主義といっても、事実認定において、何でも自由というわけではない。次のようなエセ自由心証主義は、排すべきである。

① 事案の印象で結論を決め、それに合う証拠を拾って辻褄を合わせる、「自由印象主義」

② 争点について、証拠の内容でなく、量の多い側を勝たせる、「重量心証主義」

③ 事案の印象と証拠の量で勝敗を決めてしまう、「重量印象主義」

1）加藤・認定論154頁。

(2) 自由心証主義の内容

自由心証主義は、証拠調べの結果および弁論の全趣旨から構成される証拠資料の中から一定の証拠方法の証明力（証拠価値）の評価を裁判官のフリーハンドに任せ、それらを基礎とする事実認定を許容することを内容とする[2)]。

第１に、裁判官は証拠原因（心証形成に役立つ証拠資料）を証拠調べの結果および弁論の全趣旨の中から自由に取捨選択することができる。証拠価値の有無・大小の判断も、裁判官のフリーハンドに任せられる。間接事実から直接事実を推認する経験則および推認を阻害する経験則の取捨選択も裁判官の自由な判断に委ねられる。この反面において、裁判官は証拠原因を証拠調べの結果および弁論の全趣旨の中にはないもの、例えば、私的な経験により知っている事実（私知）や特殊な専門的知識を証拠原因とすることはできない。これは、事実認定の客観性担保の要請に由来する。

第２に、裁判官の行う事実認定は、証拠原因の選択を含めて、証拠法則から解放され、その自由な判断に委ねられる。もっとも、法定証拠法則の定め（証拠評価にかかる法則を法律上明定したもの）のある例外的場合がある。

次のケースで、考えてみよう[3)]。

【ケース2－1　オーナー料理人の暴行の有無】

■Ｘの言い分

Ｘは料理屋に勤務する料理人であるが、オーナー料理人であるＹから、手際が悪い、要領が悪い、仕事が遅いという理由で、しばしば叱られ、叩かれたり、足蹴にされた。Ｘは、この料理屋の寮に住んでいたこともあり、これも修行と考えて我慢してきたが、Ｙの暴力がエスカレートし、とうとう大腿部が腫れあがってしまった。Ｘは、医師の診断書を得て、退職した、Ｘは、Ｙに対し、暴行・傷害について損害賠償を求めたいと考え提訴した。

■Ｙの言い分

Ｙは一人前の料理人になりたいと弟子入りしてきた同郷人である。確かに、手際も要領も悪く、仕事が遅いということから叱ったことは

2）加藤・認定論165頁。

3）筆者が経験した事案をモディファイしたものである。

あるが、それは一人前になるために誰もが通過しなければならない途である。しかし、いまどき、叩いたり、足蹴にすることなどあり得ない。別の弟子も、私が手を上げたのを見たことはないと言っている（陳述書がある）。Ｘは、結局修行の棒を折ってしまったことを逆恨みし、寮から引越しする際に荷物に脚をぶつけて怪我したのを、私に蹴られたものとすり変えて、この訴訟を起こしたのだ。

このＸとＹの言い分は、暴行・傷害の有無について正反対である。こうした場合には、どのように事実認定されるのか。

ＸとＹは、それぞれ本人尋問で、自分の言い分どおりの供述をするであろう。自由心証主義においては、どちらを信用してもよい。これが、証拠評価のフリーハンドということの意味である。これに対して、ＹのＸに対する暴行の目撃者が存在しなければ、その事実を認定してはならないというルールを設定する法制も考えられる。これは、事実認定を客観化するという意味があるから、まったく不合理であるとはいえない。実際に、裁判官を信用することができない時代には、そのような民事訴訟法をもつ国もみられた（これを、法定証拠主義と呼んだ）。

しかし、①社会経済生活が発展し複雑化するにつれて、形式的な証拠規定では、多種多様な法的紛争に的確に対応することが困難になり、実体的真実を発見するのには足枷にしかならなくなった。他方、②近代的裁判官制度が確立してきたことにより裁判官に対する信頼が増してきた。そこで、③裁判官に全幅の信頼を置いて、その能力と知見に実体的真実の発見を期待する自由心証主義が台頭し、フランス民訴法で採用されるに至った。こうした自由心証主義には合理性があるとして、それ以降の民事訴訟法は、いずれもこれにならうことになったのである。

(3) 自由心証主義の内在的制約

自由心証主義は、裁判官の自由な判断ないしフリーハンドを許容しているが、裁判官の恣意的な事実認定を許容するものではなく、次のような内在的制約がある[4)]。

4）加藤・認定論164頁。

第１に、裁判官が事実認定に当たり、証拠原因とすることができるものは、訴訟手続の中で適法に提出された資料および訴訟手続においてあらわれた状況、すなわち、証拠調べの結果および弁論の全趣旨に限られる。また、適法に実施された証拠調べの結果および弁論の全趣旨は、心証形成に際し、証拠原因とすることができるものかどうか証拠価値が検討されなければならない。

第２に、裁判官は事実認定に当たり、論理法則および経験則に従わなければならない。論理法則および経験則に従うことにより、その事実認定が客観的かつ合理的で追証可能なものとなり、当事者にも納得のいく事実認定ができるのである。論理法則（論理則）とは、一般に承認されている概念構成・判断・推論などをするに当たっての思考の原則をいう。経験則は、項を改めて考察する。

第３に、自由心証主義の内在的制約を担保し、事実認定が論理法則および経験則に則ってされていることを制度的に保障するために、判決書において当事者の主張事実と認定した事実およびその理由を付することが要求されている。

【ケース2－1】において、ＸとＹとの本人尋問の応えぶりのみから、いずれがより信用できるかを判断してもよいというのが、自由心証主義の基本である。しかし、通常は、本人尋問だけではなく他の証拠が存在するから、それとの整合性を考えていくことになる。**【ケース2－1】**では、医師の診断書は、Ｘの身体の状況（大腿部の腫れ、青アザの存在）を証明する直接証拠であり、暴行があったことを推認させる間接証拠である。Ｙが言うように、引越しする際に荷物に脚をぶつけて怪我した可能性は絶無ではないが、裏付けがなければ憶測にしかすぎない。また、別の弟子の「Ｙが手を上げたのを見たことはない」という陳述書も、①見ていない場面で暴行があった可能性があり、②その弟子がＹに有利なことを述べてもおかしくない立場であることを考えると、反証としては類型的に弱いものと評価される。

このケースのモデルとなった事案では、Ｘの訴訟代理人が、提訴前に、Ｙと示談交渉をしていた。その段階では、Ｙは、自らの代理人は付けておらず、本人で対応し、「自分が暴行を行ったというなら、その根拠を示してくれ」と答えていた。Ｙのような言い分を持つ場合には、「暴行などまったく身に覚えがない。いつ、何をしたというのか」と反問するのが、通常ではないであろうか。これは、経験則の問題でもある。

2　経験則

(1)総説

経験則とは、個別的経験から帰納的に得られた事物の概念や事実関係についての法則的命題をいう[5)]。経験則にもいろいろな蓋然性のレベルのものがあり、常識に属するものから、高度な専門的特殊知識に至るものまで多様である。

① 必然的といえる絶対確実なもの（例えば、自然科学法則）

「Ａのような場合には、必ず、Ｂのようなことが起こる」というもの。

② 高度の蓋然性があるもの

「Ａのような場合には、通常、Ｂのようなことが起こりやすい（起こりにくい）」、「人は、Ａのような場合には、通常、Ｂのような行動をとりやすい（とりにくい）」というもの。

③ 単なる蓋然性があるもの

「Ａのような場合には、通常、Ｂのようなことが起こる（起こらない）」、「人は、Ａのような場合には、通常、Ｂのような行動をとる（とらない）」というもの。

④ 社会事象として可能性がある程度のもの（例えば、金に困っていたなら借金をしたであろうという世間知）

「Ａのような場合には、Ｂのようなことが起こることがある（起こらないことがある）」、「人は、Ａのような場合には、Ｂのような行動をとることがある（とらないことがある）」というもの。

個々の訴訟における証明の状況全般の中で当該経験則の蓋然性が決まってくるといわれることもある[6)]が、経験則の蓋然性はその定義からも明らかなよう

5）菊井維大＝村松俊夫原著・秋山幹男ほか『コンメンタール民事訴訟法Ｖ』79頁（日本評論社・2012)、条解民訴1013頁〔松浦馨＝加藤新太郎〕、新堂幸司『新民事訴訟法〔第６版〕』581頁（弘文堂・2019)、伊藤眞『民事訴訟法〔第７版〕』359頁（有斐閣・2020)、加藤・認定論186頁。

6）中野貞一郎「過失の『一応の推定』について」『過失の推認〔増補版〕』46頁（弘文堂・

に客観的に定まったものである。したがって、証明の状況全般の中で経験則の蓋然性が決まるというのは正確ではなく、同一の経験則を適用した場合であっても、反証の有無・積極性などの証明活動をも評価するために、その結果としての心証に差異が生じることがあるが、当該経験則の蓋然性自体が変動するわけではない[7)]。さらに、科学的知識の普及などによって一般的経験則と特殊専門的経験則との境界は移動し得るものでもある。

以上のとおり、事実認定にあたっては、経験則に基づいた推論が駆使されなければならない。事実認定における経験則の重要性については、民事訴訟における事実認定は、「徹頭徹尾経験則の適用」という表現をもって、象徴的に語られている[8)]。

論理法則および経験則に従うことにより、初めてその事実認定が客観的・合理的で追証可能なものになり、事実認定に対する当事者の納得形成が期待されることになる。裁判官は、このように追証可能で、経験則にかなった論理的整合性ある事実認定を目指すべきである。そのためには、要証事実に関する推論の構造を意識しつつ、証拠を吟味していくことが必要となる。

(2)経験則の機能

経験則は、法律行為の解釈の場面、抽象的概念（規範的要件）該当性判断の場面、事実認定の場面などで有効に機能する。

事実認定の場面における経験則の役割を列挙すれば、次のとおりである[9)]。

第１に、経験則には、間接事実から他の間接事実または主要事実を推認する機能がある。これは、事実上の推定といわれる。民事訴訟の事実認定においては、警察・検察が証拠を収集する刑事訴訟における事実認定と比較して経験則の機能が大きい。これは、民事訴訟では、刑事訴訟よりも裏付け証拠が乏しく、その中で推論・洞察していく作業が相対的に重視されざるを得ないことに由来する。

第２に、経験則には、証拠資料の実質的証明力（証拠価値）をチェックする

1987)。

7）加藤・認定論187頁。

8）民事事実認定は「徹頭徹尾経験則の適用」というのは、賀集唱判事の名言である。同「民事裁判における事実認定をめぐる諸問題」民訴雑誌16号72頁（1970)。

9）加藤・認定論188頁。

機能がある。当然のことながら、経験則上蓋然性がより高い証拠資料の方が実質的証明力（証拠価値）は高いという評価がされる。

第３に、経験則には、補助事実が証拠資料の実質的証明力（証拠価値）の評価に影響を与える機能がある。例えば、証人が反対尋問で口ごもった場合に、証言内容に自信がないからではないかとみたり、当事者が反対尋問に答えなかった場合に、都合が悪いから答えなかったのではないかと考えるのは、一定の経験則に基づく評価を背景としているのである。

第４に、弁論の全趣旨により証拠資料の実質的証明力（証拠価値）をチェックすることを可能にするのも経験則の機能である。

裁判官は、主張に関して、一定の主張部分の合理性および主張全体の整合性をテストすることはもとより、主張提出それ自体の（提出時期をも含めた）自然性についてテストする。合理的・整合的・自然的でなければ、経験則に照らして、特段の事情の主張が必要と受け止める。例えば、当事者が主張を撤回した場合でも、いったん主張をした事実または主張を撤回した訴訟追行態度は、撤回後の新主張ないし相手方の主張の当否の判断に際して、弁論の全趣旨として（多くの場合、新主張の当否の判断についてはマイナスに、相手方の主張の当否の判断についてはプラスに）斟酌されることがある。

また、裁判官は、立証に関して、証拠価値の判断として、当該証拠調べの結果自体の客観性・合理性、他の証拠調の結果との整合性をテストするが、それ以外にも当然提出されるべき証拠の不提出や証拠調に協力的であったか等の周辺事情（これが弁論の全趣旨である）を斟酌することが許される。

このように、事実認定において経験則は、間接事実から主要事実への推認の場面で機能し、訴訟資料・証拠資料の信用性（証明力）の判断の場面で機能するのである。

【ケース2−2　製造物責任訴訟における発火源の認定】

飲食店を営むＸは、大手電気機械器具メーカーであるＹが製造した業務用冷凍庫を食材の冷凍保存の用途で使用していたが、火災が発生し、店舗兼居宅が半焼した。Ｘは、業務用冷凍庫からの発火が原因であるとして、Ｙに対して、損害賠償請求をした。しかし、このケースでは、冷凍庫から発火したという目撃者がおらず、発火源が冷凍庫であるか否かが事実に関する大きな争点となった。

経験則によれば、そもそも冷凍庫から出火するということは、通常は考えられない。しかし、可能性としては、例えばコードを電源に差すプラグの辺りが掃除をせずにごみがたまっている状態になると、そこに静電気が発生して被膜が破れてショートし、その箇所から火が出るということはあり得る。そのような原因であった場合には、「メーカーの責任なのか、あるいは使っている人がきちんと掃除をしないといけないのか」という争点になる。しかし、本件の冷凍庫は焼失してしまっているので、そうした原因かどうかも分からないし、そもそもＹは冷凍庫が発火源ではないと断固否認して争っているのである。

目撃者の証言という直接証拠はないから、本件における事実認定としては、間接事実から冷凍庫から火が出たのか、そうでないのかを推理していくことになる。

本件の事実関係からすると、火災の発火源については、次のような間接事実が重要である。これらを総合して、冷凍庫から発火したものと推認することができると評価してよいかが、まさにポイントとなる。

① 鋼鉄製の冷凍庫は、経験則上、本来外部からの火で燃える蓋然性は低いものであるのに、本件冷凍庫それ自体が焼損している。

⇒この点は、「冷凍庫からの発火」についての積極要素としてカウントできる。

② 冷凍庫が置かれた場所と、その裏側に当たる板壁の焼損の位置が対応する関係にあり、板壁の部分が建物内部の他の箇所に比べて焼損の程度が大きい。

⇒この点も、「冷凍庫からの発火」についての積極要素としてカウントできる。

③ 冷凍庫の背面に近い部品の焼損状況よりも背面から遠い部品の焼損状況が激しい。

⇒そうであるとすると、経験則上、冷凍庫の内側からの火により焼損が広がっていったものと考えられる。

④ 一般的に（自然科学的知見からすれば）、冷凍庫のサーモスタット部品にトラッキングが発生することはあり、冷凍庫から発火することおよび背後

の板壁に着火する可能性がある。

⇒この点も、「冷凍庫からの発火」についての積極要素としてカウントできる。

⑤　社会的事象としてみると、冷凍庫と冷却機能という点で類似する冷蔵庫からの発火による火災が毎年複数件ある。

⇒統計があるからといって、本件もそうだということにはならないが、そういう可能性がないわけではないといえる。

⑥　本件火災には、たばこ、ガス器具等からの発火、利得目的での放火などその他の原因は見当たらない。

⇒この点は、決定的なものではないが、相対的に「冷凍庫からの発火」の積極要素となる。

判決は、以上の①ないし⑥の間接事実を総合して、経験則を働かせて、冷凍庫から発火したものと推認することができると判示したのである[10)]。

(3) 経験則の内実

裁判官は、経験則に従った事実認定をすることが要請される。したがって、経験則に反する事実認定、合理的理由に基づかない事実認定は、違法と評価される[11)]。

判例において経験則違反の事実認定であると判断を示すケースは、事実認定・評価における経験則の内実を明らかにするものでもある。

(a) 書証に関する事実認定のルール

まず、書証に関する事実認定のルールを明示する判例群がある。

第１に、ある法律行為・事実行為がされる際に作成された書証（例えば、契約書・領収書など）がある場合には、特段の事情がない限り、その記載どおりの事実を認めるべきである。しかし、特段の事情が認められないのに、そうでない事実認定をしているときは経験則違反となる（最判昭和42年５月23日裁判集民87号467頁、最判昭和46年３月30日判時628号45頁、最判昭和59年３月13日金法1077号32頁など）。

弁済の領収証はなくても、借主が借用証書を所持していれば、特段の事情が

10）加藤・認定論191頁、東京地判平成11年８月31日判時1687号39頁。

11）加藤・認定論201頁。

ない限り、借金は返済されたものと推認すべきである。しかし、特段の事情が認められないのに、そうでない事実認定をしているときは経験則違反となる（最判昭和38年4月19日裁判集民65号593頁）。

第2に、国が私人との間に契約を締結し、かつ詳細な契約書を作成した場合には、特段の事情がない限り、契約書に記載されていない特約の存在を認めることができない。しかし、特段の事情が認められないのに、そうでない事実認定をしているときは経験則違反となる（最判昭和47年3月2日裁判集民105号225頁）。

第3に、自己の権利義務に関する事項を記載した書面に署名捺印をしたものは、特段の事情がない限り、その記載内容を了解して署名捺印したものと推認すべきである。しかし、特段の事情が認められないのに、そうでない事実認定をしているときは経験則違反となる（最判昭和38年7月30日裁判集民67号141頁）。

第4に、登記簿・土地台帳・家屋台帳に記載されている事項は、面積の点を除き特段の事情がない限り、その記載どおりの事実を推認すべきである。しかし、特段の事情が認められないのに、そうでない事実認定をしているときは経験則違反となる（最判昭和33年6月14日裁判集民32号231頁、最判昭和34年1月8日民集13巻1号1頁）。

(b)契約当事者の行動ないし意思に関する事実認定のルール

次に、契約における当事者の行動ないし意思に関する経験則を明示する判例群がある。

第1に、金融業者が金銭を貸与した場合には、特段の事情がない限り、弁済期および利息の定めがあるのが経験則であり、その旨推認すべきである。しかし、特段の事情が認められないのに、そうでない事実認定をしているときは経験則違反となる（最判昭和45年11月26日裁判集民101号565頁）。

第2に、売買契約における目的物の価値と代金とは対価的均衡がみられることが経験則である。しかし、合理的な理由を説示することなく、時価より著しく低額な対価で不動産の売買（時価151万円余の家屋・敷地が10万円で売買）が成立したと事実認定をしている場合は、経験則違反となる（最判昭和36年8月8日民集15巻7号2005頁）。

第3に、運送契約締結の際、荷送人は運送人に対し簡単に損害賠償請求権を放棄しないのが経験則である。したがって、特別の事情がないのに、運送契約締結の際、荷送人が、運送人に保険契約を締結するよう申し出るとともに事故による損害については保険金のみをもって填補することを約した事実のみで、荷送人が運送人に対し一切の損害賠償請求権を放棄したと事実認定をするのは、経験則違反となる（最判昭和43年7月11日民集22巻7号1489頁）。

第4に、特定の日限りでの退職の意思表示と相手方が適当な職場を斡旋することに努力する旨の文言のある当事者間の念書から、特段の事情を示すことなく、退職の意思表示をすべき債務と相手方の就職斡旋の債務とが対価関係にあると事実認定をしている場合は、経験則違反となる（最判昭和54年3月23日判時924号51頁）。

(4) 採証法則

「裁判官は事実認定において採証法則に従うべし」といわれる。採証法則は、基本的に特定の事実を認定する証拠として採用すべき証拠を使うこと、または、採用すべきでない証拠を使わないことであり、論理法則（一般に承認されている思考の原則）の一種である。すなわち、採証法則違反は、特定の事実を認定する証拠として採用すべき証拠を使っていない、または、採用すべきでない証拠を使っている（要するに、証拠の評価＝信用性判断を誤っている）場合であり、経験則違反とは、典型的には、採証法則に則って認定した事実（間接事実）から主要事実を推認する際の経験則の適用を誤っている（無視または誤用している）場合をいう[12)]。

以上のように、「採証法則」も「経験則」も裁判官の事実認定を規律するもの（自由心証主義の制約要因）であるが、両者の関係については、別物であると解するのが相当である。もっとも、証拠の信用性判断を誤っている場合には、証拠評価において経験則の適用を誤っているときがあるが、これは、「経験則違反の結果、採証法則違反となった」とみるべきであり、経験則と採証法則のいずれにも反しているが厳密には両者は別物と考えた方が思考の整理としても適切である。また、この理解は、大審院時代の判決に見られる「経験則違反」、「経験則または採証法則違反」、「採証法則違反」の使い分けを最高裁でも踏襲していることとも整合する。これに対して、採証法則違反も広い意味での経験則違反の一つという捉え方もできないわけでもないが、両者はいずれも自

12）加藤新太郎「訴訟と科学―その実務的対応」判時2443号103頁（2020）。

由心証主義の制約要因であるから、この立場に立っても、自由心証主義違反になることは同じである。

3　経験則違反・採証法則違反の判例法理

平成民事訴訟法下において、最高裁は、経験則の認定や適用の誤りは法令違反であり、「法令の解釈に関する重要な事項」に該当する場合があるとの判断を示している[13)]。上告が受理され、経験則違反または採証法則違反と判断された近時の判例を整理しておくことにしよう。これらは、自由心証主義における内在的制約としての経験則の適用のあり方を示唆している。

第１は、遺言公正証書原本における公証人の署名押印の有無が争点となったケース（最判平成16年２月26日判時1853号90頁）である。

【ケース2－3　公証人の署名押印の有無】

原判決は、現時点においては公証人の署名押印がある遺言公正証書原本について、当該原本を利用して作成された謄本の作成方法についての公証人および書記の証言等の内容に食い違いがあることなどを理由として、上記謄本作成の時点において公証人の署名押印がなかったと認定した。

しかし、最高裁（前掲最判平成16年２月26日）は、①上記謄本の作成方法についての公証人および書記の証言等は、その細部に食い違いがあるものの主要な部分で一致していること、②原本の各葉上部欄外には公証人の印による契印がされているのに公証人の署名欄に署名押印がされていないとするのは不自然であること、③公証人が原本作成と同じ日に作成して遺言者に交付した正本および謄本には公証人の署名押印がされていることなど判示の事情の下では、特段の事情の存しない限り、原判決の認定判断には、経験則違反または採証法則違反の違法があるとした[14)]。経験則違反（①ないし③の間接事実から推認すべき事実

13）加藤・認定論204頁。

14）評釈として、藤原弘道「判批」民商131巻１号160頁（2004）。

の誤り）の結果、採証法則違反となったという類型である。

第２に、納税者が脱税を意図し、その意図に基づいて行動したかに関する事実認定が問題になったケース（最判平成17年１月17日民集59巻１号28頁）である。

【ケース2－4　納税者の意図と行動の認定】

原判決は、「税理士に申告を委任する者は、法律に違反しない方法と範囲で必要最小限の税負担となるように節税することを期待して委任するのが一般的である」ことなどを理由として、「納税者が脱税を意図し、その意図に基づいて行動した」とは認められないと判断した。

「税理士に申告を委任する者は、法律に違反しない方法と範囲で必要最小限の税負担となるように節税することを期待して委任するのが一般的である」ことは、蓋然性の程度は議論の余地があるとしても、経験則である。このことから、通常は、当該事案においても納税者が脱税を意図し、その意図に基づいて行動したとはいえないと、一応は推認できるであろう。

しかし、推認を覆すような特段の事情があれば、このような認定はできないことになる。それでは、本件には、そのような事情があったのであろうか。

本件においては、次のような事情（間接事実）がみられた。

① 納税者が、土地の譲渡所得を得た年分の所得税の申告を委任した税理士から、委任に先立ち、「実際に出費していない土地の買手の紹介料等が経費として記載されたメモを示され、多額の税額を減少させて得をすることができる旨の説明を受けた」上で、税理士に上記の申告を委任したこと。

② 税理士が架空経費の計上などの違法な手段により税額を減少させようと企図していることを了知していたとみることができること。

確かに、税理士から、「実際に出費していない土地の買手の紹介料等が経費として記載されたメモを示され、多額の税額を減少させて得をすることができる旨の説明を受けた」のであれば、納税者としては、税理士が架空経費の計上などの違法な手段により税額を減少させようと企図していることは認識することができる。そうであれば、節税を意図していた善良な納税者と評価することは困難である。最高裁（前掲最判平成17年1月17日）は、①②の事情の下においては、原判決の認定には、経験則に違反する違法があるとした[15]。原判決は、所得税の申告を税理士に委任する者（納税者）は法律に違反しない方法と範囲で必要最小限の税負担となるように節税することを期待して委任するのが一般的であるという命題を経験則として適用したが、その推認を覆すに足りる事情（①・②の間接事実）があるのに、これを無視（軽視）した経験則違反の類型である。

第3に、抗生剤を投与しなかったことは医師の過失かが争点となったケース（最判平成18年1月27日判時1927号57頁）がある。

【ケース2－5　抗生剤不投与は医師の過失か】

本件は、入院患者がメチシリン耐性黄色ブドウ球菌（MRSA）に感染した後に死亡した事故に関する医療訴訟である。争点は、「担当医が早期に抗生剤を投与しなかったことが過失に当たるか」であった。証拠として、鑑定書と医師の意見書が提出されていた。

控訴審判決は、この鑑定書や意見書に基づいて、担当医が早期に上記抗生剤を投与しなかったことに過失があるとはいえない旨認定判断した。

ところが、①鑑定書には、担当医が早期に抗生剤バンコマイシンを投与しなかったことは当時の医療水準にかなうものではないという趣旨の指摘をするものと理解できる記載があった。②また、医師の意見書は、担当医が早期に上記抗生剤を投与しなかったことについて当時の医療水準にかなうものであるという趣旨を指摘するものであるか否かが明確ではなかった。最高裁（前掲最判平成18年1月27日）は、この点に着目して、控訴審判決には、経験則または採証法則に反する違法があるとした。

最高裁は、控訴審判決について、鑑定書の趣旨の誤読（①）により証拠とし

15）評釈等として、増田稔「解説」『最判解民事篇平成17年度(上)』24頁（法曹会・2008）、同「判批」ジュリ1310号145頁（2006）、首藤重幸「判批」ジュリ1323号200頁（2006）、片山健「判批」判タ1215号261頁（2006）。

て採用すべきであるのに認定評価に使わず、医師の意見書の吟味不十分（②）により採用すべきでない証拠を認定評価に使ったという採証法則違反があり、その結果経験則違反になったと判断したのである。医学上の専門的事項に関する鑑定書を読み解くことは、専門外の裁判官には至難であるが、読み誤ってはならない。つまみ食い的に評価して、印象に基づく結論に走ることは論外である。双方当事者との間で、分かりにくいところを議論することは不可欠である。そして、裁判所の認定に反する鑑定書の記載部分に対しては、合理的な根拠を示して排斥する理由づけをすることが必要である。これを怠った控訴審の審理と判決には、経験則または採証法則に反する違法があったと評価されたのである[16)]。

第４に、追加輸血をしなかったことは医師の過失かが争点となったケース（最判平成18年11月14日判時1956号77頁）がみられる。

【ケース2－6　追加輸血をしなかったのは医師の過失か】

本件は、病院で上行結腸ポリープの摘出手術を受けた患者が、術後９日目に急性胃潰瘍に起因する出血性ショックにより死亡した事故に関する医療訴訟である。争点は、「担当医が追加輸血等を行わなかったことが過失に当たるか」であった。

このケースでは、患者の身体の状態・検査数値から認定される事実から追加輸血の必要性がうかがわれる状況があった。具体的には、患者の相当多量な血便や下血、ヘモグロビン値やヘマトクリット値の急激な下降、頻脈の出現、ショック指数の動向等から、患者の循環血液量に顕著な不足を来す状態が継続し、輸血を追加する必要性があったことがうかがわれた。そして、一審では、証拠として、医師Ａの作成に係る「担当医には追加輸血をするなどして当該患者のショック状態による重篤化を防止すべき義務違反がある」とする旨の意見書が提出されていた。そうしたことから、一審は請求を認容した。

控訴審では、一審で提出された医師Ａの意見書（担当医の義務違反肯定）とは逆方向の医師Ｂの意見書（追加輸血の必要性否定）が第一回期

16）加藤・前掲注12）103頁。評釈として、小池泰「判批」民商135巻６号1118頁（2007）。

日で提出された。控訴審は、いわゆる一回結審方式により弁論を終結し、一審の請求認容の結論を逆転し患者側を敗訴させた。

最高裁は、①一審で提出された医師Aの意見書中の意見（担当医の義務違反肯定）が相当の合理性を有することを否定できず、②むしろ、控訴審で提出された医師Bの意見書の追加輸血の必要性を否定する意見の方に疑問があると思われるにもかかわらず、両意見書の各内容を十分に比較検討する手続をとることなく、医師Bの意見書が提出された原審の第1回口頭弁論期日において口頭弁論を終結した上、医師Bの意見書を主たる根拠として、担当医が追加輸血等を行わなかったことにつき過失を否定し、医師Aの意見書等に基づき担当医の過失を肯定した一審判決の請求認容部分を取り消した原審の判断には、採証法則に反する違法があるとした[17]。最高裁の判断は2つの専門家意見の内容を十分に比較検討する手続をとることなく、証拠として採用すべきである医師Aの意見書を使わず、採用すべきでない医師Bの意見書を主たる根拠として直ちに担当医の義務違反なしと認定判断していることが、採証法則に違反するとしたものである。

第5に、定期建物賃貸借契約の締結の際の説明書面の交付の事実認定にかかわるケース（最判平成22年7月16日判時2094号58頁）がみられる[18]。

【ケース2－7　説明書面の交付の認定】

原審は、賃貸人が定期建物賃貸借契約の締結に先立ち説明書面の交付があったことにつき主張立証をしていないに等しいにもかかわらず、賃貸借契約に係る公正証書に説明書面の交付があったことを相互に確認する旨の条項があり、賃借人において上記公正証書の内容を承認していることのみから、借地借家法38条2項において賃貸借契約の締結に先立ち契約書とは別に交付するものとされている説明書面の交付があったと認定した。このような原審の認定は、どのように評価されるであろうか。

17）加藤・前掲注12）104頁。

18）加藤・認定論206頁。

このケースにおける立証命題と経験則の適用との関係は、「①②から③の事実を推認することができるか」という問題として整理することができる。

① 本件公正証書に説明書面の交付があったことを確認する旨の条項があること

② Ｙは本件公正証書を読み聞かされ内容の確認をされていること

③ ＸからＹに対し説明書面の交付があったこと

まず、本件では、公正証書が作成されていて、その公正証書の条項中に説明書面の交付があったことを双方とも確認するという条項があった（①の事実）。

また、公正証書は公証人が条項を当事者に読み聞かせて間違いないという確認をとる。これは、公正証書の通常の作成過程であり、一般的な知見である。したがって、本件でも、Ｙは本件公正証書を読み聞かされ内容の確認をされているはずである（②の事実）。本件公正証書の確認条項は報告文書という性質を持ち、③説明書面の交付の事実を推認するのに有力な間接証拠であると解される。こうした条項が存在する事実と条項を含む内容確認の事実は、③の説明書面の交付の事実を推認する間接事実として機能する。それは、「当事者は、ある事実がないのに、当該事実があったと確認する条項を公正証書に入れることはない」、「当事者は、公証人が公正証書の内容を読み聞かせて確認をとる場合に、その内容が真実（真意）と異なるときには、疑義を呈し、訂正を求める」という経験則があるからである。これは、高度の蓋然性をもって一定の結果を推論させる経験則といえるであろう。しかし、公正証書の証明力は一般的に高いとはいえるが、上記の経験則は例外なく適用されるものとはいえない。一方当事者が問題関心を欠いていたため、または、うっかりしていた場合には、ある事実がないのに、当該事実があったと確認する条項が公正証書に入ってしまうことがあり、疑義を呈しないこともあるからである。

経験則には例外が随伴するものであるから、これを事実に適用して推論する場合には、当事者の争い方とその程度を勘案することが求められる。例えば、本件において「説明書面の交付」の事実の主張に対し、借主が「不知」という程度の争い方をしたとすれば、上記①・②の事実から、③の事実を推認することは十分考えられる。しかし、本件では、まさに「説明書面の交付」の有無が争点事実なのである。したがって、「説明書面の交付」につき証明責任のあるＸとしては、相応の主張立証をして、裁判所に「説明書面の交付」の事実につき高度の蓋然性ありとのレベルの認識形成をさせることが要請される。

そのような観点から、Ｘの本件における主張立証をみると、④Ｘは説明書面を交付したと主張するものの、これを証拠として提出しないこと、⑤Ｘは「Ｙには契約の締結時と本件公正証書作成時の２回にわたり、定期建物賃貸借契約について説明を受ける機会があった」などと別個の説明書面の交付がないことを前提とするかのような主張立証をしていたことを指摘することができる。④については、「説明書面を交付したのであれば、その写しを容易に証拠として提出できるはずである」という経験則が働き、「それをしないのは、説明書面を交付していないからだ」という推論が成り立ち得る。また、⑤については、Ｘの主張は、説明書を交付してはいないが、実質的に説明すればそれでいいという趣旨に解されるというのであるから、「説明書面の交付」の事実を推認するにはマイナスの事情である。

以上のような状況の下、原判決は、「公正証書の条項中に説明書面交付の確認条項があることと公証人が読み聞かせて意思確認をとることから、説明書面交付の事実を推認することができる」と推論した。経験則上通常は上記２つの事実（①②）から「説明書面の交付あり」との推論はできるとしてよいが、④⑤の事実の含意についての検討・考察を欠いている点が問題である。賃貸人にみられたような本件訴訟における活動経過は弁論の全趣旨に入るが、本判決は、こうしたマイナス事情を過小評価ないしは無視するのは相当でないと評価したものと考えられる。

少なくとも、原審の判決書に①②の事実のみで「説明書面の交付」の事実ありと推認することが適切であることを示す合理的説明はされていない。すなわち、本件は、一方では、本件公正証書に係る①②の事実があり、③の事実を推認できそうであるが、他方では、弁論の全趣旨としてその推認を覆すような④⑤の事実がみられたのであるから、原審としては、判決書の理由中で、その軽重を評価・判断すべきであった。最高裁（前掲最判平成22年７月16日）は、それをしていない原審のような認定判断には経験則違反、採証法則違反があるとして、破棄差戻しをしたのである[19)]。これは、経験則違反の結果、採証法則違反

19）評釈として、下村眞美「判批」リマークス43号122頁（2011）、折田恭子「判批」平成22年度主要民事判例解説（別冊判タ32号）224頁（2011）、加藤新太郎「判批」判タ1361号42頁（2012）。

となったという類型とみてよいであろう。

第6に、建設アスベスト訴訟において、原告建設作業従事者らの採る立証手法により特定の建材メーカーの製造販売した石綿含有建材が特定の建設現場に相当回数にわたり到達していたとの事実が立証され得ることを一律に否定した原審の判断に経験則または採証法則に反する違法があるとされた事例（最判令和３年５月17日民集75巻６号2303頁）がみられる。

その要旨は、「次の①から⑤までの手順による立証手法（本件立証手法）により、特定の建材メーカーの製造販売した石綿含有建材が特定の建設作業従事者の作業する建設現場に相当回数にわたり到達していたとの事実（建材現場到達事実）を立証され得ることを一律に否定した原審の判断には経験則または採証法則に反する違法がある。①国土交通省および経済産業省により公表されているデータベースに掲載されるなどした石綿含有建材を複数の種別に分類し、そのうち、建設作業従事者らの職種ごとに、直接取り扱う頻度が高く、取り扱う時間も長く、取り扱う際に多量の石綿粉じんにばく露するといえる種別を選定する。②上記のとおり選定された種別に属する石綿含有建材のうち、上記建設作業従事者らが建設作業に従事していた地域での販売量が僅かであるもの等を除外し、さらに、上記建設作業従事者ごとに、建設作業に従事した期間とその建材の製造期間との重なりが１年未満である可能性のあるもの等を除外する。③上記①および②により上記建設作業従事者ごとに特定した石綿含有建材のうち、同種の建材の中での市場占有率がおおむね10％以上であるものは、その市場占有率を用いた確率計算を考慮して、上記建設作業従事者の作業する建設現場に到達した蓋然性が高いものとする。④上記建設作業従事者がその取り扱った石綿含有建材の名称、製造者等につき具体的な記憶に基づいて供述等をする場合には、その供述等により上記建設作業従事者の作業する建設現場に到達した石綿含有建材を特定することを検討する。⑤建材メーカーらから、自社の石綿含有建材につき販売量が少なかったこと等が具体的な根拠に基づいて指摘された場合には、その建材を上記①から④までにより特定したものから除外することを検討する」というものである。

これは、一定の事実について、データと人証による供述等を基にして確率計算を用いるなどして推認する立証手法の有用性を正解できなかったことは経験則違反であり、その結果、当該立証手法を採用すべきであるのに一律に否定したことが採証法則違反となるとしたものと解される[20)]。これは、上記第１～第５のケースとは異なる採証法則違反類型ということができる。

4　証明度

(1)総説

民事訴訟における訴訟当事者の証明活動は、裁判官の事実認定に結実する。事実認定は、「当事者間に争いのある事実を証拠によって確定すること」である。このプロセスにおいては、裁判官としては、証拠調べの結果得られた心証と事実の存否を決する基準である証明度とを対比することにより事実認定をしていくことが課題となる。すなわち、証明度とは、「事実に関する争点について、どの程度の証明があれば、裁判官が一定の事実があったという心証を形成して事実認定してよいかを決する基準」である[21)]。

これに対して、心証とは、「裁判官の内心に形成される事実の存否についての認識」である。そして、心証が一定の段階（レベル）に達して初めて事実の存否についての認定がされることになる。証明の程度に関する概念には、証明度の高い順に次のものがある。

①　自然科学的証明

②　合理的な疑いを容れない程度の証明

③　高度の蓋然性の証明

④　相当程度の蓋然性の証明

⑤　証拠の優越ないし優越的蓋然性の証明

このうちのどのレベルの証明が、民事訴訟における証明度として適切なのかという論点がある。

(2)訴訟上の証明と証明度に関する判例

判例上、訴訟上の証明の意義に関するリーディング・ケースは、刑事事件に関して「訴訟上の証明は、いわゆる歴史的証明であり、歴史的証明は『真実の高度な蓋然性』をもって満足する」ものであり、「通常人なら誰でも疑いを差

20）加藤新太郎「建設アスベスト訴訟における建設現場到達事実の立証・事実認定に関する経験則違反・採証法則違反」NBL1205号104頁（2021）。

21）加藤・認定論34頁。

し挟まない程度に真実らしいと『確信』を得ることで証明ができたとするものである」としたケースである[22]。

歴史的証明に対する概念としては、自然科学で用いる実験に基づく論理的証明があり、これは、「真実」そのものを目標とする。論理的証明は、当時の科学水準においては反証をいれる余地はないが、歴史的証明は、通常反証の余地が残されているものである。つまり、訴訟においては、上記①の自然科学的証明は適切ではないが、刑事訴訟では、②合理的な疑いを容れない程度の証明が必要であるというのが判例法理である。

それでは、民事訴訟における要証事実の証明および証明度については、どのように解するのが相当であろうか。

この点に関するリーディング・ケースは、周知のとおり、ルンバール事件判決（最判昭和50年10月24日民集29巻9号1417頁）である[23]。

【ケース2－8　ルンバール事件判決】

ルンバール事件は、次のような事実関係のものであった。

① 患者甲は、3歳の幼児であり、重篤な化膿性髄膜炎に罹患していた。

② 甲は入院治療を受けており、病状が次第に軽快していた段階において、医師が治療としてルンバール（腰椎穿刺による髄液採取とペニシリンの髄腔内注入）を実施した。

その後、甲は、嘔吐・痙攣の発作等を起こし、これに続き右半身痙攣性不全麻痺・知能障害および運動障害等の病変を生じた。

このような事実関係を前提として、患者側は、「ルンバールの施術⇒甲の脳出血⇒本件発作・病変」という因果関係を主張したのに対し、医療側は、「甲の化膿性髄膜炎の再燃⇒本件発作・病変」という因果関

22）最判昭和23年8月5日刑集2巻9号1123頁。その後の刑事関連判例としては、最判昭和48年12月13日判時725号104頁（反対事実の存在の可能性を許さないほどの確実性）、最決昭和54年11月8日刑集33巻7号695頁（合理的な疑いをさしはさむ余地のない程度の証明）、最決昭和57年5月25日判時1046号15頁（合理的な疑いを超える確実なもの）などがみられる。

23）加藤・認定論41頁。

係を主張して反論した。

ルンバール事件には、因果関係を判定するための事実として、次のものがみられた。

(i) 甲は、ルンバール施術後15分ないし20分を経て突然、本件発作を起こした。

(ii) 医師は、学会に出席するため、甲の昼食後20分以内にルンバールを施術した。

(iii) 医師は、穿刺に成功せず、何度かやり直して終了までに約30分を要した。

(iv) 甲は、もともと血管が脆弱で出血性傾向があった。

(v) 医師は、泣き叫ぶ甲の身体を押さえつけてルンバールを施術した。

(vi) 臨床医所見と脳波所見を総合すると、甲の脳の異常部分が脳実質の左部にあったと判断される。

(vii) 本件発作後の髄液所見でもルンバール施術前より好転している。

(viii) 当時化膿性髄膜炎の再燃するような事情も認められなかった。

ルンバール事件判決は、因果関係の証明について「訴訟上の因果関係の立証は、一点の疑義も許されない自然科学的証明ではなく、経験則に照らして全証拠を総合検討し、特定の事実が特定の結果発生を招来した関係を是認しうる『高度の蓋然性』を証明することであり、その判定は、通常人が疑いを差し挟まない程度に真実性の『確信』を持ちうるものであることを必要とし、かつ、それで足りるものである」と判示した。

そして、以上の事実のうち、(i)から(v)により、「ルンバールの施術⇒甲の脳出血」の因果関係を肯定し、(vi)から(viii)により、「ルンバールの施術⇒甲の脳出血⇒本件発作・病変」の因果関係につき、特段の事情のない限り、これを否定するのは、経験則に反すると判断したのである。

ルンバール事件判決の理路を定式化すると、次のようになる。

【A】 訴訟上の因果関係の立証は、一点の疑義も許されない自然科学的証明ではない。

【B】 因果関係の立証は、経験則に照らして全証拠を総合検討し、要証事実である「特定の事実が特定の結果発生を招来した関係」を是認し得る「高度の蓋然性」を証明することである。

【C】 因果関係の証明に関する判定の必要十分条件は、通常人が疑いを差し挟まない程度に真実性の「確信」をもち得るものであることである。

以上のとおり、判例法理は、民事訴訟における証明度は、「高度の蓋然性」を証明し、通常人が疑いを差し挟まない程度に真実性の「確信」をもち得るものであるということになる。したがって、上記③高度の蓋然性の証明のレベルが求められるのである（高度の蓋然性説）。

(3) 証明度に関する学説

民事訴訟の証明度に関する学説には、上記④相当程度の蓋然性の証明、⑤証拠の優越ないし優越的蓋然性の証明で足りるというものもみられた。具体的には、(i)証拠の優越をもって証明があったとしてよいという「証拠の優越説」[24)]、(ii)証拠が偏在する公害・薬害訴訟など特定の領域における、証明は高度の蓋然性でなく一定の蓋然性で足りるとする蓋然性説[25)]などが、これである。しかし、これらの説（とりわけ、証拠の優越説）は、判例法理上民事訴訟の証明を構成する「高度の蓋然性」と「確信」のうち、「確信」をクリアしないことが明らかであることもあって、異説にとどまっていた。通説は、判例と同様に、証明には「社会の一般人が日常生活の上で安んじてこれに頼って行動する程度」である「高度の蓋然性」に加えて「裁判官の確信」が心証として要求されると解していたのである[26)]。

---

24) 加藤一郎『公害法の生成と展開』29頁（岩波書店・1968）、石田穣『証拠法の再構成』143頁（東京大学出版会・1980）、石井良三「民事裁判における事実証明」『民事法廷覚え書』163頁（一粒社・1962）、村上博巳「民事裁判における証明度」『民事裁判における証明責任』8頁（判例タイムズ社・1980）など。

25) 徳本鎮『企業の不法行為責任の研究』130頁（一粒社・1974）、沢井裕『公害の私法的研究』239頁（一粒社・1969）。

26) 兼子一『新修民事訴訟法体系〔増訂版〕』253頁（酒井書店・1965）、三ケ月章『民事訴訟法（法律学全集）』381頁（有斐閣・1959）、新堂幸司『新民事訴訟法』456頁（弘文堂・1998）〔現在の新堂説は、優越的蓋然性説に改説〕後注29）参照、上田徹一郎『民事訴訟法〔第7版〕』352頁（法学書院・2011）、中野貞一郎＝松浦馨＝鈴木正裕『新民事訴訟法講義〔第3版〕』308頁〔春日偉知郎〕（有斐閣・2018）、松本博之＝上野桊男『民事訴訟法〔第8版〕』438頁〔松本〕（弘文堂・2015）、高橋宏志『重点民事訴訟法講義(上)〔第2版補訂版〕』527頁（有斐閣・2013）など。

ところが、近時、「高度の蓋然性」と「確信」との関係を考察する中で、「確信テーゼ」の見直しがされ、その相対化が図られた。すなわち、裁判官の確信は、根拠のないものであってはならず、証拠法則・経験則に規定された合理的なものである必要があるから、高度の蓋然性の認識と同義と捉えるべきであるとして、主観的確信テーゼを再定義するのである。この見解は、筆者の考えであるが、確信は事実認定における裁判官の主体性を認知し、表現するための象徴的タームであるものの、それ以上に実践的意義をもたない修辞（レトリック）とみてよいと解している[27)]。

こうした状況の下で、相当の蓋然性をもって証明度とすべきであるとする「優越的蓋然性説」を再生させたのが、伊藤眞教授であり[28)]、新堂幸司教授、三木浩一教授もこれに賛同される[29)]。優越的蓋然性説は、民事訴訟における証拠収集手段に制約が存在することなどを考慮すると、高度の蓋然性を証明度とすることは、かえって真実から乖離する事実認定を強いる結果になり、また証明責任を負わない当事者の反証活動を充実させ、適正な事実認定を実現する上でも、証明責任を負う当事者の事実主張が相当の蓋然性をもって認められる場合には、必ずしも疑問の余地がないとはいえないときであっても、当該事実を認定して差し支えない。優越的蓋然性こそが、証明責任を負う当事者と相手方とが弁論主義の下で最善を尽くして立証活動を行うという手続的正義を実現し、裁判所が可及的に事件の実相に即した事実認定を行うべき実体的真実発見の要請を調和させる、適正な証明度であるという。

三木教授は、①高度の蓋然性説が歴史的な経緯による産物であり、②高度の蓋然性説が市民生活上の行動原理を考慮しているところ、③訴訟当事者や一般人に裁判官が丁寧かつ慎重な事実認定を行うという印象を与えるものの、それはみせかけのイメージにすぎず、④高度の蓋然性説は裁判官にとって使い勝手

27）加藤・認定論52頁

28）伊藤眞「証明、証明度および証明責任」法教254号33頁（2001）、同「証明度をめぐる諸問題―手続的正義と実体的真実の調和を求めて」判タ1098号４頁（2001）。

29）新堂幸司『新民事訴訟法〔第６版〕』571頁（弘文堂・2019）、三木浩一『民事訴訟における手続運営の理論』439頁（有斐閣・2013）。実務家で「優越的蓋然性説」に賛成するのは、須藤典明「民事裁判における原則的証明度としての相当程度の蓋然性」伊藤眞先生古稀祝賀『民事手続の現代的使命』339頁（有斐閣・2015）。

がよいから、これが採用されているにすぎないという。しかし、①はそのとおりであろうが、そうであるとすれば、大陸法の系譜に属するわが民事訴訟法およびその運営としては、高度の蓋然性説で一向に差し支えない。②高度の蓋然性説が市民生活上の行動原理を考慮していて、それを基準とすることは、むしろ法理としての正当化要因とはいえるのではないか。③については、わが国の裁判官に保全処分と訴訟との事実認定に対する姿勢の違いを尋ねたとして、訴訟の方がより丁寧かつ慎重な事実認定を行うという答えを返さない者はいないであろう。④については、多義的な「使い勝手」というタームで説明することの適否は疑問である。

もとより、証明度は、規範概念であるから、どのような立場をとるかは、解釈論の問題である。私見は、通説と同じく、高度の蓋然性をもって原則的証明度を考える立場をとっている。その実質根拠は、訴訟手続に内在する客観的妥当性、法的安定性確保、実体的真実発見など訴訟政策的要請にある[30)]。

(4) 今後の展望

長崎原爆訴訟判決（最判平成12年7月18日判時1724号29頁）では、要証事実につき相当程度の蓋然性を立証すれば足りるとすることはできないと判示して、原則的証明度説＝高度の蓋然性説をとることを再確認している。今後を展望するに、なお判例は、高度の蓋然性説は維持し続けることになるであろう。

第1に、わが国は、取引においてさえ契約当事者が訴訟を前提として書面を作成しておく慣行が乏しいという風土であり、証拠収集手段は、民事訴訟手続上一定の改善をみてはいるが、なお必ずしも十分保障されているとはいえない。そうした与件の下での民事訴訟の事実認定としては、偶然の事情により証拠の優越が充たされている（しかし、真実とは相違する）場合にも、高度の蓋然性説によってきちんとした事実認定をする方が、優越的蓋然性説によって振幅の大きい事実認定をすることになるよりも、弊害がより少ないように思われるからである。

第2に、現実の民事訴訟は、判例（高度の蓋然性説）に従って運営されており、当事者もそのような構えで訴訟活動をしているから、突然、優越的蓋然性説が高度の蓋然性説にとって代わることは想定しにくい。しかし、判例・通説

30）加藤・認定論56頁。

のいう高度の蓋然性の内実を高く設定しすぎ、当てはめにおいて厳しすぎる実務が散見されないわけではない。これは高度の蓋然性説が不相当というわけではなく、適用の仕方がよろしくないのであるが、優越的蓋然性説は、実践的には、こうした傾向に警鐘を鳴らす意義があるとはいえよう[31)]。

●コラム2　供述の信用性判断と主張の信頼性——金銭預託の趣旨

●事案の概要

Ｘ社（代表者Ａ）は、中国においてパチンコ店を開店し営業することを企画する会社である。Ｘ社が、総菜屋であるＹ社（代表者Ｂ）に対し、パチンコ店の中でおにぎりを販売する店を開店しないかと商談を持ちかけ、Ｙ社はこれに乗ることにした。Ｘ社・Ｙ社はいずれも小規模の日本法人である。

Ａは、中国でパチンコ店の開店、おにぎり店の開店の許可を得るべく当局に働きかけ、折衝もしたという。Ｂは、Ａに対して、500万円を渡したが、結局おにぎり店の開店はできなかった。そこで、Ｙ社はＸ社に対して、500万円の返還請求訴訟を提起した。

この金銭交付の趣旨が争点となったが、Ａは、６か月以内にパチンコ店の開店許可を得たら、500万円の返還はしない（開店許可が得られなければ500万円を返還する）という合意であったと主張した。これに対して、Ｂは、６か月以内におにぎり店を開店することができたら、500万円の返還はしない（開店できなければ500万円を返還する）という合意であったと主張した。この合意を証明する書面は作成されておらず、口頭の合意である。

ＡとＢは、代表者本人尋問において、それぞれ自己の主張に沿う供述をした。

●争点と考え方

本件では、金銭交付の趣旨についての供述が原告と被告とで相反してい

31）加藤・認定論58頁。

る。その信用性をどのように判断すべきか。

契約型紛争では、相応の背景事情や契約締結に向けた交渉があり、その過程で一定の報告文書、打ち合わせメモ、議事録などが作成されていることが多い。何よりも多額の金員の支払約束をする契約では契約書が作成される。ところが、本件では、合意を証明する書面は作成されていなかった。

もっとも、本件では、人証以外の他の証拠も提出されている。それらの書証をみると、中国におけるパチンコ店・おにぎり店の開店許可の手続は明確でないものの、パチンコ店の開店許可は得られたことをうかがわせる書面は提出されている。つまり、X社Aが関係当局に対して働きかけた結果、パチンコ店の開店許可は得られたようであるが、おにぎり店が開店することはなかった。

ビジネス上の経験則では、Y社Bの関心事はおにぎり店の開店であり、そのために、Aに500万円を交付するのであるから、おにぎり店が開店できなければ返還する約定にするのが自然であり、合理的である。これに対して、パチンコ店の開店はおにぎり店開店の前提にすぎないから、パチンコ店が開店許可されたことを500万円の返還の条件とすることは、ありえないわけではないが、経済的合理性を欠く。パチンコ店の開店許可は、X社Aにはメリットがあるが、それだけでは特別の事情でもない限り、Y社Bにはメリットがない。この点からすると、Bの主張する合意の下に500万円が交付されたとみる方が合理的であると考えられる。これが、人証の信用性の評価に入る以前の主張と反論に関する経験則からみた信頼度の点検である。

Aが交付を受けた500万円の使途をみると、中国で使われたわけではなく、X社の国内での他の支払に流用されている。ただ、この事実だけでは、Aがパチンコ店・おにぎり店の開店許可に向けて格別の活動をしていないとみることはできない。

本件の事実関係において、問題となるのが、AがBに対してパチンコ店開店許可を得たことを告げていない点である（当事者間に争いなし）。Aとしては、パチンコ店の開店許可が得られた時点で、Bに告げて、おにぎり店開店の準備をさせることが必要であった。しかも、Aの主張では、パチチンコ店の開店許可が500万円取得の条件なのである。そうであるのに、告げていないのは奇妙である。告げなかった理由についての合理的な説明もされていない。

そう考えていくと、「Aがパチンコ店の開店許可が得られたことを、その段階でBに告げていないこと」は、経験則上重要な意味を持つ。開店許可それ自体が怪しいのかもしれないし、開店許可が出ていたとしても、その時期は合意から6か月以内ではなく、もっと遅かったのかもしれない。そうであれば、Bから時期遅れを指摘され500万円の返還を求められることを懸念して、告げなかったのではないかとも推測される。

以上のような諸点からすると、Bの供述の信用性は高く、Aの供述の信用性は低いという評価となるが、その基礎には、双方の主張の信頼度が伏在しているのである。

第3章　書証による事実認定（その1）

1　書証・文書の意義と種類

(1) 書証

書証は、文書を証拠方法とし、裁判官がこれを閲読することにより、それに記載された意味内容を証拠資料（事実認定のための資料）とする証拠調べである（民訴法219条）。

したがって、書証は文書そのものではないから、「書証の対象である文書」というのが正確である。ただ、実務上は、文書それ自体も書証と称する慣用があり、書証は、①本来の証拠調べの意味と、②その証拠方法である文書とを意味するものとして使われることがあった。そして、現在では、民事訴訟規則にも実務上の慣用が及んでいる。すなわち、民訴規則55条2項などでは「書証の写し」というタームを用いているが、これは「証拠となるべき文書」の意味で「書証」の語が用いられているものである。

(2) 文書

文書は、文字その他の記号の組合せによって思想的意味を表現している有形物である[1]。すなわち、文書は、①存在形態として、文字または記号を用いることのより見読可能な状態（書かれてある状態）にあること、②機能目的として、一定の思想的意味（情報）を保存し伝達するものであることの2つの要素からなる[2]。したがって、文書を閲読することは（その量いかんにもよるが）あまり時間をかけずにすることができ、しかも、情報は書かれた時点で固定して

1）兼子一『新修民事訴訟法体系〔増補版〕』247頁（酒井書店・1965）、三ケ月章『民事訴訟法〔第3版〕』〔法律学講座双書〕473頁（弘文堂・1992）、新堂幸司『新民事訴訟法〔第6版〕』652頁（弘文堂・2019）、伊藤眞『民事訴訟法〔第7版〕』428頁（有斐閣・2020）、菊井維大＝村松俊夫原著・秋山幹男ほか『コンメンタール民事訴訟法Ⅳ〔第2版〕』369頁（日本評論社・2019）、条解民訴1176頁〔松浦馨＝加藤新太郎〕。

2）加藤・裁量論213頁。

いるから、争点解明に適切なものであれば最良の証拠である。

準文書は、「図面、写真、録音テープ、ビデオテープその他の情報を表すために作成された物件で文書でないもの」（民訴法231条）をいう。準文書の証拠調べは、書証の規定が準用されている。

旧法では、準文書は、目印や識別のために作成された物件ないし文字または符号が記載されてはいるが思想を表さず、その外形と存在とによって証拠となるもの、例えば、下足札、割符、境界標、地図、設計図、商品見本、検査済マーク等がその例であると解されていた。つまり、準文書は思想的意味を表示しないものという理解がされていた。しかし、現行法においては、録音テープなども例示されている。録音テープに記録された音声が思想的意味を有しており、これを認識して証拠資料にしたいと考える場合についても、文書に準ずる物件と扱われるのであるから、準文書は、従来説明されてきたものに加えて、思想を表現しているが可視的に表示されていないものを含むことになる[3)]。

文書は作成名義人の表現する思想的意味が事実認定のための資料となるものであるから、文書の個数は、作成名義人の数によることになる。例えば、物理的には１つの書面であっても、複数の文書が含まれていることがある。一通の借用書に、金銭消費貸借契約の借主と連帯保証人の２人が署名している場合には、借主の文書と連帯保証人の文書の２個の文書が含まれている[4)]。

(3)処分証書と報告文書

文書は、処分証書と報告文書とに分けられる。

処分証書とは、意思表示その他の法律行為がその文書によってされた場合の当該文書をいう。例えば、契約書、手形、解除通知書、遺言書などのように、それによって証明しようとする法律上の行為が当該文書によってされたものが、これに当たる。

報告文書は、処分証書以外の文書で、作成者の認識、判断、感想などが記載された文書をいう。例えば、領収書、商業帳簿、議事録、日記、手紙、陳述書などが、これに当たる。

処分証書と報告文書が混在していることもある。例えば、契約書のうち、契

3）加藤・認定論322頁。

4）瀧澤ほか・事実認定80頁。

約条項の部分は処分証書であるが、契約書作成の日時、場所、立会人の記載部分は報告文書である。この点に注意しなければならない、次のようなケースもある[5)]。

【ケース3－1　処分証書と報告文書の混在】

土地抵当権設定登記抹消登記請求訴訟において、書証として抵当権設定契約書が提出された。その抵当権設定契約書の中には、被担保債権の記載のほかに、契約締結と同時に貸金1000万円を交付したという条項がある。原告は、金銭消費貸借契約はなく、1000万円の授受もなかったと主張している。被告は、1000万円の領収書を提出することができず、1000万円を調達した方法についても預金通帳など裏付けの書証も提出することができなかったが、抵当権設定契約書の中に1000万円を交付したと記載してあるから、それで十分であると考えて領収書をもらってはいないと主張した。

一審判決は、処分証書である抵当権設定契約書に成立の真正が認められる以上、貸金1000万円の交付の事実も認定することができるとした。しかし、これは、処分証書の意義を正解していない判断というほかない。なぜなら、この抵当権設定契約書は、貸金交付の部分については報告文書にすぎないからである。その意味で、金銭交付をした事実の有力な間接証拠ではあるが、争われれば、別の証拠で立証することが求められる。1000万円の金員を授受しながら、領収書もなく、金員の出所も裏付けがなければ、貸金交付の事実を認定することは難しい。

抵当権設定契約が認められたとしても、被担保債権発生原因事実である貸金交付の事実が認められなければ、抵当権設定登記は許容されない。一審判決は、土地抵当権設定登記抹消登記請求を棄却していたが、控訴審判決では、原判決は取り消され、この請求が認容された。

(4) 公文書と私文書

文書は、公文書と私文書とに分けられる。

5）加藤新太郎「法務時評 法律論の詰めの重要性」銀行法務21・734号１頁（2011）。

公文書は公務員がその権限に基づいて、職務上作成した文書をいう。裁判官の作成した判決書、公証人の作成した公正証書、執行官の作成した現況調査報告書などがこれに当たる。外国の官庁、公署が作成した文書も公文書として扱われる（民訴法228条５項）。

私文書は、公文書以外の文書である。

１つの文書の一部が公文書、他の一部が私文書であることもある[6]。例えば、内容証明郵便は、証明部分は公文書、その他の部分は私文書である。また、登記済みの不動産の売買証書は、売買契約の部分は私文書で、登記済みの記入部分は公文書である。さらに、確定日付ある私文書は、確定日付の部分のみ公文書である。このように公文書の部分は公文書であり、それ以外の部分は、私文書として扱われる。

公文書と私文書は、成立の真正の推定について違いがある。すなわち、公文書は、その方式および趣旨から公務員が職務上作成したと認められるときは成立の真正について推定を受ける（民訴法228条２項・５項）のに対して、私文書は直ちに成立の真正について推定を受けない（同条１項・４項）ことにある。

(5)原本・正本・謄本・抄本

文書には、原本、謄本、正本、抄本の区別がある（民訴規則143条１項）。これは、同一内容の文書間の区別である[7]。

原本とは、最初に、かつ確定的に作成された文書をいう。通常は、原本は１つであるが、契約書等については数通の原本が作成される場合がある。

謄本、正本、抄本はいずれも、原本の「写し」である。

謄本は、原本の内容と存在を証明するために原本の内容をそのまま写した文書をいう。このうち、公証権限を有する公務員、例えば、公正証書については公証人、戸籍簿については市町村長、訴訟書類については裁判所書記官が、公証の付記をした文書を認証謄本という。

正本は、原本に代えて、原本と同じ効力をもたせるために公証官が作成した謄本をいう。

抄本は、原本の必要な一部を写したものをいう。

６）菊井＝村松原著・前掲注１）353頁。

７）菊井＝村松原著・前掲注１）354頁。

2　文書の証拠力

(1)総説

文書の証拠力とは、文書の記載内容が要証事実の証明に使用できるものか否か、また、要証事実の証明に役立つ程度をいう。それは、形式的証拠力と実質的証拠力に分けられる。

(2)形式的証拠力

文書の記載内容に合致した事実があることを証明する前提として、その書証に「形式的証拠力」があることが必要である。つまり、書証は、文書に記載された作成者の思想（意思、認識、判断、感想など）の意味内容を証拠資料にしようというものであるから、その記載内容が外形的・客観的に書証の作成者の思想・認識等の表現であることが前提となる。

文書を証拠として使用するためには、文書が真正に成立したことが必要である。文書が真正に成立したとは「挙証者がその文書の作成者であると主張した者の意思に基づいて作成されたこと」をいう[8)]。

特定の作成名義人の意思によって作成されれば足りるから、自ら直接筆を取ることは必要なく、他者の代筆であってもよい。文書が真正に成立している場合、その文書には形式的証拠力があるという。文書の成立を認めたとしても、その記載内容が真実であることを認めることにはならない。それは、実質的証拠力（証拠価値、証明力ともいう）の問題である。

以上のように、文書の成立の真正のためには、「①文書作成者の特定、②挙証者による作成者の主張、③作成者の意思に基づくこと」が要件として必要である。したがって、挙証者が主張した者以外の者が作成した文書では、原則として、その成立の真正を欠く。挙証者により作成者と主張された者の意思に基づくものではなく、形式的には文書成立の真正には欠くことになる場合において、作成者がその者に限定されなくとも要証事実との関連で意味のある文書であるときには、例外的に、主張された者以外の者の思想としてその記載内容を

8）兼子・前掲注1）276頁、新堂・前掲注1）648頁、伊藤・前掲注1）400頁、菊井＝村松原著・前掲注1）357頁、条解民訴1179頁〔松浦＝加藤〕。

証拠資料とすることができる。それ以外には、挙証者が作成者として主張する者と異なる者が作成した文書について、その意味内容を証拠資料とすることは許されないが、文書の存在それ自体を検証物として証拠資料とすることは許容される[9]。

(3)実質的証拠力

文書が真正に成立して初めて、作成者の意思に基づいているものとして扱うことができる。しかし、その文書の内容が真実であるとは限らない。作成者が故意に虚偽の事柄を記載していることもあるからである。そこで、その文書により記載内容どおりの事実があったと認めてよいかを検討することが必要になる。これは、要証事実との関係で当該文書に証拠価値が認められるかどうかという判断であり、実質的証拠力という。文書の実質的証拠力とは、その文書の記載内容が要証事実の証明に役立つ程度をいうのである。

そもそも、わが国は、契約する場合でも契約書を作成しないことが少なくないし、作成したとしても、便宜的なものであることも散見される。わが国における契約書作成の実態からして、処分証書または報告文書を信頼することのできる基盤はあるといえるであろうか。

【ケース3−2　契約書・覚書・念書の連鎖】

売買契約代金請求訴訟において、原告から売買契約書が提出された。しかし、被告は、これは税金対策で作成されたものであり、真の合意はこれだとして、「覚書」を提出した。

これに対して、原告は、覚書の文言の意味を確認したという「念書」なるものをもち出した。

裁判実務において、このようなケースは頻繁にみられるとまではいえないが、決して稀というわけでもない。契約の成否の判断は、当事者の「法律行為の解釈」、「意思表示の解釈」の問題でもある。現在では、表示主義の立場が一般的であり、契約の成否を判断する際の意思表示の解釈は、表示を基本として客観的にすべきであると解されている（契約の成立に関する表示主義）。そうす

9）加藤・認定論105頁。

ると、上記のような展開になった場合には、売買契約書の成立の真正が肯定されたときには、表示主義をとる以上、売買契約は成立したとみることになる。そして、被告が真の合意であるという「覚書」が裏契約の書面として成立の真正が肯定されれば、通謀虚偽表示（民法94条1項）を認めることになる。そして、「念書」は、当事者の合意した「覚書」の表示（合意）の客観的意味を明らかにするものと扱われる。

これに対して、「覚書」が売買契約の成立そのものを否認するものではなく、その内容（例えば、代金額）を争う趣旨のものであるときには、契約の解釈に関する表示主義の観点から、当事者の合意した表示の客観的意味を明らかにするものと捉えることになろう。

【ケース3－3　報告文書も吟味しなければならない実態】

ある訴訟において、会社の経営状態を示した貸借対照表が提出された。しかし、被告から、それは銀行融資のためのものであるとして、別の貸借対照表が提出された。

これに対して、原告は、それは税務署対策用のもので実際とは異なると反論した。

会社の経営状態を示した貸借対照表は、本来正確なものであってしかるべきである。税務署対策用のものは、納付すべき税金を減らすため利益を出さないように操作し、銀行融資用のものは、安定した利益を見込むことができ、融資が焦げ付くおそれはないというために粉飾してあることがないとはいえない。このような争いになり、要証事実の判断に欠かせないものである場合には、裏付けとなる資料をもって当該貸借対照表の信用性を立証していくほかない。

いずれにしても、わが国における契約書作成の実態からして文書を信頼することができないと愚痴を言っていても仕方のない話ではあるが、上記のような実態があるとしても、当事者・訴訟代理人としては、適切な攻撃防御方法を提出して争い、相応の立証をすることが必要である。

3　書証の成立の真正

(1)総説

書証の成立の真否は、既に述べたとおり、書証の形式的証拠力の問題である。

そこで、挙証者は、書証の提出に際して、証拠説明書などによって必ず作成者が誰であるかを明らかにしなければならない。実務上は、文書上に作成者の氏名が表示されていて、挙証者も、相手方も特に反対の主張をしていなければ、その名義人の作成した文書として提出しているものとして手続が進められる。そして、文書が、挙証者によって作成者と主張されている者の意思に基づいて作成されたものであるとき、これを「真正に成立した文書」、「その文書は真正に成立している。」という。

書証の申出があった場合、相手方は書証の成立について認否を述べることになるが、相手方が書証の成立を否認しようとするときは、その理由を明らかにしなければならない（民訴規則145条）。書証の成立を否認する理由とは、「その文書は偽造された」、「印鑑が盗用された」など具体的な間接事実または補助事実として争点となるものである。したがって、書証の成立に関する認否についても、証拠説明書と同様、必要に応じて、その書証の認否とその理由を記載した書証認否書を活用するのが相当である。

実務上、当事者本人の作成名義のある契約書等について、相手方が単に「否認する」というだけで何ら具体的な理由を述べない場合には、裁判所としては、弱い争い方であるとして、文書の成立の立証が相対的に容易なものとして取り扱う。また、単なる「不知」、「知らない」という陳述も、文書の成立についての争い方としては弱いものであり、相手方がその点に関する立証を求める等の対応を示さない限り、弁論の全趣旨によって成立の真正が認められることが多い。

なお、相手方が書証の成立の真正を争わない場合であっても、書証の成立に関する自白は裁判所を拘束しないから（最判昭和52年４月15日民集31巻３号371頁）、裁判所は、他の証拠によりその成立の真正を否定することができる。もっとも、文書の成立の真正は、確認の訴えの対象としても認められており、そこでは認諾も可能であるから、一般の補助事実と異なり、裁判所に対する拘束力を認めることが相当であるという見解[10]も有力である。いずれにしても、判例を前提とする限り、文書の成立について自白があっても、裁判所は得られた証拠によってその真正を否定することができるが、当事者間に争いがないことを基礎に弁論の全趣旨に基づく自由心証の結果、成立の真正が認められるものと解することになろう[11]。

(2)問題の所在

相手方が文書成立の真正を争う場合には、挙証者は、これを証明することが必要となる（民訴法228条1項）。この場合において、私文書に「本人又はその代理人の署名又は押印」があるときには、その文書は真正に成立したものと推定される（同法228条4項）。この推定が働くためには、署名または押印が本人または代理人の意思に基づいてされたこと（署名・押印の真正）が証明されることが必要である。

民訴法228条4項の推定は、署名または押印のある文書は、作成名義人の意思に基づくものであるという経験則を実質的根拠とするものである。

その性質については、法定証拠法則説と法律上の事実推定説とに分かれる[12]。

法定証拠法則説は、民訴法228条4項は、一種の法定証拠法則を定めたものであり、この推定は反証により覆すことができると解する。これに対して、法律上の事実推定説は、法律上の推定は、証明主題の変更を本質とするものではなく、前提事実の証明を要件とする証明責任の特別規定であり、同項は、文字どおりの法律上の推定を定めたもの（推定を覆すには本証が必要となる）と解する。実務は、法定証拠法則と理解している。

法定証拠法則説は、文書成立の真正の証明のメカニズムを次のように説明す

10）岩松三郎＝兼子一編『法律実務講座/民事訴訟編(4)』262頁（有斐閣・1961）。

11）山本克己「間接事実についての自白」法教283号73頁（2004）。当事者自身の作成名義の文書の認否は、自分の意思を表現するために作成したかどうかを内容とするから、作成時期が古くまったく記憶にないことももっともであるといった特別の場合を除き不知の陳述は許されず、また、第三者作成の文書でも、その成立について容易に調査しうるのにこれを怠り漫然と不知と認否する場合には、弁論の全趣旨によって成立の真正が認定されることがある（最判昭和27年10月21日民集6巻9号841頁）。

12）加藤・認定論95頁。

る[13]。

【A】 挙証者は、推定を受けるための立証を試みるのが通常である。すなわち、前提事実である「署名又は押印の真正」が証明できれば、推定事実である「文書成立の真正」が経験則を法定した民訴法228条4項によって推認され、推定事実の存在を証明できたことになる。

【B-1】 相手方は、第1に、前提事実に対する反証・推定を覆すための立証を試みることになる。すなわち、前提事実に対する反証により、それを真偽不明とし、または前提事実の後に特段の事情が存在すること（例えば、文書作成後に変造・改ざんされたこと、白紙に署名・押印したものを他人が悪用して文書を完成させたこと等）を証明すれば、経験則は働かないから、前提事実は推定されないかまたは推定は覆る。

【B-2】 相手方は、第2に、推定事実の不存在の立証を試みることになる。すなわち、前提事実に対する反証・推定を覆すための立証によらなくとも、推定事実の不存在を証明できれば、反証活動として奏功したことになる。もっとも、法律上の事実推定説と異なり、これが常に必要とされるわけではない。

【C】 挙証者は、推定に頼らない立証を試みることもできる。すなわち、推定事実自体の存在を直接証明するのである。この場合には、相手方のする反論・反証は、推定を覆すための立証と類似したものになることがある。

(3)二段の推定

民訴法228条4項にいう押印は、先に述べたように、本人またはその代理人の意思に基づくものであることが必要である。その場合に、文書中の印影が本人または代理人の印章によったものであるときには、経験則上それは本人または代理人の意思に基づいて押印されたものであるという事実上の推定がされる。そうすると、これに加えて、民訴法228条4項が働く結果、「印章と同一の印影⇒押印（の推定）⇒文書成立の真正（の推定）」というリーズニングがされることになる[14]。これを「二段の推定」という。最判昭和39年5月12日民集

13）加藤・認定論97頁。

14）加藤・認定論98頁。

18巻4号597頁は、このことを明らかにした判例である。

なお、名義人専用の印章であれば、印鑑登録がされていることは必要とされず、いわゆる三文判であっても二段の推定は働くことになるが、蓋然性は実印よりも低いものと評価されることになろう。

二段の推定の前段の推定（印章と同一の印影⇒押印）の反証については、4で扱うことにして、後段の推定（押印⇒文書成立の真正）の反証についてみておこう。文書に押印がされていても、本人の意思に基づいていないという状態は、①本人が白紙に押印したものを利用して他人が勝手に意味のある文言を書き込んだ場合、②本人が文書を作成して押印したものを他人が改ざんした場合に生じることになる。そこで、反証としては、①白紙に署名押印したものである、②変造・改ざんされているという事由が、推定を覆す特別の事情ということになる。

これに対して、署名押印した名義人が文書の記載内容を承知していない旨主張することは、否認に当たる。関連判例としては、映画館経営者が「賃貸借契約延長証書」と題する比較的簡単な文書についてその記載内容を一読した上で署名押印をした場合において、原審が、汽車に乗るため急いでいたという事情があったことから上記記載内容を全部了解しないまま署名押印したと判断したことは経験則に反するとして、破棄された事例（最判昭和38年7月30日裁判集民67号141頁）がみられる。「汽車に乗るため急いでいたから文書の記載内容を全部了解しないまま署名押印した」という弁解は、通りにくいということである。

4　二段の推定と反証

(1) 総説

二段の推定の前段の推定（印章と同一の印影⇒押印）に対する反証をどのようにするのかという問題がある。二段の推定の前段の推定の基礎となる経験則が働かないという意味を有する反証が奏功した場合には、この推定は覆る。

典型的な反証としては、①印章を共有・共用している事実、②印章を預託していた事実、③盗用されたという事実、④自由に印章を使用できる状況にあったという事実、⑤押捺した文書が作成されていることが不自然である事実の立証などがある[15]。

文書成立の真否を争う当事者に対して反証提出の機会を付与することは手続保障として必要である。重要な書証について、その提出の経緯およびその他の証拠との対比からその真否を疑うべき事情が存するにもかかわらず、反証提出の機会を与えず、たやすく成立を認定した原判決は、審理不尽の違法があるとされた事例がある（最判昭和45年10月30日判時611号34頁）。

(2) 印章の共有・共用ケース

推定が覆る第１の類型として、印章の共有・共用ケースがある。「印章と同一の印影⇒押印」の推定がされる場合の印章は、当該名義人専用の印章であることを要し、印章を作成名義人と第三者とが共有・共用していたときには推定が覆る。最判昭和50年６月12日判時783号106頁は、親子らで印章を共用していたケースで、上記の推定をすることができないとしたものである。

(3) 印章預託ケース

推定が覆る第２の類型として、本人が第三者に印章を預けていたものがある。

【ケース3－4　印章預託ケース】

Ｙ会社はＡに資金援助を受けていたこと等から、会社印および代表者印をＡに預託していたが、その趣旨は、Ｙの手形・小切手の濫発防止であり、Ｙが預託後に手形等を振り出す際には手形用紙にナンバーや伝票との刻印をすることになっていた。

しかし、Ａは預託された印章を利用してＸに手形を振り出し、ＸはＹに対して手形金請求をした。

これは、作成名義人が第三者に印章を預けていたケースである。

最判昭和47年10月12日金法668号38頁は、「印影が本人の意思に基づいて顕出された旨の推定は、事実上の推定にとどまるから、原審が、Ｙ会社がその会社印および代表者印をＡに預託するに至った経緯、預託後、Ｙ会社において預

15）印章の共有・共用ケース、印章預託ケース、盗用ケース、フリーライダー・ケース、不自然ケースについては、加藤・認定論98頁以下。

託印章を使用して手形等を振り出す際の状況、ならびに書証にナンバーや刻印などのない事実を認定した上、これとあいまって、前示Ｙ会社の会社印および代表者印の顕出に関する推定を破り、その真正の成立を否定したことは、原審の自由心証に属するものとして許される」と判示している。印章を預託した経緯、印章を使用する（手形振出しをする）状況、その他の事情をもって、「印章と同一の印影⇒押印」の推定が覆されたのである。

(4)盗用ケース

推定が覆る第３の類型として、盗用ケースがある。

【ケース3－5　盗用ケース】

Ｘが、Ｙに対して、Ａから裏書譲渡を受けて所持するＹ振出しの約束手形金を請求した事案で、手形の成立の真正が争点となった。具体的には、Ｙが約束手形の振出人欄のＹ名下の印影がＹの印章によって押印されているが、Ｙの印章がＡに盗難され、または無断持ち出しされ、本人の知らないうちにこれが使用されたものかが、争われたのである。

大阪高判昭和40年12月15日金法434号８頁は、「Ｙは従前本件手形のＹ名下の印影と同じ刻印の印章を所持しており、印箱に入れてＹ方の事務所に置いて日常の使用に供していたが、昭和34年頃にそれが紛失したこと、その頃同業者で甲１号証の手形の受取人になっているＡがたびたびＹ方へ出入りしていたこと、ＹはＸから本件手形金の支払請求をうけたが振出のおぼえがなかったのでＡに詰問したところ同人はＹに対して謝罪し何とか自分の手で解決すると弁明していたことなどの事実を認めることができるのであって、これらの事実からすれば前記Ｙ名下の印影はＡがＹの印章を勝手に押捺したものではないかとの疑をいれる十分の理由があるので、かかる事情の下では上叙の如き推定を用いる余地は全くないものといわねばならない」と判示している。これを一般的な法命題として整理すると、「約束手形の振出人欄のＹ名下の印影がＹの印章によって押印されているときは、他に特段の事情のない限り、Ｙの意思に基づいて押捺されたものと推定されるが、ＡがＹの印章を勝手に押捺したものではないかとの疑いをいれる十分の理由があれば、その推定を用いる余地はなく、Ｙの意思に基づいて振出されたものと認められない」ということになる。

(5)フリーライダー・ケース

推定が覆る第４の類型として、盗用ケースのバリエーションである、フリーライダー・ケースがある。

【ケース3－6　フリーライダー・ケース】

Ｘが本人と同居しており、その印章を自由に使用できる状況がある場合にも、「印章と同一の印影⇒押印」の推定は覆ることになる。

最判昭和45年９月８日裁判集民100号415頁は、「印影顕出の真正についての推定は事実上の推定にとどまるから、原判決が引用する第一審判決が、ＸがＡと同居中でＡの印章を自由に使用できる状況にあったとの事実を認定したうえ、〔文書〕の記載内容自体についての疑点、作成の必要性の首肯しがたいこと等、Ａ作成の文書であることが疑わしい事情を経験則上判断し、これとあいまって前示Ａの印章顕出の推定を破り、その真正を否定したことは、原審の自由心証に属するものとして許されるところであ」ると判示している。

(6)不自然ケース

推定が覆る第５の類型として、不自然ケースがある。押捺した文書が作成されていることが不自然である場合にも、「印章と同一の印影⇒押印」の推定がされることはない。

【ケース3－7　不自然ケース】

貸金の貸主Ｘは、借主の連帯保証人Ｙ（借主の従兄弟）に対して貸金返還請求をした。その争点は連帯保証契約の成否であった。

原審は、金銭消費貸借契約書の連帯保証人欄のＹ名下の印影がＹの印章によるものであることは争いがないから、署名部分の真正が事実上推定され、民訴法228条４項（旧法326条）により文書の成立の真正が認められるとして、連帯保証契約の成立を認め、Ｘの請求を認容した。

最判平成５年７月20日（瀧澤泉「最高裁民事破棄判決の実情（2）」判時1508号18頁）は、次のとおり判示している。「印章と同一の印影⇒押印」の推定を覆す事情があるのに私文書の成立を認めたことが違法とされたのである。

「Ｙは、本件各契約書等が作成されたころは、原則として一年を通じて関東方面に出稼ぎをしており、秋田の自宅を離れているのが常態であったというのであるから、Ｙ名下の印影が同人の意思に基づいて顕出された真正なものとすべき事実上の推定が破られると考えられるのが自然である。もし、これを否定して、その印影の顕出がＹの意思に基づくものとするには、第一次的には、右契約書等作成の時点において、同人が現に在宅していたとの事実を確定する必要がある。

もとよりＹとしては、自ら押印しなくとも、留守を預かる妻に指示して押印させることも可能であろうが、一年を通じて出稼ぎをしているＹの生活状況に比して本件貸借（保証）の金額が相当の高額に上ることのほか、Ｙは従前からＸとの取引にかかわったことがなく、またＸから保証意思の確認を求められたことがないこと等からすれば、Ｙが留守宅の妻に指示して押印させるというのは、本件の事実関係の下においては、極めて例外的な事情の存する場合に限られるものといわなければならない。

しかるに、……原判決の認定説示には、本件各契約書の作成当時、Ｙが秋田の自宅に在宅中であったか否か、また何らかの事情があってＹが留守宅の妻に押印を指示したものであるのか否かの点については何ら言及するところがない。……

以上説示するところによれば、原審が前記諸事情につき何ら審理することなく、Ｙの印章による印影の顕出の一事のみによって、その成立の真正が事実上推定されるものとし、これによって本件各契約書等の成立の真否につき民訴法326条（現行法228条４項）の適用を肯定したのは、同条の解釈・適用を誤り、審理不尽、理由不備の違法を冒したものというべく、右違法が判決に影響を及ぼすことは明らかである。」

(7) 小括

反証により推定が覆される類型として、以上のように分類するもののほかに、いくつかの分類が試みられている。

第１に、盗用型、冒用型に分類する見解[16)]。

16）森宏司「私文書の真正の推定とその動揺」判タ563号26頁（1985）〔藤原弘道＝山口和男編『民事判例実務研究５』437頁（判例タイムズ社・1990）所収〕。

第２に、盗用型、委任違背型、保管者冒用型、その他に分類する見解[17)]。

第３に、印章の所在に着目し、本人保管型、第三者保管型、所在不明型に分類する見解[18)]。

第４に、文書成立が認められなかった（反証が奏功した）事例について、①他人に印章を預けた理由が合理的とされた事例、②印章の紛失が認められた事例、③印章が他人によって無断使用されることがあり得るとされた事例、④老人痴呆（認知症）が理由とされた事例、⑤私文書それ自体に疑問があった事例（書面の記載方法が本人と異なるもの、書面の記載内容が客観的事実と一致しないもの、印影の位置が異常であるもの等）、⑥印鑑証明書の日付と私文書によって主張した事実が不合理であるとされた事例、⑦他の目的で交付された印鑑証明書が添付されていた事例、⑧自ら署名押印した証書の成立の真正が否定された事例、⑨従前に同じような例があるから、今回も文書成立の真正は認められないとされた事例、⑩従前に同じような例があるにしても、今回は前回と異なるから文書成立の真正は認められないとされた事例、に分類する見解[19)]。

いずれも、印章の共有・共用ケース、印章預託ケース、盗用ケース、フリーライダー・ケース、不自然ケースに吸収できるものと考えられる。

●コラム３／準消費貸借契約成立の決め手は

兄が会長、弟が社長で建設業を営む中小企業において、弟が使途不明金を発生させた。営業担当であった弟の言い分は、「バブル期には、建築会社の下請けにはリベートやキックバックの形で金を増し積みしないと、誰も下請けを受けてくれないということで金を使ったが、決して自分の懐に入れているわけでない」というものであった。しかし、税務署は、経費としては認めなかった。

兄弟で協議し、最終的には、「弟が使途不明金分を自分でカバーする」

17）信濃孝一「印影と私文書の真正の推定」判時1242号15頁（1987）。

18）滝澤孝臣「手形署名の立証責任」『裁判実務大系２』332頁（青林書院・1984）。

19）坂原正夫「私文書の検真と真正の推定㈠～（五・完）」民商97巻２号66頁、３号79頁（1987）、４号60頁、５号48頁、６号77頁（1988）、特に、６号100頁。

という合意をしたとして、使途不明金を旧債務とする準消費貸借の契約書面が作成された。その後、弟は亡くなったが、兄は、弟の遺族である妻子に準消費貸借契約に基づく履行請求をした。

このケースでは、使途不明金を旧債務とする準消費貸借契約の成否が争点である。そうすると、この旧債務なるものを、弟が本来負担すべきものであったものかが、実質的に問題となる。そして、弟は亡くなっており、遺族が被告であるから、兄（会長）が主張するとおりに合意されているかも事実に関する争点となる。原告の主張は、会長である兄か、会社の税理士のいずれかが、弟に因果を含めて、「使途不明金相当額を払います」という合意を調達した上で、準消費貸借契約書を作成したというものであった。

まず、税理士の証人尋問は、「会長が社長に詰め腹を切らせて、こうした契約をさせるという話でした。兄弟間のことであるので、私は別に動いていません」というものであった。次に、会長は、本人尋問で「当時自分は弟の顔を見るのも嫌だったので、税理士から弟に話をしてもらいました」と供述した。

本件では、準消費貸借契約書は提出されているが、被告らはその作成に関与しておらず、その真正な成立を否認している。そうすると、原告としては、準消費貸借契約の成否の決め手である、当事者双方の合意を立証することが必要となる。しかも、契約の一方当事者が亡くなっているのであるから、この場合には、生きている当事者が、何時、どこで、どのように合意をしたかについて、具体的に供述することができるかがポイントになる。本件の尋問の結果をみると、税理士の証言と兄の本人尋問によれば、兄も税理士も弟の合意を取り付けてはいないのである。そうすると、合意がされた事実は認められないという認定になり、結局、準消費貸借契約は成立していないという理由で請求棄却の判断をするほかない。

本件では、会長が、反対尋問において「税理士から弟に話をしてもらった」と答えており、被告訴訟代理人はさらにいろいろな事項について、反対尋問を続行しようとした。しかし、上記のような供述がされた以上、目的を達しているわけであり、もう反対尋問の必要はない。裁判官（筆者）は、それ以上尋問を継続する必要はない旨を告げてこれを打ち切った。

本件のモデルとなった案件については、準消費貸借契約はなかった（弟が使途不明金を着服していた事実も認められない）ことを前提として、被告らが、弟の所有していた会社の持株を原告（兄）に譲渡してその対価を精算する趣旨の和解で終了した。

@筆者が東京地裁で経験したケースをモディファイしたものである。

第4章　書証による事実認定（その2）

1　文書の実質的証拠力

文書は、作成者の思想が表示されていることに意味があり、形式的証拠力が認められた後に、初めて実質的証拠力が審査される。しかし、形式的証拠力が認められたからといって、その文書の内容が真実を表示しているとは限らない。すなわち、作成者が故意に虚偽の事実を記載していることもあるからである。なぜかと言えば、処分証書である売買契約書において代金額を事実と異なる額を記載するのは、例えば、税金対策であったり[1]、第三者に見せてそのような契約がされたことを演出（欺罔）するためである。また、日記などの報告文書でも、そのようなことがあり、都合よく書き直して提出してくる例は実務では珍しいことではない。そこで、当該文書によって、記載内容どおりの事実があったと認定してよいかを吟味し判定することが必要となる。この場合における、文書の記載内容が要証事実の証明に役立つ程度のことを、文書の実質的証拠力（証明力、証拠価値）という[2]。

2　処分文書の実質的証拠力

(1)総説

1）【ケース3－2】参照。

2）文書の証拠価値と人証の証拠価値の優劣は、抽象的な議論はできないが、人の記憶は常に正確であるとは限らないし、証人は故意に偽証することもあり得るから、その当時に作成された文書の記載の方が正確であるということはあり得る。例えば、ある人の命日について、証言と戸籍簿の記載とが食い違う場合には、特別の事情がない限り戸籍簿の記載を信用するのが相当であり、その限りで書証の方が人証より証拠価値が高いといっても差し支えないであろう。

【ケース4−1　売買契約書の実質的証拠力は】

原告と被告との間の売買契約書が提出されている、その成立の真正が肯定され、形式的証拠力が認められた。この売買契約書の実質的証拠力は、どのように判断されるか。

買主において自分が署名押印したことは認めるが、売買をする意思はなかったと主張する場合には、実質的証拠力はどのように判断されるか。

売買契約書などの処分証書については、形式的証拠力があれば、原則として、その契約書によって、直接に原告と被告との間に売買契約が成立したことが認められる。というのは、処分文書は、当該契約書自体が契約締結という法律行為を表示しているからである。

これに対して、買主において「自分が署名押印したことは認める」というのは、文書の成立の真正は争わないという趣旨である。その上で、買主には、契約書の記載内容のような認識・意思はなかった、あるいは内容を良く読まないまま署名押印したなどと主張されることがある。こうした主張は、まさに契約書の実質的証拠力を問題とするものであり、実務上、「趣旨否認」と呼ばれることがある。このような文書の実質的証拠力を問題とする主張が出されれば、裁判官は適切に証拠評価をしなければならないが、これは、自由心証の問題であり、特段の事情が認められれば、売買契約成立の事実は認定されない。例えば、金銭貸借証書に連帯保証人としての署名捺印（押印）がされていても、連帯保証債務を負担する意思がなかったことを認めることのできる他の証拠があれば、保証の事実を認定しないことができる（大判昭和７年２月20日評論21巻民訴77頁）。同様に、契約書が存在していても、間接事実の積み重ねによって契約の成立を否定することができる（東京地判平成２年11月14日判タ765号236頁）。文書の記載内容の実質的証拠力を否定する場合には、必ずその作成者を尋問するなど、特別の証拠調べを必要とするわけではない（最判昭和38年12月19日裁判集民70号343頁）。消費貸借証書の署名部分が刑事判決によって没収されていても、その署名者の押した印影が真正である場合には、その証書によって当事者間の消費貸借契約の成立を認めることが可能である（大判大正元年12月26日民録18輯1110頁）。

また、売買契約書に表示されている意思表示は通謀虚偽表示である（民法94条1項）という抗弁が主張されている場合には、売買契約の成立を前提として契約の効力を争うものであるから、売買契約書の実質的証拠力の問題ではない。

(2)処分証書の実質的証拠力

処分証書については、文書の成立の真正が認められれば、特段の事情のない限り、作成者によって記載内容のとおりの法律行為がされたものと認める。したがって、当該文書を排斥するに足りる特段の事情を判決書の理由中に示すことなく、記載内容と抵触する事実を認定することは許されない（最判昭和32年10月31日民集11巻10号1779頁参照）[3)]。

【ケース4－2　売買契約公正証書がある場合】

土地につき△△円の債権を被担保債権とし、Ｙを抵当権者とする抵当権設定登記がされている。Ｘは、所有権に基づき、Ｙに対し、抵当権設定登記の抹消登記手続を求めた。Ｙは、所有権喪失の抗弁を提出し、本件土地は売買により自分が取得したと主張した。ＸとＹとの間には、売買契約公正証書、領収書が存在する。

売買契約公正証書には、①ＸはＹに対し、本件土地を代金△△円で売り渡し、Ｙはこれを買い受ける旨、②本件土地は農地で直ちに名義変更ができない状態にあるため、登記可能になり次第、Ｙに対し所有権移転登記をしなければならない旨の条項がある。また、領収書にも、本件土地代金△△円を全額受領した旨の記載がある。

このような場合には、どのような事実認定がされるべきであろうか。

このケースでは、Ｘは、金銭消費貸借契約およびその貸金債務を担保するための抵当権設定契約を主張し、Ｙは、売買契約ないし売買の予約を主張して争っている。外形的な事実関係からは、いずれでも説明することができそうに思われる。この場合には、証拠と間接事実を検討することが必要になる。そし

3）もっとも、処分証書であっても、争点に直接関係ないと考えられるものについて具体的理由を判示することなくこれを排斥しても違法とはならない。この点につき、最判昭和37年5月17日裁判集民60号621頁。

て、売買契約公正証書・領収書の記載および体裁からすると、特段の事情のない限り、本件土地について、売買契約ないし売買の予約が成立したものと認めるのが相当である（領収書は報告文書であるが、後述するように類型的に証拠価値が高い）。そうすると、所有権喪失の抗弁が認められ、Xの請求は棄却されることになる。

ところが、原判決は、次の①から③までの特段の事情があるとして、売買契約ないし売買の予約の成立を認めず、XとYとの間では、△△円の金銭消費貸借契約およびその貸金債務を担保するための抵当権設定契約がされたものであるとして、Xの請求を認容した。

① Xは Yの父A（金融業者）に融資を申し入れたが、本件土地は農地であることからAは買い受ける気持ちはなかったが、本件土地所有権を貸付金の担保として確保しようと考えて、買主を当時未成年であったY（Aの子）として、売買契約公正証書が作成された。

② Xは、Aに形式だけと言われ本件公正証書を作成したが、代金額に相当する借金を返せばいつでも本件土地所有権を返すとのAの言を信じ、金銭を借用して抵当権を設定したものと考えており、売買ないし売買予約の意思はなかった。

③ その後、XはAに対し少しずつ元利金を返済していた。

これに対し、最高裁（最判昭和45年11月26日裁判集民101号565頁）は、次の**ア**から**ウ**の点を指摘し、原判決の認定判断は首肯することができないとして、破棄差戻しをした。

ア 融資申入れに対し、金融業者が△△円という端数についた金員を貸し付けたのは特殊事情がなければ理解し難い。むしろ、土地売買代金であるためではないかと推測される。

イ 金融業者が土地を担保に貸し付けをしたにすぎないとすると、なぜ、未成年であったY（Aの子）を買主として公正証書を作成し、Yを抵当権者とする抵当権設定登記をするという複雑な方法をとったのかが疑問である。むしろ、Yを買主とするためではないかと推測される。

ウ 金融業者の融資であれば、貸付けに当たり、特段の事情のない限り、利息・弁済期の定めがあったはずであるが、原審は、この点を明確に判断していない。利息については、その約定があったことを肯定しているようであるが、その金額は認定されていない。

昭和45年最判は、処分証書の実質的証拠力の判断枠組みの基本型である「処分証書については、文書の成立の真正が認められれば、特段の事情のない限り、作成者によって記載内容のとおりの法律行為がされたものと認めるべし」という命題を提示しているものである。原判決も、特段の事情を意識して、その認定判断をしているが、経験則の観点からすると不十分ないし的外れであったということになる。**ア**から**ウ**は、いずれも経験則の問題であり、例えば、**ウ**は、金融業者が金銭を貸与した場合には、特段の事情がない限り、弁済期および利息の定めがあったものと推認すべきであるという経験則を前提としている。

同趣旨の判例は多いが、ここでは、「協定書」「契約書」と題する書面に、具体性を欠くとはいえ補償条項の記載があり、書面作成の経緯などからみると、当事者双方の紛争をすべて解決するために一方当事者が行うべきことを明らかにしたものと考えられる場合に、特段の事情を示すことなく、補償条項の法的拘束力を否定することはできないとしたもの（最判昭和42年12月21日裁判集民89号457頁）、保証書および保証委託契約書には7億円を連帯保証する旨の記載があり、一部関係者の本人尋問の結果（保証の範囲は3億円と供述）を信頼すべき事情がないのにもかかわらず、書面の記載に反して保証の範囲を3億円と認定することは違法であるとしたもの（最判平成14年6月13日判時1816号25頁）をあげておくことにしよう。

それでは、特段の事情が認められるのはどのような場合であるかについてケースでみてみよう[4)]。

【ケース4−3　借用証書に基づく事実認定】

Xは、Yの先代に多数回にわたって金を貸したと主張して、その返済を請求した。

Xは、これに沿う借用証書を多数（400万円1枚、700万円1枚、30万円多数）を提出した。

地裁は、これらの借用証書どおりの貸付けを認定したが、このよう

4）瀧澤ほか・事実認定322頁。

な場合には、どのような事実認定がされるべきであろうか。

借用証書は、金銭消費貸借の一方当事者である借主が、借入れと返還約束をするものであるから、その旨の意思表示のされた処分証書である。そうすると、「文書の成立の真正が認められれば、特段の事情のない限り、作成者によって記載内容のとおりの法律行為がされたものと認める」ことになるが、本件においても、それでよいかという問題である。

ここでは、経験則からの検討が必要になる。貸主の属性にもよるが、担保や保証人も付けず、しかも弁済もされていないのに、このように貸借を繰り返すことは通常では考えられない。このケースであれば、貸したのは最初の400万円だけで、700万円の借用証書は元本に利息を上乗せして更新したもの、各30万円の借用証書は各回の利息とみることが経験則に合致するものといえよう。

本件における「特段の事情」は、金銭消費貸借の借用証書において、「担保や保証人も付けず、弁済もされていないのに、貸借を繰り返す」という不自然さがあるという点であった。Yは、「先代」に対する貸付けであり、自分の経験したことでないことから、適切な反論ができにくいのかもしれないが、裁判所として、書証それ自体から「特段の事情」を看取することも必要な場面があることに留意したい。

(3)処分証書に記載のない事項

処分証書の内容である法律行為の内容が、当該証書に記載されるのが通常と考えられる場合には、これに記載のない事項は、特段の事情のない限り、法律行為の内容とはなっていないものと認定すべきである。法律行為の内容が、当該処分証書に記載されるのが通常と考えられる場合とは、契約書の記載が詳細で、疑義を残さないような形式となっている場合、契約当事者の一方が、大企業、銀行、官庁である場合などである。

【ケース4－4　国と私人間の売買契約】

Xは、Y（国）に土地建物を売却したが、売買契約の際、Yが土地を買い受けた後は、これを台東簡易裁判所の敷地として使用すべき旨の土地の利用方法に関する特約があった。しかし、Yはその特約を履行しないので、売買契約を解除すると主張して、Yに対し、土地所有権移転登記の抹消登記手続請求をした。
売買契約書には、そのような特約は記載されていない。
このような場合には、どのような事実認定がされるべきであろうか。

このケースについて、原判決は、売買契約締結の経緯等に照らし、本件土地が台東簡易裁判所の敷地として使用されるものであることが表示されており、黙示の合意によりＹは土地の利用方法に関する特約に係る債務を負い、これを履行しない債務不履行があったとして、売買契約解除を認め、Ｘの請求を認容した。

これに対して、最高裁（最判昭和47年３月２日裁判集民105号225頁）は、①Ｙが私人との間で売買契約を締結する際には、法令により契約書の作成が義務づけられている、②本件契約書には、売買の目的物、代金額、代金の支払い・所有権移転登記義務の履行に関する定め、その他詳細な特約条項が定められているが、土地の利用方法に関する特約の定めはないところ、③土地の利用方法に関する特約は極めて重要な事項であるから、法令に基づき契約書が作成された以上、これが記載されるのが常態であって、特段の事情がない限り、契約書に記載されていない特約は存在しなかったと認めるのが経験則であり、④原判決が認定した事情のみでは、特段の事情があるとはいえないとして、破棄差戻しをした。

このように、国が私人との間で契約を締結し、かつ詳細な契約書を作成した場合には、特段の事情がない限り、契約書に記載されていない特約の存在を認めることはできず、特段の事情が認められないのに、そうでない事実認定をしているときは経験則違反とされる。

これに対して、契約書の記載や内容が極めて簡単である場合、条項があいまいで一義的な読み方ができない場合、裏契約として念書が作成されている場合などは、他の証拠により比較的容易に特約の存在を認定することができる。

(4) 処分証書がない場合

処分証書がない場合には、そのこと自体が重要な間接事実ということができる。重要な報告文書がない場合も同様である。

当事者にとって重要な契約であるのであれば、契約書を作るのが通常であり、取引関係者の経験則でもある。ところが、契約書がないというのは、通常とは異なる行動をしたということにほかならない。もっとも、そのことから直ちに「契約の成立・存在を認定できない」と一足飛びに結論を出すことも早計というべきである。なぜなら、特段の事情があれば、当事者は通常であればしない行動（契約書不作成）をすることがある。そこで、なぜ契約書が作成されなかったのか、作成されなかった理由（特段の事情）について、合理的な説明・立証ができているかが問題となる。これをクリアし、他の証拠（多くのケースでは、人証ということになろう）により要証事実を立証することができれば、処分証書がなくとも、あるいは重要な報告文書がなくとも、当該事実を認定することは可能である。

3　報告文書の実質的証拠力

(1)総説

報告文書は、処分証書以外の文書で、事実に関する作成者の認識、判断、感想などが記載された文書であり、例えば、領収書、商業帳簿、議事録、日記、手紙、陳述書などが、これに当たる。報告文書と要証事実との関係をみると、①文書の作成者自身の認識そのものが要証事実（立証命題）である場合、②作成者の認識の対象である事実関係が要証事実（立証命題）である場合がある[5)]。

報告文書には、例示されたものからも分かるように、その性質や作成状況などが異なるさまざまな文書が含まれており、処分証書とは異なり、形式的証拠力が認められたとしても、その記載内容をそのまま信用してよいことにはならない。

報告文書の実質的証拠力は、その文書の作成者、作成目的、作成時期、作成経緯、記載事実の性質、記載の体裁などの諸要素を吟味し、記載内容の真実性を個別的・具体的に検討することが必要である。

その意味では、報告文書の実質的証拠力は、一般的にみて、処分証書には劣後する。正確に言えば、報告文書は、当該文書の性質により、実質的証拠力が高いものから、ほとんどないものまで多様である。

5）岩松三郎＝兼子一編『法律実務講座/民事訴訟編(4)』254頁（有斐閣・1961）。

(2) 報告文書の類型による実質的証拠力

報告文書のうち、類型的に、実質的証拠力が高いと考えられるものがある。もちろん例外もあるが、判断の目安となるものである。

第１に、公務員が職務上作成する公文書は、一般的・類型的に、実質的証拠力が高い。例えば、公証人による確定日付[6)]、官公署の受付印、いわゆる内容証明郵便についてされた郵便局長作成の証明文書、郵便局作成の配達証明書・配達担当者作成の郵便送達報告書などが、これである。この関係では、登記簿・土地台帳・家屋台帳に記載されている事項は、面積の点を除き特段の事情がない限り、その記載どおりの事実を推認すべきである。しかし、特段の事情が認められないのに、そうでない事実認定をしているときは経験則違反になる（最判昭和33年６月14日裁判集民32号231頁、最判昭和34年１月８日民集13巻１号１頁）。

第２に、私文書であっても、ある事実行為がされる際に作成された文書（例えば、領収書など）は、自己に不利益な内容であるだけに、一般的・類型的に、実質的証拠力が高い。

【ケース4－5　領収書の実質的証拠力】

弁済の事実が要証事実である場合に、債権者が作成した領収書が証拠として提出された。

この実質的証拠力は、どのように評価されることになるか。

弁済したことが要証事実である場合に、提出された債権者が作成した領収書は、要証事実を直接証明する内容の記載が債権者自身によってされ、しかも、その記載内容は、自己に不利益なものである。そうすると、一般的・類型的に、実質的証拠力が高いと評価することが相当である。このような文書は、形式的証拠力が認められたときは、特段の事情がない限り、その記載どおりの事実を認めるべきである。

6）確定日付ある証書は、証書の作成日についてのみ完全な証拠力を有するにとどまり、その証書の私文書の部分の記載内容については、裁判所が自由心証により真否の判断をすべきである。

もっとも、債権者の従業員が脅されて作成した実体のない領収書の例[7)]もあり、また、第三者に見せる特別の必要があって虚偽の内容の領収書を作成する例などもあるから、特段の事情の有無に留意することが必要である。

また、領収書は、要証命題との関連性を自覚して実質的証拠力を検討することが求められる。この点について、判例をみると、領収書の記載内容・体裁に照らし、係争債務の弁済の領収書とみることに疑念があり、別途の貸金についての弁済であると主張されているにもかかわらず、特段の説明なしに係争債務についての弁済を認めた判断につき、採証法則違反、審理不尽、理由不備等の違法があるとされたもの（最判昭和46年３月30日判時628号45頁）、金銭領収期日前に作成された領収書を特段の説明なしに当該金銭領収の事実の証拠としたことにつき、理由不備等の違法があるとされたもの（最判昭和41年12月２日裁判集民85号509頁）があり、参考になる。

また、領収書の立証趣旨にも留意すべきである。この点に関し、甲乙間の売買契約を推認させる書証である「乙を名宛人とする甲名義の売買代金領収証」を、乙が甲の代理人として丙と売買契約した旨の事実認定の証拠資料とした判決は、当該書証の意味を別異に解すべき特段の事情がない限り、採証法則に反する違法があるとされたもの（最判昭和40年２月５日裁判集民77号305頁）がある。

第３に、私文書であっても、業務の通常の過程において作成され、記載行為が習慣化されている文書は、一般的・類型的に、実質的証拠力が高い。例えば、業務の通常の過程において作成された商業帳簿、カルテなどがその例である。この点に関し、係争土地が原告の所有であることをうかがわせる念書や金銭出納帳簿などの書証について、その記載および体裁から、特段の事情がない限り、その記載どおりの事実を認めるべきであるのに、何ら首肯するに足る理由を示すことなく、その書証を排斥するのは理由不備の違法があるとされたもの（最判昭和32年10月31日民集11巻10号1779頁）がある。

もっとも、商業帳簿というに値しないような、記載が極めて乱暴であったり、鉛筆書きで修正が容易であったりするもの、金銭の動きが抽象的で具体性がないものは、実質的証拠力が低いという評価を招くことは当然であろう。自

７）東京地判平成12年９月27日判タ1054号209頁、後掲「**コラム４　実体のない領収書**」参照。

由心証主義原則が妥当するから、ルーズリーフ式帳簿を証拠資料とすることは違法とはいえない（最判昭和37年２月27日裁判集民58号997頁）が、着脱のできない簿冊式の帳簿の方が、実質的証拠力が高い。また、カルテや看護日誌などについても、紙ベースのものの場合には関係者が改ざんする例がないわけでもないから、他の証拠との関係を押さえていくことが必要になろう[8)]。さらに、取締役会議事録なども業務の通常の過程において作成されている場合には、信用性があるが、三文判が押されており、その過程にも争いがあるときには、慎重に検討することを要する[9)]。

第４に、作成時期に着目すると、事実があった時点に近い時期に作成されたものの方が遠い時期に作成されたものよりも、一般的・類型的に、実質的証拠力が高い。例えば、受領書・納品書などは、当該行為のあった当時作成されたものでなければおかしい。さらに、当該日付の日の作業日報、作成者の行動や作成者が直接見聞した事項を当時記載した日記・手帳などについても同様であり、作成時期に着目することになる。

また、同じ趣旨で、紛争発生前に作成されたものの方が、紛争発生後に作成されたものよりも、一般的・類型的に、実質的証拠力が高い。当該取引の際にやり取りされた見積書の方が、後付けで作成されたものより信用性がある。請求書も同様であり、これはその時点で請求した事実については実質的証拠力があるが、その元となる売買契約や賃貸借契約の存否については間接事実にはなるが、その推認する作用はさほど強いものではない（最判昭和37年11月30日裁判集民63号355頁）。

第５に、作成者に着目すると、当事者と利害関係のない者が作成したものの方が、一般的・類型的に、実質的証拠力が高い。

4　書証を読み解く

(1) 総説

書証が提出されていても、捏造されている場合もあれば、要証事実との関連

8）加藤編・立証活動Ｉ73頁〔加藤発言〕。
9）本書322頁「**コラム15　三文判が押された取締役会議事録**」参照。

を装ってはいるが実は関係ないものもある。そのような書証をどこで見破るか、そのポイントは何か[10)]。

書証の実質的証拠力を判断する際には、その文書の作成者、作成目的、作成時期、作成経緯、名宛人、記載事実の性質、論理的一貫性、どちらに不利な事実を内容としているか、記載の体裁などのほか、外形的・物理的要素の検討を欠かすことができない。

以下では、原本を確認すること、文書原本の物理的側面に着目して検討すること、文書の作成時期を探ること、文書の内容や提出時期を吟味することという順に考察する。

(2)原本の確認から判明する事実

証拠提出者が原本を所持しているか否かが問題となることがある。

次のケースで問題状況をみてみよう[11)]。

【ケース4−6　証拠提出者が原本を所持していない場合】

不動産の売買契約を解除された被告は、解除の効力を争っているが、既に第三者に対して不動産を転売したのに頓挫したため、大きな損害が発生しているとして損害賠償請求の反訴を提起した。そして、転売の事実を証明するため、収入印紙を貼付してある売買契約書の写しを書証として提出した。

裁判所が、原本はないのかと訴訟代理人に確認したところ、被告会社代表者は、手元にないと言っているとして、写しを原本として提出したいとの対応を示した。

このような場合には、売買契約書の写しの実質的証拠力は、どのように評価されることになるか。

被告は不動産転売の売主であるから、通常の場合、売買契約書の原本を持っているはずである。原本を有していない理由が明らかに説明できていない。

また、目的不動産は、かなり高額なものであり、被告は、転売価格との差額

10）瀧澤ほか・事実認定180頁。

11）筆者が経験した事案をモディファイしたものである。

のほか、貼付した収入印紙額まで加えて損害として構成したが、写しをよく見ると貼付収入印紙には消印がされていないことが何とか分かる状態であった。ということは、原本を提示すればもっと明瞭になることを避けていると推測することができる。そうすると、そもそも転売契約の事実も疑わしい。このように考えると、売買契約書の写しの実質的証拠力を求めることは困難であるということになる。

このように原本の確認は、それ自体重要である。原本を確認することによって、次のような事柄が判明することがある。

第１に、裁判所に提出された写しと原本とで内容が異なる場合がある。コピーする際に細工をすることにより、こうしたことができるが、この場合の実質的証拠力はゼロである。

第２に、文書の折り目に注意することにより分かることがある。例えば、末尾に被告の署名のある借用書について、被告は、年賀状を出すため住所を教えて欲しいと言われて、小さく畳んだ紙片に名前・住所記載しただけであって、それが借用書とはまったく気づかなかったと弁解した場合に、原本を確認したところ、折り目はなかった。こうして被告が虚偽の弁解をしていたことが判明した実例がある。

第３に、原本の汚れ・古さ・変色に注意することが大切である。これらから分かることとしては、例えば、①簿冊が痛んでも黒ずんでもいない会計帳簿は、新しいものであることが分かる、②複数枚の書面を綴じてあるホッチキスの錆の状態から、作成時期が古いものであることが判明する、③文書（取締役会議事録）の肝心な記載部分がザラザラしている状態である場合に、詳細にみると、砂消しゴムで削り、変造したものであることが分かることがある、④和紙は変色しやすいが、当該原本には変色が乏しかったことから、保存状況に照らして当該時期に作成されたものではないことが判明した例がある。

会計帳簿の件は、ケースの形でもみておこう[12)]。

【ケース4−7　痛んでも黒ずんでもいない会計帳簿】

継続取引による残代金の支払請求事件で、残代金がある証拠として

12）加藤編・立証活動Ⅰ29頁〔須藤典明発言〕。

提出された会計帳簿の記載が問題になった案件である。

原本を見ると全然傷んでいない。本やノートなどを頻繁に開いて読んだり書き込んだりすると、ノートや本の下の部分が大体黒ずんでくる。紙も毎日開いているためゴワゴワしてスムーズな感じではなくなってくる。本件会計帳簿も、毎日または毎日ではなくても頻繁に記録していたのであれば傷んでいないとおかしいのであるが、綺麗なものであった。

この会計帳簿の実質的証拠力はないと解すべきであろう。

(3) 文書原本の物理的側面からの検討

第1に、文書の朱肉・インクの状況に注意することが必要である。

例えば、同日に作成したという主たる債務に関する契約書と保証契約書の印影の朱肉の色合いが異なるケースは、これをきっかけとして、成立の真正についての疑問を生むことになる。また、インクの色・濃さが同一文書で異なっているケースも、同様の疑問が生じる。

第2に、原本確認をする際には、文書に押印されている印章に注意を払いたい。

【ケース4－8　印影をスキャニングした印象の印章】

会社内紛により代表取締役が解任された前後の時期の契約の成否が争点となった。

原告が提出した契約書について、解任された旧代表取締役は「解任前に正規の手続をとって契約したものだ」と主張し、新しい経営陣である被告は、「このような契約を締結するはずがない」と反論した。

契約書には、被告の使用する会社印と酷似した印影が押印されているが、印影の横に朱色の少し長めの線が引かれている不自然さがみられた。

そこで、鑑定したところ、「印影を偽造する際に使用したフィルムの端に朱肉が付いたものではないか。印影のうちほぼ半分は真正な印章で押印した印影と一致するが、後の半分は微妙にずれている部分がみられる。これは、印影をスキャンして写し撮り印章を作ったところ、スキャンの過程で画像が若干伸びることがあるが、それが原因である」という結果を得た。

これは、裁判官が、原本を確認し、会社印と酷似した印影ではあるが、横に朱色の少し長めの線が引かれていることに不自然さを感じ、鑑定をしたところ、印影をスキャニングして偽造した印章である疑いが浮上してきたというものである。実例であり、実務上参考になるケースである[13)]。

第3に、パソコン、ワープロの文字の品位と書面作成時期とが整合しないことがあるが、これは後付けの文書であると推認される。また、同一パソコンで作成されたという文書について、活字のフォントの大きさと特徴が異なるケースは、偽造されたものと考えてよいであろう。

第4に、用紙に注意することも有益である。例えば、同一の便せん用紙に記載されたという文書について、罫線間の幅が異なることが明らかになったケースは、偽造された可能性が高い。

第5に、記載位置にも注意が必要である。記載位置についての注意点としては、①署名・住所の記載だけが、他の部分と比べて文字間隔が詰められ、横に多少ずれていたケースは、後から追加した疑いがある、②署名位置が不自然でバラツキがある文書は、白紙に署名させ、後で文書に仕立てた可能性が高い、③記載欄へ書き込む部分の書き始めが欄外にはみ出ていたケースは、後から追加した疑いがあるという点などである。

第6に、書式に注意することも有益である。例えば、数年間にわたる私製領収書がすべて同じ書式、同じ印影であるケースは、不自然であり、まとめて作成された可能性が高い。また、一通の契約書において、署名欄の下に点線、押印欄の○の中に印が印刷されている部分とそうでない部分があったケースは、別の文書から署名押印部分を切り貼りしてコピーして作成した疑いがもたれる。

(4)文書の作成時期を見破るには

文書の作成時期を見破るには、第1に、印紙・切手の発行時期に注意するとよい。印紙の意匠によって時期が分かるし、切手にも発行期間の限定された

13）加藤編・立証活動Ⅰ34頁〔村田渉発言〕。

ものがある。

第２に、印紙税法所定の金額よりも多額の印紙が貼付されているケースは、不自然であり、後付けで作成された疑いがある。

第３に、市販の契約書・領収書にも留意したい。市販の契約書が、その作成日付の段階では販売されていないことや、領収書の製品番号から発行時期が判明するケースがみられる。

第４に、元号に注意することも有益である。例えば、昭和の時代に作成された文書であるのに、記載内容に平成が出てくるものは、後付けで作成されたことが明らかである[14)]。

【ケース4−9　平静でいられない平成の文言】

「昭和」から「平成」に元号が変わった前後に起こったことである。契約書が昭和63年に作成されたものとして提出された。末尾の作成年月日欄には昭和63年△月△日と記載されているが、その契約書の中の不動文字の部分に「平成」という記載があった。

これは、元号が平成に変わってから作成されたことが明らかである。裁判官が指摘すると、当事者は提出を撤回した。しかし、裁判官は、そのような証拠を提出する当事者であるという当事者の属性について心証を形成した。

第５に、郵便番号、消費税率、市町村合併による名称・住居表示の変更に注意することが有益である。郵便番号は桁数が変わっている。消費税率も、３％、５％、８％、10％と変更されている。また、平成の市町村大合併により、名称・住居表示の変更もされている。偽造文書は、これらを見落しており、そこから馬脚をあらわすことがある。

(5)文書の内容や提出時期の吟味

第１に、文書の偽造の有無については、以上にみてきた外形的・物理的な不自然さに着目することが必要である。

第２に、文書の内容的検討としては、①客観的事実・争いのない事実と整

14）加藤編・立証活動Ｉ33頁〔村田渉発言〕。

合するか、②内容自体に不自然さはないか、③虚偽文書が作成される誘因はないか、④文書作成者の状況、⑤文書作成者と訴訟当事者との関係などの考慮要素に留意することが相当である。

第３に、当事者の書証の提出時期・提出経緯に不自然な点はないかも留意すべきである。

この点は、訴訟代理人が本人から書証を受け取る場合にも同様である[15)]。

【ケース4－10　領収できなかった領収書】

代位弁済をして求償請求をする案件を受任した弁護士が、依頼者に対し、「弁済したことを証明する書類が必要であるから、領収書を早く持参してください」と告げていた。しかし、依頼者はなかなか持参せず、ようやく口頭弁論終結直前になって、「現物はないが、コピーが見つかりました」と持ってきた。

弁護士は、この時期に、しかも、原本ではなくてコピーが出てくることに違和感を覚えた。これは偽造した領収書ではないかという疑いを抱いたのである。弁護士倫理上の問題もあると考え、結局、この領収書コピーは証拠として提出されなかった。

このケースは、依頼者の持参した領収書コピーを訴訟代理人が領収できなかったという一席である。訴訟代理人としては、賢明な対応であったというべきであろう。

●コラム４　実体のない領収書

Ｘは、Ｙ会社に対し、カーナビ30台を1400万円で購入したが、２台しか納入されなかったので契約を解除したと主張して、残代金の返還請求請求を提起した。契約した時期は、カーナビが品薄で、中間業者Ｘとしては仕入れればすぐ転売することができるという状況の下で、買ったと言う。

15）加藤編・立証活動Ⅰ31頁〔馬橋隆紀発言〕。

しかし、30台買ったのに２台しか納入されていないのにもかかわらず、Ｙ会社から代金全額の1400万円の領収書が発行されていた。その1400万円の領収書は、Ｙ社の従業員Ａが発行したものである。

領収書が発行されている場合には、経験則上、特段の事情がなければ、金銭の授受があったと認めるのが普通である。しかし、Ｘは、２台のみ納入の段階で、1400万円全額を支払っている。カーナビが品薄だったため一刻も早く欲しかったにしても、前払いしても納入される保証がないときに、果たして全額を払うかには疑問符が付く。そこで、Ｘが前払いした理由が合理的であることをうまく説明できるかが１つのポイントになる。

さらに1400万円の金員の動きとして、Ｘの銀行口座から、この時期にＹ会社に振り込まれていれば、証明は容易である。しかし、このケースでは第三者Ｂから一部借り、残りは自分の手持ちの現金を使ったという。そしてＢからは、「確かに貸しました」という陳述書が出ている。

このケースでは、Ｘの本人尋問、Ａの証人尋問を実施した。Ｘは、前払いをした理由について、当時は人気商品のカーナビが売り手市場であり、早く欲しかったと供述をしたほか、主張どおりの供述をした。Ａは、ＡとＸとは知り合いであり、会社に隠れて過去にＸにカーナビを横流ししたことを会社に告げると脅されて、領収書を書かされた旨証言した。

1400万円の調達方法について裏付け証拠がみられなかったこと、Ａの証言に相応の信用性があると評価できたことから、裁判所（筆者）は、領収書があるにもかかわらず、金銭の授受の実体がないと判断し、請求棄却の判決を言い渡した。

@加藤編・立証活動Ⅰ30頁〔加藤新太郎発言〕、加藤編・立証活動Ⅱ111頁〔加藤新太郎発言〕

第5章 人証の証拠評価

1　理想的な証言・供述と現実

本人尋問、証人尋問を実施した後は、その信用性を評価し、信用できる場合には、争点について事実認定の資料に用いる。これが、人証（本人尋問の結果・証言）の証拠評価の問題である[1]。

文書（書証）は、書かれた状態にあり、文書に盛られた情報は書かれた時点で固定しているのに対して、本人尋問、証人尋問（人証）は、質問と答えによって情報が引き出され、答えが出るまで浮動的な状態である。さらに、証人や本人がある事実を法廷で証言・供述するまでには、認定の対象となる事実を認識し、記憶し、表現するという過程がある。理想的な証言・供述は、「事象を的確に観察して誤りなく知覚し、正確に記憶しておき、その事項に関する尋問に対して、記憶を再生して適切な言葉を選んで表現する」というものだ。しかし、通常人にはこれがなかなか難しい。それは、なぜか。

第１に、観察の正確さについては、元来注意深いかどうか、物事のよく分かる者かどうかなど個人差がある。観察をした際の注意の度合い、興味・関心の有無などにも左右される。同じ状態が長く続くと現状は知覚されにくく、時期的な混同が生じやすい。例えば、その場所をよく通る交通事故の目撃者が、いつもその信号は点滅しているので、その事故の時にも点滅していたと思い込むことなどは、これである。

第２に、人間は、物事を忘れてしまうことを避けられない。部分的に忘却したり、他の機会の記憶が混入する。時間の経過につれて、ある事実のみが強調された形で記憶が変容することもある。

第３に、表現に関しては、言葉の選び方の適否、表現した言葉のニュアンス、語彙の多寡からくる表現の単純化・一面化などの問題がある。

1）加藤・認定論117頁。

以上のことは、ニュートラルな立場で善意かつ正直に質問に答えようとする証人であっても同様である。

2　裁判官が証人尋問を受けたら

(1) A裁判官の悩み

A裁判官は、外務省に出向して、外務事務官として勤務していたときに、ある行政処分について上司から意見を尋ねられたことがあった。その後、関連する訴訟が提起され、証人として申請された。行政処分がされてから15、6年後のことでもあり、関係者数人のうち、一部は死亡し、一部は海外にいて、問題となる事項を知っているのは、A裁判官だけであったため、証人申請がされたのである。

A裁判官が尋問事項書をもとに記憶をたどってみると、自分がその件に関与したことや関係者の名前、そのとき尋ねられた事項は、まだ記憶が残っている。しかし、さて、自分がどのような意見を述べたか、どのように処置されたかについては、責任をもってはっきり答えるほどの記憶がない。どうしても思い出せない。

A裁判官は、自分の証人としての答が裁判所の判断に重要な影響を与えることを考えて当惑した。もし、証人として出廷した場合に、事件の関係について正確なことを答えた後で「自分自身がかつて述べた意見を十分記憶していない」と供述すれば、担当裁判官は、「どうしてそれが言えないのか」と怪しむであろう。しかし、自分の記憶は、その点について、実際に、曖昧模糊としているのである。A裁判官は悩んだ。

(2) B裁判官の困惑

B裁判官は、親戚の相続関係事件（相続人廃除事件）で証人になった経験がある。

事件そのものに争いはなく、問う方も答える方も安心して問答できるはずであった。しかし、それにもかかわらず、B裁判官は、質問に答えるときに相当の緊張を覚えたし、予期しない質問に心中あわてることもあった。陪席裁判官が側面から自分を凝視しているのを感じると、どこかに間違いがあったのではないかと不安を覚えた。

(3) コメント

この２つのエピソードに登場する裁判官Ａ、Ｂは、実は同一人物であり、誰あろう、三宅正太郎判事（1887〜1949）その人である。三宅判事は、刑事裁判官であり、1944年大審院刑事部長として翼賛選挙の演説により不敬罪で起訴された尾崎行雄氏に無罪判決をしたことで知られているが、何よりも、名著『裁判の書』（1942年）の著者として著名である。

いずれのエピソードも『裁判の書』の「人証」というエッセイの中で披露されている[2)]。三宅判事は、第１の経験から、「一般の証人が無理な質問に内心いかに当惑しているかを考えざるをえない」と述べる[3)]。さらに、第２の経験から、「我々の如きそのことに常に接している者にして左様であるから、初めて法廷に立った証人たちが、十分に答えられないのはあたり前の話で、むしろその方が正直に証言をしているわけであり、もし澱みなき証言をするとすれば一応その真偽を疑っていいと思う」との教訓を引き出される[4)]。

戦前の実務は、現在のドイツ民事訴訟法と同じく弁護士と証人予定者の接触が禁じられていたから、当事者の調査義務（民訴規則85条）が定められ、訴訟代理人が証人予定者と面接・打ち合わせをして証人尋問に臨む（その前に、証人予定者が陳述書を提出していることもある）現行の実務とは異なっている。したがって、後者の教訓（澱みなき証言は疑うべし、十分に答えられないのは正直）は、現在では、必ずしも一般化することはできないであろう。

(4) 人証の特色

民事訴訟における人証には、①利害関係がなく、ニュートラルな立場で善意かつ正直に質問に答えようとする証人、②党派的な証人、③当事者本人の類型がある。

中立的証人（予定者）であっても、三宅判事のように感じるのである。

これに対して、党派的な証人は、実際には少なくない。むしろ、それが主流である。また、本来は党派的ではない証人でも、証人尋問は、紛争が顕在化し、訴えが提起された後に法廷で行われるため、紛争に利害関係を有する者な

2）三宅正太郎「人証」『裁判の書』219〜220頁（牧野書店・1942）、同著・日弁連法務研究財団編「人証」『裁判の書』164頁（日本評論社・2019）。
3）三宅・前掲注２）『裁判の書』220頁。
4）三宅・前掲注２）『裁判の書』220〜221頁。

どの影響（証人汚染）により虚偽の証言がされる可能性も否定できない。書証が基本的には紛争が生じる前に存在していて、変えることができないのと対照的である。

また、当事者本人尋問の場合には、利害関係のない第三者の証言と比べて、供述に意図的な虚偽が混じる可能性があり、また、自己に不利な事実を隠す危険性も高い。思い込みも避けられない。さらに、意図的に虚偽の供述をしないまでも、意識せずして自分の行為を正当化する傾向があり、真実と異なる供述の入り込むことが稀でない。

人証には、このような性質があるため、その信用性を評価・判断するには、慎重に吟味・検討することが必要不可欠である。自分が直接体験したことであるのに、言い分が真っ向から食い違っていることもある。例えば、ある日時に会っていることは争いがないが、そこで金銭が授受されたかどうかについて、言い分が違う場合には、当事者のどちらか一方が嘘をついているのである。故意に嘘をついているのであれば、話は単純であるが、金銭の授受が何回かあったが、それが特定のいつの日であったのか記憶違いをしている場合がある。また、都合の悪いことは忘れるものであるし、前述したように思い込むこともある。

それでは、裁判官は、こうした場合、証人尋問、本人尋問の結果を、どのように評価して、事実認定をしていくのか。

3　証拠評価のための5つのテスト

(1)総説

人証の証拠評価の基本は、さまざまな観点から証人・本人を観察し、証言内容、本人尋問の結果をテストし、信用できるかどうかを検討することに尽きる。さまざまな観点とは、他の証拠や動かない事実との関連、経験則、弁論の全趣旨などである。

裁判官の人証の証拠評価をいかにすべきかについて、留意するポイントとの関連において、5つのテストとして整理すれば、次のとおりである。すなわち、適格性テスト、誠実性テスト、自然性テスト、合理性テスト、整合性テストをすることである[5)]。

第１に、人証の証拠評価に当たっては、供述者の信用性・信頼性と供述内容の信用性・信頼性に着目すべきである。

第２に、供述者の信用性・信頼性に関しては、(1)その証人・本人が証拠方法として適格といえるか（観察、記憶、表現方法はどうか）、(2)その証人・本人が誠実（真摯）に供述しているかに留意すべきである。(1)が適格性テスト、(2)が誠実性テストである。

第３に、供述内容の信用性・信頼性に関しては、(3)その供述内容が全体としてまたは特定部分につき自然であるといえるか、(4)その供述内容が全体としてまたは特定部分につき合理的であるといえるか、(5)その供述内容が主張または他の証拠との関連で整合的であるといえるかに留意すべきである。(3)が自然性テスト、(4)が合理性テスト、(5)が整合性テストである。

(2) 供述者の信用性・信頼性

適格性テストと誠実性テストは、誰が供述するかという点に着目して、供述者そのものの信用性、信頼性を吟味するものである。適格性テストは、証拠資料となるインフォメーションを法廷に伝えた供述者が、その適格性を備えているかという観点からのものである。

適格性テストでは、５つのポイントがあり、その考慮要素は次のとおりである。

❶ 供述者の真実を把握する能力、認識力、記憶力があるか。それらは、どの程度のものか。

❷ 記憶違い、意味の取り違え、認識力不足等による偏りはみられないか。

❸ 供述者の表現能力はどのようなものか。

❹ 供述者の記憶は、期間の経過にもかかわらず、保持されているか。

契約の成立が争点となる場合、例えば、その場に同席した第三者（証人）に、その場の部屋の構造やどのようなソファでどういう向きで座っていたかなどの位置関係まで質問することがあるが、それが特異で印象的なものであれば別であるが、そうでない場合には、細部の記憶を保持していないのが通常であろう。

❺ 供述者の供述時のコンディションはどうか。

5）加藤・認定論122頁。

供述者が極端にあがっていたり、前の日に眠れなかったという事情は、それを織り込んだ評価が必要な場合がある。

次に、誠実性テストは、証人・本人が真実を述べようとする主観的な誠実さを有しているかという観点からのもので、次の５つの点が考慮要素となる。

❻ 供述者と事件ないし当事者との利害関係があるか。

❼ 供述者に真実を供述する善意・熱意があるか。

❽ 供述態度は真摯なものか。

❾ 供述態度に動揺はないか。

❿ 供述者の人柄は信頼できそうか。

(3)供述内容の信用性・信頼性

自然性テストは、供述内容に関する吟味をするものであり、次の３点が考慮要素である。

⓫ 供述内容の流れは、自然か。

⓬ 供述内容は、経験則に合致しているか。

⓭ 供述内容は、弁論の全趣旨に照らして矛盾しないか。

合理性テストは、次の２点を考慮要素とする。

⓮ 供述内容の根拠はどのようなものか。

供述の根拠が直接に体験することによりその事象を認識したものか、伝聞と自己の体験を合わせて認識したものか、伝聞のみによるのか、という観点である。一般的には、この順番で、証拠価値は低くなる。

⓯ 供述内容は首尾一貫しているか。

この自然性テスト、合理性テストは、供述内容の根拠はリーズナブルで、自然であり、それ自体、首尾一貫しているかどうかをみるものである。訴訟に登場するケースの中には、よくみられる出来事ないし経過ではないからこそ争いになっているものも少なくない。そうしたケースでは、流れは不自然であっても、それなりの必然性、特異性があるところを伝えることができれば、供述内容の信用性、信頼性を獲得することができる。

整合性テストは、次の５つのポイントが考慮要素である。

⓰ 顕著な事実等と矛盾しないか。

⓱ 確実に認定できる事実と矛盾しないか。

⓲ 間接事実と整合的に説明することができるか。

⓳　書証の記載との間で矛盾はないか。

⓴　他の証言等との間で矛盾はないか。

整合性テストは、顕著な事実、確実に認定できる事実（動かぬ事実）と矛盾しないか、間接事実とも関係がうまく説明できるか、書証やほかの証言とも矛盾がないかに留意する。全体の証拠の中で、その人証を評価するという視点である。

以下では、人証評価の５つのテストを具体的なケースに適用して、このテストの有用性を、契約型紛争、事故型紛争を素材にして検証してみることにしよう。

4　契約型紛争

契約型紛争には、文書があることから、その関連において人証をみていくことになる。しかし、そうであっても、当事者本人双方の供述が正反対のものである場合、複数の証言が相反するものである場合に、そのいずれが信用できるかの証拠評価は難しいことが少なくない。このような証拠評価をどのようにすべきか、いくつかのケースでみてみよう。

(1)保険契約の勧誘

【ケース5−1　変額保険のパンフレット不交付主張ケース】

原告Ｘらは、相続税対策として、Y_2銀行から一時払保険料を借り入れ、Y_1生命保険会社との間で変額保険契約を締結した。Ｘらは、その際、Y_1生命保険会社の担当者Ａから、①変額保険のパンフレット、設計書等の交付を受けていない旨、②Ａが変額保険の仕組み、リスク等について十分な具体的説明をせず、「絶対損をしない良い保険」と抽象的な説明に終始した旨主張して、Ｙらに対して、保険契約の錯誤無効・詐欺取消しに基づく払込保険料の不当利得返還、Ａの説明義務違反による不法行為に基づく損害賠償請求をした。

このケースでは、Y_1生命保険会社は、変額保険の販売資格のある外交員Ａだけでなく、販売資格のない外交員Ｂも勧誘に当たっていた。

ＸらとＢは、次のように供述した。

① Xらは、本件変額保険契約のパンフレット、設計書を交付されていない。
② したがって、Xらは本件保険の仕組み、リスク等についての説明を受けていない。
③ ただ、相続税対策に適したXらにふさわしい保険であり、Y_2銀行から融資を受けることにすれば、現実の経済的負担は何も生じないという説明を受けて、加入した。

これに対して、Aは、次のように供述した。

④ AはXらに対し、本件変額保険契約のパンフレット、設計書を交付した。
⑤ 本件保険の仕組み、リスクその他必要な説明をした。

このケースでは、両者が正反対の供述をしているが、そのいずれを信用するかという人証の証拠評価により事実認定がされることになる[6)]。

第1に、Bの属性について。Bは第三者的な証人であるから、BがX側に加勢していることは、一般的には、X側に有利に働く。そこで、Bについて、供述者の信用性・信頼性をチェックする適格性テスト、誠実性テストをしてみることにしよう。

Bは生命保険会社の外交員をしている女性であるから、適格性テストはクリアする。

誠実性テストのうち、Bと事件ないし当事者との利害関係があるか、真実を供述する善意・熱意があるか（誠実性テスト⑥⑦）をみると、(i)BはY_1生保会社の外交員であった者であるから、あえてY_1に不利な証言をしている部分は信用してしかるべきであるが、(ii)Bは自身の夫がX_2と中学時代の同級生であり、X側と親しい関係にあることがうかがわれるから、誠実性は相殺され、さらに信用性を吟味することが必要になる。

第2に、パンフレットを交付したか否かについて。保険加入の勧誘に当たり、外交員が顧客にパンフレットを交付し、設計書を作成することは一般的な方法であり、経験則といえる。この点について、Aは「最初に作成し交付した

6）加藤・認定論124頁。

設計書と銀行からの融資可能額が決まってから再度作成した設計書があり、後者を持参した際、前者を引き取ってきた」と供述しているが、その内容は自然である（自然性テスト⑪・⑫）。これに対し、X_1は「パンフレットを持参するよう要求したが、Aはパンフレットが品切れであると言って持ってこなかった」と供述した。しかし、販売中の保険商品のパンフレットが品切れになる事態はないとはいえないであろうが、考えにくい。仮に、その営業所で品切れになっていたとしても、顧客から要求されれば必ず後で持参するように思われる。これは経験則といえるかどうかは別として、通常の事態の経過であろう。そう考えると、X_1の供述は不自然である（自然性テスト⑪・⑫、合理性テスト⑮）。

Bは、主尋問では、Xらにパンフレットを交付したことは否定した。しかし、反対尋問において、「X_1の妻に最初に会った際、同人にパンフレットを交付したかどうかは覚えていないが、見せたことはある」と証言した。生命保険会社の外交員が保険加入の勧誘において顧客に見せたパンフレットを回収するのは不自然である。また、主尋問において、「Xらにパンフレットを交付したことはない」と答えながら、反対尋問において、「X_1の妻にパンフレットを交付したかどうかは覚えていない」と後退した場合には、裁判官は「実際には、X_1の妻にパンフレットを交付した（であろう）」という心証を形成するのが通常であり、その限りで、前者の供述も実質的には崩れていると評価できる。ここでは、自然性テスト⑪・⑫・⑬をしているが、反対尋問の結果の評価を織り込んでいる。

さらに、AがXらにパンフレット・設計書を交付しないことがあるとすれば、その記載内容が口頭で説明した内容と異なっているために、後日に証拠を残さないようにしたという理由が考えられる。しかし、当時の当該保険運用実績は順調であったから、Aはそのような画策をする必要はなかったと思われる。さらに、本件保険契約申込書作成時には、「ご契約のしおり　定款・約款」が交付されているから、パンフレットを交付しなかったとみることは、事柄の推移として整合的とも思えない（自然性テスト⑫、整合性テスト⑰・⑱）。

加えて、相続税対策として、所有不動産に担保を設定して、保険金合計３億7000万円、保険料合計１億円余という高額な保険に加入するに当たっては、Xら家族間で十分な話し合いがされたはずであり、その際、パンフレット・設計書などの資料が何もないまま検討したというのは合理性を欠き、想定することが困難である（自然性テスト⑪・⑫、合理性テスト⑮）。

供述内容の信用性・信頼性について、以上の考察によれば、相反する供述のうち、Aの方が信用できるという評価をするのが相当である。したがって、「Aは、勧誘時に、変額保険のパンフレット、設計書の交付をした」という事実認定がされる。施した証拠評価のテストの中身をみると、本件については、経験則に合致するかという観点からの検討、供述内容に合理性があるかという観点からの検討が有用であった。

本件では、さらに、Aのした説明内容についての事実も、Aの証言が信用された[7]。Xらが供述しBが証言したパンフレット・設計書不交付の事実が認められなかったのは、Xらの尋問結果およびBの証言内容の信用性に疑問があると評価されたためであるが、その反面において、Aの証言内容は相対的に信用できると判断されたことになる。そうすると、勧誘時における説明内容に関しても、Aの証言内容の方が信用できるという評価になることはやむを得ないところであろう。

(2) コンサルタント契約の成否

【ケース5−2　契約書のない場合の当事者尋問の評価】

Xは、Yとの間でコンサルタント契約（業務委託契約）を締結したと主張して報酬金支払請求をした。Yは、契約締結の事実を否認した。契約書が作成されていないことは争いがない。X訴訟代理人は、その契約書のドラフトを書証として提出していた。その書面をみると、署名・押印欄は、甲（Y）、乙（X）、立会人（A）と3か所あり、そのいずれもが空白である。

Xは、契約書が作成されなかった事情について、次のとおり主張して、その旨の陳述書を出し、本人尋問でもそのように供述した。すなわち、「実際には契約書のドラフトはできていて、X・Yとも署名押印

7）東京地判平成11年2月23日判タ1029号206頁〔変額保険の勧誘に際し、生命保会社担当者の説明義務違反はなかったとして、保険契約等の錯誤無効、詐欺取消し、損害賠償請求のいずれも認められなかった事例〕。

するばかりになっていた。その上、立会人Aも同席していて、契約条項を読み上げ、Yはこれに同意した。しかし、Yが当日印鑑を持参していなかったため、契約書に押印することができなかったというにすぎない」という。

これに対して、Yは、「Xからコンサルタント契約の勧誘があり、話しは聞いたが、少し検討する必要があると感じて、その場で返事はしなかった。Xにも、Aにもその旨を伝えた。その後で、Xに対して、考えてみたが、コンサルタント契約は見合わせたい旨電話で伝えた」と供述した。

このケースでは、供述者の信用性・信頼性では甲乙付け難い[8)]。そこで、供述内容の信用性・信頼性をいくつかのポイントで検討することになる。

本件では、第1に、Xの言うとおり、「X・Yとも契約書に署名押印するばかりになっていたが、Yが当日印鑑を持参していなかったため」、契約書が作成されなかったという経過であれば、乙(X)、立会人(A)欄は、署名押印がされていて然るべきであるが、どうしてそうされていないのか疑問である。

第2に、Xが印鑑を所持していなかったとしても、署名をしてもらうことくらいは考えてよいであろうが、どうしてそうしなかったのか疑問である。

第3に、当日できなかったとしても、後日署名押印してもらわなかったのは、どうしてか、これまた疑問である。

これは、自然性テスト⑫(供述内容は経験則に合致している)により、Xの供述結果は信用性が乏しいという証拠評価になる。その反面において、相対的に、Yの供述結果が信用できるということになる。

(3)他の証拠との整合性

【ケース5−3　過剰主張・過剰供述には要注意】

■事案

Xは貸金業者、Yは連帯保証人で、保証債務履行請求訴訟である。連帯保証人Yは、知人Aの貸金債務について連帯保証をし、A振出し

8) 筆者が経験したケースをモディファイしたものである。

の約束手形にも裏書きをした。手形裏書きのほか、消費貸借契約書にも連帯保証人として署名、押印している。このような状況の下に、Xが連帯保証人Yに対して履行請求をした。

Yが連帯保証をした消費貸借契約の貸金は、期日に返済できず、Xがさらに貸付けを継続したという事実があり、約束手形はいったん返却されている。貸金業者Xはこの時点でAに新たに金を貸し付けたという形式を取ったが、その時点での金の動きが、「新規貸付けなのか、返済猶予なのか」について法的な争点になった。新規貸付けであれば、前の契約の連帯保証人の責任はなくなる可能性が高いのに対して、返済猶予であれば責任は残る。

書証を見ると、新たな金銭消費貸借契約を作成し、さらに他の契約分も入れて、貸付額を増加させている。すなわち、準消費貸借と消費貸借を同時に行い、前の貸金はこれで返済扱いにしたのである。さらに新たに別の連帯保証人も付けているから、そうした外形的な事実からは新規の貸付けと解される事案であった。

■Y本人尋問における供述

このような事実関係の下において、Yは本人尋問で、「前回の貸金返済期限の前に、知人Aから新たな約束手形に裏書きをして欲しいと頼まれて断った。Aは、『Xから新たな借入れをするから、その担保の手形裏書きを頼む』という言い方で頼んできたが断った」旨供述した。

この供述をどのように証拠評価するのが相当か。

整合性テスト⑰（確実に認定できる事実と矛盾しないか）、⑱（間接事実と整合的な説明ができるか）、⑲（書証との間で矛盾はないか）という点から、Y本人尋問の一部である「知人Aは、『Xから新たな借入れをするから、その担保の手形裏書きを頼む』という言い方で頼んできた」という供述は信用することができない。なぜなら、他の証拠から認められる外形的事実からすると、Aは前回の貸金返済期限前の時点では、「前の借金が残っていて、再度約束手形を振り出す必要があるから、裏書きを頼む」と言っているはずだからである。それにもかかわらず、Yは、Aが「新たな借入れをする」と言ったと明らかに虚偽の事実を供述するのは、おそらく勝訴を確実にするための自己主張を完全なものにしたいと考えたからであろう。しかし、自己主張の完全性志向による過剰主張・過剰供述は、主張全体の信用性にもかかわる[9]。つまり、被告の供述の全体の印象はかなり悪くなる。外形的事実だけで勝訴となる蓋然性が高かったのに、裁判官の心証を害する結果になるのである[10]。

本書で取り上げたケースには、契約型紛争における対立する供述の信用性の証拠評価が問題となったものがその他にもいくつかある。例えば、「**コラム2 供述の信用性判断と主張の信頼性——金銭預託の趣旨**」では、「Ａがパチンコ店の開店許可が得られたことを、その段階でＢに告げていないこと」は、経験則上不自然であり、開店許可が出ていた時期は合意から６か月以内ではなくもっと遅かった可能性があり、Ｂから時期遅れを指摘され預託金の返還を求められることを懸念して告げなかったのではないかと推測されることから、Ｂの供述の信用性は高いが、反対に、Ａの供述の信用性は低いという評価がされた[11]。これは、自然性テスト⑪（供述内容の流れは自然か）と⑫（供述内容は経験則に合致しているか）による評価であった。

5　事故型紛争

事故型紛争において、当事者本人双方の供述が正反対のものである場合、複数の証言が相反するものである場合に、そのいずれが信用できるかの証拠評価は難しいことが多い。このような場合に、どのように証拠評価すべきか、いくつかのエピソードでみてみよう

【ケース5−4　京阪電車置石列車脱線転覆事件】

■事案

中学生らがレール上に石を置くといういたずらにより発生した電車

9）当事者が勝訴を確実にするための自己の主張を完全なものにするという志向は、実際にはしばしばみられる。加藤・認定論235頁。

10）このケースは、裁判官が「これでは全部の供述が虚偽だと評価されかねない」と指摘し、結局、Ｙが保証債務の１割相当分を払うという内容の訴訟上の和解をすることで終了した。

11）本書50～52頁。

の脱線転覆事故について、鉄道会社であるXは、自らは直接置石をしなかったYに対して、不法行為に基づく損害賠償請求をしたケースである（置石をしたのはD）。なお、Xは、本件事故は、(i)Yら5名の共謀による軌道上への置石行為が原因であるとして、主位的に、共同不法行為による損害賠償を求め、(ii)予備的に、YにはAの置石行為を阻止または排除すべき注意義務の違反があったとして、不法行為に基づく損害賠償を求めた[12)]。

■訴訟の経過

一審判決（大阪地判昭和59年1月31日民集41巻1号55頁）は、Yら5人は、列車が火花を立てて跳ね飛ばすのを見たいとの特段の雰囲気、意図の下に本件置石をしたものであるから、Yは単なる傍観者ではなく、Aの置石行為を容認、放置すべきでない注意義務があったとして、共同不法行為の成立を認めた。

これに対して、控訴審判決（大阪高判昭和59年12月25日民集41巻1号60頁）は、Yや他の4名の言動、認識の程度からするとYにおいてDが軌道上に置石行為をするかもしれないことを予見すべきであったとはいえず、本件置石行為を阻止ないし排除すべき義務があったともいえないとして、請求を棄却した。

一審と控訴審とで、「Yが本件置石を認識していたか否か」についての事実認定が正反対になり（一審判決はこれを肯定し、控訴審判決はこれを否定した）、その結果、Yの不法行為責任の判断も異なる結果となったのである。

■供述の変遷

Yの供述は、「Dのした本件置石の存在を認識していたか否か」という点で、次のとおり変遷していた。

① 本件事故時に近接した昭和55年2月21日に作成された司法警察員に対する供述調書では、「本件置石を事前に認識していなかった」旨供述。

12）加藤・認定論135頁。本ケースは、加藤新太郎＝加藤聡「レール置石の認識―京阪電車置石列車脱線転覆事件」伊藤＝加藤編・判例から学ぶ227頁に依拠している。

② その他の司法警察員に対する供述調書では、「Cが京都行軌道上に1個、Dが大阪行き・京都行軌道上にそれぞれ1個の置石をした（京都行軌道上に2個の置石があったことになる）」旨供述（Y以外の者は、Cは置石をしていない旨の供述をしている）。

③ 9月22日に作成された検察官に対する供述調書および家庭裁判所の翌年3月11日の審判期日の調書では、「Dが本件置石をしたのを見た」旨供述。

④ 本件一審および控訴審のY本人尋問では、「本件置石を認識していなかった」旨供述。

Yの不法行為責任の有無を判断する上で、「Dのした本件置石の存在を認識していたか」についてYの肯定する供述（②・③）と否定する供述（①・④）のいずれを採用するか、相反する供述の信用性をどのように判断するのかは大きなポイントになる。この点に関する判断の差が一審と控訴審とで結論を異にした最大の原因である。

控訴審は、変遷するYの供述につき、Yが置石を事前に認識したとの供述が真実ということもできないし、認識しなかったとの供述が信用できないとすることもできないとして、結局、Yが本件置石を事前に認識していたと認めるに足る証拠はないとした。

控訴審は、本件置石の認識を認めた②の供述（Cが京都行軌道上に1個の置石をし、次いでDが大阪行と京都行の各軌道上にそれぞれ1個の置石をし、大阪行軌道上の置石はCが取り除いたが京都行軌道上の置石は2個あった旨の供述）については、(i)京都行軌道上の置石は1個であったという事実に反すること、(ii)「Cは置石をしていない」との他の少年の供述と異なること、(iii)Yの一審および控訴審の本人尋問の結果からするとYが司法警察員の取り調べに対して迎合した供述をしたことがうかがわれることを合わせ考え、信用できないとする。また、本件置石に気づかなかったとの①および④の供述については、(iv)Y以外の者も本件置石に気づかなかった旨供述しており、(v)本件事故の発生時刻を考えると、付近の照明との関係から本件置石が見え難いということもあり得ないではないとして、その信用性を否定することはできないという。

本件のように刑事記録（少年事件記録）が提出され、そこに供述者に不利益な内容の供述がされているような場合については、その取り調べ状況に関する吟味が必要となる。

第1に、②の供述については、整合性テストの「確実に認定できる事実と矛盾しないか」(⑰)、「他の証言との間で矛盾はないか」(⑳)との関係で、Yが本件置石を認識していたとの供述の信用性を否定する方向で働くことは否定できない。しかし、控訴審が指摘する「司法警察員の取り調べに迎合した」という推測は、一般的な可能性としてはあり得るが、司法警察員が一定の方向に誘導しようとするのであれば、他の者の供述と矛盾する方向に誘導することは考えられないから、通常は、他の者の供述と一致すると思われる。そのように考えると、他の者の供述と異なる②の供述がされていることは、逆に、「司法警察員の取り調べに対して迎合した供述をした」との推測に疑問を抱かせるものともなる。また、Yは少年審判の審判廷において、「本件置石を事前に認識していた」旨の供述をしているが、取調官の影響が及びにくい少年審判の場において自己に不利な供述をしていることにつき相応の考慮を払う必要があるように思われる。

第2に、①および④の供述については、その時刻からして本件置石が見え難いという可能性はあり得るとしても、現場の照明の状況等について何ら証拠がない以上、これも推測の域を出ないものであり、理由付けとしては弱い。テストとの関連でいえば、本件事故現場の照明の状況等について然るべき証拠により認定した上で、客観的事実と矛盾しないかどうか、整合性テスト(⑰)を行い裏付けをとるべきであったと思われる。

第3に、不法行為責任を追及されているというYの利害関係に照らすと、誠実性テストにおいては、「本件置石を認識していなかった」とのYの供述の信用性を否定する方向に働くであろう。そして、控訴審は、③の供述(特に、審判期日において「Dが本件置石をするのを見た」旨供述している点)については、必ずしも十分な検討を加えていないが、前述したように取調官の影響が及びにくいと考えられる少年審判において自己に不利な本件置石を認識していた旨の供述をしていることは、看過できない重要性を有するとみてよいであろう。一審は、このような点を検討した上で、Yが本件置石の存在を事前に認識していたとの事実を認定したものと推察される。

結局のところ、(i)控訴審のように京都行軌道上の置石は1個であったという事実と矛盾するという点（整合性テスト）を重視するか、上記のような誠実性テストを重視するか、(ii)当事者の供述の変遷と供述のされた場面・状況について、その相互関連も含めてどのような評価をしていくかというスタンスの差異等から、一審と控訴審とで供述の信用性の判断が分かれたものといえるであろう。

なお、上告審（最判昭和62年１月22日民集41巻１号17頁）[13] は、Ｙが本件置石を事前には認識していなかったとの控訴審の事実認定を前提にしながらも、結論的には控訴審とは逆にＹの不法行為責任を認める余地がある旨判示して、本件を大阪高等裁判所に差し戻した（差戻し後、和解成立）。上告審は法律審であるが、原審の結論が不相当であり、それが原審の事実認定の不都合に由来すると考えられる場合の一つの対処の手法として、控訴審の事実認定を前提としつつ、法律問題として捉え直し、一定の規範を定立することにより不相当な結論を回避することがある。本判決もこれに相当し、これを法律問題として捉え直し、先行行為による作為義務違反（不作為）による不法行為という規範を定立することにより結果的に不相当な結論を回避したものといえよう。

【ケース5−5　忘年会カラオケ膝蹴り事件】

Y_1会社の従業員Ｘは、忘年会の三次会でカラオケ店に行った際、上司であるY_2から顔面を膝で蹴られ、頭部・顔面打撲傷、歯の欠損の被害を受けた。Ｘは、このように主張して、Ｙらに対して損害賠償請求をした[14]。

これに対して、Y_2は、この出来事の状況は次のとおりであったと認否・反論した。Y_2がカラオケで歌い始めると、泥酔したＸが、じゃれつくような仕草でY_2の腰のあたりにタックルしたり、足を蹴ったりして絡んできた。そこで、歌い終わった後、Y_2がふざけてＸを蹴り返すまねをしようとしたところ、頭を下げて低い姿勢になっていたＸの

13）評釈等として、篠原勝美「解説」『最判解民事篇昭和62年度』15頁（法曹会・1991）、中井美雄「判批」判評364号50頁（判時1306号204頁）（1989）、神田孝夫「判批」『昭和62年度重要判例解説』85頁、浦川道太郎「判批」法教117号103頁（1990）、池田真朗「判批」法セ395号100頁（1987）、田井義信「判批」法セ399号43頁（1988）など。

14）筆者が経験したケースをモディファイしたものである。加藤・認定論143頁。

下顎付近に膝が当たったものである。したがって、外形的な事実として、「Y_2の膝がＸの顔面に当たった」ことは当事者間に争いはない。

争点は、「どのような状況においてY_2の膝がＸの顔面に当たったのか」であった。その具体的な状況いかんにより、「①Y_2がＸに膝蹴りをしたのか、②ＸがY_2の膝にぶつかってきたのか」という事実評価がされることになる。①であれば、互いに酔余のこととはいえ、Y_2の行為は不法行為を構成することになるのに対し、②であれば、Y_2の責任が生じる余地はない。

Ｘは、「Y_2から顔面を膝で蹴られ、頭部・顔面打撲傷、歯の欠損の被害を受けた」旨の供述をした。外科、歯科各医師の診断書により、Ｘが負傷したことの裏付け証拠はある。したがって、書証の記載との間で矛盾はない（整合性テスト⑲）。しかし、Ｘは、どうしてそのようなことになったのかについて、酔っていたため記憶がなく説得的な状況説明ができなかった。つまり、供述内容の流れは必ずしも自然とはいえず（自然性テスト⑪）、首尾一貫しているともいい難い（合理性テスト⑮）。

Y_2は、被告本人尋問において、「Ｘがじゃれつくように絡んできていて、歌い終わった後もタックルしようと向かってきたので、自分をガードするために足を上げたところ、足の膝の部分がＸの顔面下顎付近に当たった」旨の供述をした。

しかし、主張レベルでは、Y_2は「ふざけてＸを蹴り返すまねをしようとしたところ、頭を下げて低い姿勢になっていたＸの下顎付近に膝が当たった」と反論していた。すなわち、「ふざけてＸを蹴り返すまねをしようとした」行為が、「自分をガードするために足を上げた」に変わっている。これならば、自分を防衛する行為とみられ、Ｘが負傷したとしても違法性を欠くということになろう。

Y_2の陳述書をみると、そこでは「Ｘがじゃれつくような感じで腰の辺りにタックルしたり、ふくらはぎの辺りを蹴ったりしてきました。Ｘは結構強い力で蹴ってきたので、私はカラオケを歌いながら『いてて』などと言って冗談交じりに対応していました。カラオケを歌い終わったとき、振り返りざまに後ろにいたＸを蹴り返すまねをしようとしたところ、ちょうど私にタックルしようとしていたのか頭を下げて低い姿勢になって向かってきたXの下顎に、私の膝の辺りが当たってしまいました」とされている。この内容は、準備書面における反論と同旨である。

Y_2の本人尋問の結果は、弁論の全趣旨に照らし問題がありそうである（自然性テスト⑬）。少なくとも、自分の作成した陳述書の記載とは整合的ではないと評価されよう（整合性テスト⑲）。そうすると、Y_2の供述の信用性は乏しいといわざるを得ない。

Y_2の言い分が変遷したのは、自己の行為を正当化したいと考え、意図的にその旨の供述をしたのか、無意識に記憶を自己に有利に変容させたのか明らかではないが、いずれかであろう。したがって、このケースにおけるY_2の行為は、「自分をガードするために足を上げた」という認定はできない。

それでは、Aが準備書面で主張していた「Xを蹴り返すまねをした」ところ膝に当たってきたという事実を認定してよいものか。それとも、Xの主張する膝で蹴ったというY_2の故意・過失を認定するのが相当か。Y_2の故意による膝蹴りとみるのは無理だとしても、責任逃れを図ろうとしているY_2の言い分全体を信用できないと評価して、過失を認めることはあり得る。さて、どうしたものか。

こうした場合には、目撃証人がいると一気に形勢の決着をつけることができる。しかし、この場に同席していた甲は、肝心の出来事を見ていない。ただ、証人尋問で、「顎と膝がぶつかった後にXが暴れ始めたので押さえて一緒に倒れた。Xの下顎部以外の傷はこのときにできたものだ」と証言した。これは、信用できそうである。そうすると、全体の事実の流れとして、XはY_2の膝に当たってきたものと認定してよさそうだということになる。

このケースでは、Y_2の言い分の変遷がみられたため、人証の証拠評価が一層難しいものとなったが、Xの供述の頼りなさと甲の証言により何とか証拠評価を試みたものということができる。

【ケース5−6　離婚請求訴訟における婚姻中の暴力】

ある夫婦の離婚訴訟で、夫婦関係は破綻していて離婚それ自体はやむを得ないが、破綻の原因がどちらにあるか争いとなり、妻がそれは夫の責任であると主張した。それというのも、夫から度々暴力行為を受け、怪我をしたこともあるというのである。例えば、○月○日に夫の実家に立ち寄った帰りに、自動車に乗ろうとした際、実家での態度に立腹した夫から顔面を殴打され、怪我をしたため医者にかかったと主張した。妻は、本人尋問でも、そのように供述し、○月○日に受診した旨の医師の証明書も証拠として提出した。

夫は、○月○日に妻が怪我をしたことはあったが、それは夫の実家の階段を踏み外して、腰を打ったものだと反論した。夫は、本人尋問でも、妻の言い分を否定する供述をしたし、夫の両親が、嫁が階段を踏み外したのを目撃したので間違いないという陳述書を証拠として提出した。

これに対して、妻は、夫もその両親も夫に有利になるよう嘘をつく動機があるから、信用性が乏しいと指摘した。それは、一般論としては、誤りとはいえない。また、暴力を受け怪我をした事実がないのに、あえてそれがあったと主張することは、裁判所を騙そうとするものであるが、普通はそこまではしないと考えられる。

この争点の決着のポイントは、医師の証明書にあった[15]。この医師というのが、接骨医であったのだ。顔面を殴打され怪我をした人は、外科医に行くことを考えるが、通常は接骨医には行こうとしない。しかし、階段を踏み外して腰を打った人が、接骨医を受診し治療を受けることはおかしくはない。そうすると、この争点は、自然性テスト⑫（供述内容は経験則に合致しているか）により、夫の主張・供述に軍配を上げるべきであるということになる。妻が主張した○月○日の夫の暴力行為の事実は、妻の本人尋問が信用性できないため、認めることができないのである。

妻は、別の日時の夫の暴力行為も主張し、供述もしていたが、やはり信用性を欠くという評価になることが多い。一つ嘘をつく当事者は、ほかでも嘘をつく蓋然性が高いとみられるからである。

15）筆者が経験したケースをモディファイしたものである。加藤・実認定論148頁。

6　5つのテストの相対性ないし限界

人証の証拠評価も自由心証によるのが原則である。人証評価の５つのテスト（適格性、誠実性、自然性、合理性、整合性）も、自由心証をより有効に発揮するための思考枠組みツールである。最後に、５つのテストの相対性ないし限界について言及しておこう[16)]。

誠実性テスト⑥は、事件や当事者との利害関係を挙げている。これは、例えば、当事者と証人とが親戚であれば、その信用性には慎重にチェックすべきであることを意味するが、信用できる場合に、これを事実認定に使うことは何ら問題ない。

誠実性テスト⑨に関連して、証人・本人の雰囲気・態度と信用性との関係について考えてみよう。反対尋問をする場合の指標として、例えば、証人・本人が反対尋問で顔色を変えたり、言いよどんだりしたら、さらに踏み込むべきであるといわれる。それでは、これらをどのように証拠評価に結び付けるのが相当か。供述中の挙措動作・雰囲気は、裁判官が認識した補助事実として、証拠評価に用いることは問題ない。最前まで自信ありげに供述していた証人・本人が反対尋問の一言で意気消沈してうろたえる様子に一変すれば、これはどうも弱みがありそうだと評価してよいであろう。誠実性テスト⑨は、このような考え方に基づいている。しかし、このことを一般化することには、警戒を要するように思われる。まじめな証人が、初めての法廷に緊張するあまり一見混乱した印象を与える場合もあるからである。また、証人・本人が弱みを毛ほども見せずに、終始一貫して整然と対応をしたという場合であっても、それだけで信用していいかとなると、一概にそうともいえない。このように、証人本人の雰囲気、態度と信用性との関係は、ケースバイケースであり、個別性が強いのである。

合理性テスト⑭では、供述内容の根拠が、供述者の直接体験である方が伝聞のみであるよりも信用性が高いと考えている。伝聞証拠は、反対尋問によっては供述内容の真偽を吟味することができないので、一般論としては、もとより

16）加藤・認定論151頁。

妥当するが、これは、伝聞証拠を証拠資料として使えないことを意味するものではない。

整合性テスト⑲では、書証の記載との矛盾の有無を審査することを提言している。あまりにも当然のことであるが、その前提として、書証の証拠評価が適切にされていなければ、このテストは意味をなさないことに留意すべきである。

民事訴訟における適正な事実認定を追求することは、法律実務家にとって永遠の課題である。以上のように、適格性、誠実性、自然性、合理性、整合性の各テストは、個別的なケースについて画一的に適用すべきものではないが、適正な事実認定のためのチェックリストとして用いることはできよう。

さらに、人証の証拠評価には、バランス感覚と方向感覚とが要請される。バランス感覚のポイントは、一面的な見方を避けるところにあり、方向感覚のポイントは、事案の構造の理解と経験則の適切な適用にある。人証の適切な証拠評価、あるべき事実認定は、単一の証拠方法によって行われるものではなく、他の書証や証人、鑑定、検証等の証拠調べの結果を突き合わせて行うものであり、それらの証拠価値の相互補強あるいは減殺という心証過程を経るものであるから、バランス感覚と方向感覚を駆使することは必要不可欠である。

●コラム5／金融商品取引における説明の適否

●事案の概要

本件では、Ｙ銀行の従業員が顧客Ｘ（当時70歳の女性、４億5000万円を超える現金・自宅および賃貸用の不動産を所有）に金融商品である仕組債の購入勧誘をした場合における適合性原則違反・説明義務違反の有無が争点となった。

説明義務違反は、説明がされたか否かという事実の争いを前提とするから、Ｘの本人尋問とＹ銀行従業員の証言の信用性評価がポイントになった。

●訴訟経過

Ｘは「担当者は、本件仕組債は『３年の定期預金と同じようなもの』

と説明した」と主張しており、陳述書でもそのような記載をしていた、ところが、Xは本人尋問では、「担当者から『定期預金と言われた』」旨供述した（【A】）。さらに、Xは、商品概要説明書など都合の悪い書証についてはほとんど記憶がないと供述した（【B】）。

これに対し、Y銀行従業員の証言は不自然な点はなく、関係証拠との整合性もみられた（【C】）。

●供述・証言の証拠評価

Xの本人尋問の結果、Y銀行の従業員の証言は、それぞれどのように証拠評価すべきであろうか。

第１に、【A】の供述部分は、Xの本人尋問の結果の証拠評価において、大変重要である。

Y銀行の担当者が、勧誘した仕組債について「定期預金と同じようなもの」と説明することは、「元本保証のある定期預金と同じくらいに安全ですよ」という趣旨であり、いわば安全性の比喩であると解される。そのような比喩が適切かどうかという問題は残るが、世上「定期預金と同じようなもの」と表現することはないとはいえず、したがって、担当者がそのように言う蓋然性はある。そうすると、Xは訴状で主張していたとおり、「Y銀行の担当者が『３年の定期預金と同じようなもの』と説明した」と供述すれば、そのように事実認定された可能性は十分あったと考えられる。

しかし、Xの法廷での供述は「担当者から『定期預金と言われた』」というものであった。「定期預金と同じようなもの」と「定期預金」との意味合いはまったく異なる。Y銀行の担当者が「定期預金」と言ったとすれば、それは虚偽であり、詐欺的な欺罔行為となりかねない言いぶりである。銀行担当者が、当該金融商品についてこのような全く虚偽であることを告げる蓋然性は低いといえる。商品概要説明書やパンフレットを見れば、当該金融商品が「定期預金」でないことは一目瞭然だからである。その場を凌いでも、家族に相談されれば、嘘が発覚してしまうことは明らかであり、銀行員がそのようなリスクの高い勧誘をすることは不自然でもある。そう考えると、Xの当該供述は、自然性テスト⑫（供述内容は経験則に合致しているか）をパスしないことになる。

第２に、【A】の供述部分は、主張・陳述書の記載と異なるものであった。そこで、X側の訴訟代理人が「定期預金と言われた」のではなく、「３年の定期預金と同じようなもの」と説明を受けたのではないかと誘導する質問をしたが、Ｘは頑として「定期預金と言われた」という供述を維持し続けた。Ｘは70歳であるが意思能力に問題があるような状態はうかがわれなかった。これは、自然性テスト⑬（供述内容は弁論の全趣旨に照らして矛盾しないか）に引っかかるものであった。

第３に、【B】の供述部分も、Ｘの証言の誠実性を疑わせるものである。「商品概要説明書やパンフレットを見れば、当該金融商品が定期預金でないことは分かりませんでしたか」という反対尋問の手前のところで、どのような資料を交付されたかについてほとんど記憶がないと供述したことは、しらを切っていると評価されてもやむを得ない。この点は、誠実性テスト⑧（供述態度は真摯なものか）にパスしないであろう。

第４に、【C】の証言は、Ｙ銀行従業員の学歴・能力から、不自然な点はなく、関係証拠との整合性もみられたとしても当然である。その立場からして、Ｙ銀行および自己に不利なことは言わないものと考えられるが、その点を考慮しても、相対的に信用性ありと評価してよいであろう。

以上のとおり、Ｘの本人尋問の結果は信用性が乏しいと評価され、Ｙ銀行従業員の証言は相対的に信用性ありと評価されることになる。

その結果、東京地判平成22年９月30日金判1369号44頁はＸの請求を一部認容していたが、東京高判平成23年11月９日判時2136号38頁により取り消され、請求は棄却された。

@加藤・認定論131頁

第 2 部

契約型訴訟の事実認定

第6章 売買契約の事実認定

1　売買契約紛争類型の事実認定

売買契約紛争がどのような形で争われるかをみると、まず、①合意ができているかどうか、契約が成立しているかどうかが争点になり、近時は契約の熟度に関し契約締結上の過失との関係でも問題になる[1)]。また、②その目的物は何か、③行為者は誰か、が争点というケースもある。さらには、④売買契約という法形式を使うが、実は別の目的があるという、法的性質決定が問題となるケースなどもみられる。このように、売買契約は、基本的な典型契約であるのにもかかわらず、その争われ方により基本形から応用形まで幅広く考えながら審理して、事実認定していくことになる。

2　売買契約の成否

(1)総説

売買契約は、①財産権移転の約束、②代金支払いの約束によって成立する諾成契約である（民法555条）。したがって、売買契約書という書面を作成しなくとも成立する。もっとも、売買契約書が作成されている場合には、当該契約書自体が契約締結という法律行為を表示している。したがって、売主、買主が署名押印したものであれば（つまり、形式的証拠力があれば）、原則として、その契約書によって、直接に原告と被告との間に売買契約が成立したことが認められる。

事実認定においては、売買契約書が存在する場合と存在しない場合とでは、その手法は異なる。

1）契約締結上の過失については、加藤新太郎編『判例Check 契約締結上の過失〔改訂版〕』（新日本法規・2012）参照。

(2)売買契約書がない場合

(a)交渉があった場合における間接事実による認定

不動産の売買契約では、契約書が作成されることが通常であるが、親族間の売買など特別な場合には、契約書が作成されないことがある。それでは、売買契約の成立に関して、売買契約書がない場合にどのように認定していくことになるのか。

基本的には、①口頭の合意を立証することができれば、それで契約成立が認められるが、実際には、その立証が困難なことが多く、②実務上は、間接事実群により売買契約を推認する手法をとる。

売買契約をする当事者には一定の動機があり、かつ、一連の交渉経過、履行という流れがあるが、これらが売買契約の成立を推認するため(その反対に推認を覆すため)の間接事実となる。

買主側には不動産取得の必要性があり、事前の交渉があり、細かい条件の詰めがあり、契約後には、代金の支払い、不動産の引渡し、登記名義の移転という履行の問題がある。

売主側において履行の準備行為、例えば、先代のままになっていた登記名義を自分に移したり、売買契約の対象に沿う形で分筆している事実からは、交渉のあったこと、ひいては売買契約を推認することができる。

交渉経過の内容のほか、その後当事者が売買の合意内容に沿った言動をしていることも、重要な間接事実である。例えば、買主側が目的不動産の占有を取得・継続しているが、売主側は異議を述べていないという事実は、契約成立の積極的な間接事実である。また、買主側が、目的不動産の譲渡の対価に相当する金員を支払っている事実、目的不動産の固定資産税の支払いの事実なども、同様に契約成立の積極的な間接事実である。

間接事実を積み重ねて売買契約を認定した裁判例(東京地判昭和52年2月24日訟務月報23巻3号443頁)をみてみよう[2)]。

【ケース6−1　売買契約を認定するための間接事実】

■事案

2)瀧澤ほか・事実認定248頁。

Xは、先代Aが所有していたいわゆる旧軍未登記財産（土地）をY（国）が第三者に払い下げたことにより損害を被ったと主張して、Yに対し、損害賠償請求をした。これに対し、Yは、昭和18年頃、地元の名士であったAから本件土地を購入したと反論した。

争点は、「Y（国）がAからその所有土地を戦争中に購入したか」であった。

■売買契約の成否

このケースにおいて、売買契約を認定するためにプラスの間接事実は次のとおりである。

① Yは、昭和17年以降、本件土地を含む周辺一帯（建設用地）につき飛行場を計画して、周辺住民と土地の売買の交渉をした。本件土地はその一帯の建設用地の中に入っており、当時、AとYとの間で土地だけ除いて交渉するとは考えられない。

② Aは、家督相続をしてから15年余りも登記名義を放置していた本件土地の名義を売買交渉中の昭和16年９月に自分に移転した。

③ Aは当時地区の区長で、売買交渉について地区住民を代表してその手続や事務を担当し、交渉をとりまとめていた。

④ Yは本件建設用地上に、飛行場、宿舎等を建設して使用した。

⑤ 本件土地は旧土地台帳上、昭和18年６月16日付で航空機乗員養成所用地と記載され、Yは、以後、Aから本件土地について固定資産税等を徴収することをやめた。

上記①は交渉の存在、②は売買の準備行為とみられる売主の行為、③は当事者の立場、④・⑤は契約後買主が売買の合意内容に沿った行動をしていることを基礎づけるものである。このケースは、これらの間接事実を積み重ねることにより、書面がない場合でも売買契約の成立を推認したものである。

(b)売買の合意内容に沿った言動をしている場合

不動産売買で書面がない場合に、売買契約の成立・存在を認めるのはなかなか難しい。さらに、その場合には、登記名義も移転されていないのが通常であり、これも売買の成否を推認するマイナスの間接事実となる。しかし、そのようなケースでも、なお当事者が売買の合意内容に沿った言動をしている間接事実を丹念に押さえることにより、売買の成立が推認されることがある。

その具体例が、裁判例（最判平成10年12月８日判時1680号９頁）である[3)]。

【ケース6－2　占有正権原である所有権取得原因事実としての売買契約の認定】

■事案

Ｘは、昭和57年３月以降、自己所有の建物にＹを無償で居住させていた。ところが、その後、ＸはＹと不仲になり、Ｙに対し、使用貸借契約の終了に基づき、建物の明渡しを求めた。これに対して、Ｙは、昭和50年末頃、Ｘから本件建物および敷地を買い受けたと主張した。つまり、使用貸借契約を否認し、予備的請求原因となる所有権に基づく返還請求に対する抗弁として「占有正権原である所有権取得原因事実としての売買契約」を主張したのである。

このケースは、原審では、Ｘが勝訴したが、上告審において、売買契約が成立したと認める余地があるとして破棄差戻しとなった。

■売買契約の成否

このケースにおいて、売買契約を認定するためにプラスの間接事実は次のとおりである。

① Ｙは、昭和50年８月頃から、本件建物および敷地の購入を希望し、Ｙが本件建物および敷地の売買代金を一部支払った旨の記載のある書面には、Ｘの印章が押印されていた。

② Ｙは、Ｘに対し、本件建物およ敷地につき所有権移転登記手続を行うように求めたが、Ｘは自分が死亡して相続が開始すれば手当てできるとして、これに応じなかった。

③ Ｘは、昭和54年２月に本件建物の敷地である各土地について合筆および分筆の登記手続をした。

④ Ｙは、昭和57年３月頃、本件建物に入居するに際し、約300万円をかけて工事を実施した。

⑤ Ｘは、Ｙの本件建物入居に際し、Ｙとの間で、Ｙがいつまで本

3）瀧澤ほか・事実認定250頁。

件建物に居住するかについて話し合いをしなかった。Ｙの入居後も長期にわたり、Ｘ・Ｙ間には本件建物および敷地の利用に関し紛争が生じることはなかった。

上記①は、第１に、買主の不動産取得希望があったことであり、第２に、売買代金の支払いを認める書面が存在することであるが、後者は、その信用性判断をすることを要するが、売買契約を認定する方向に大きく働く。②は、合意内容に沿った買主の言動であり、③は、合意内容に沿った売主の言動である。また、④は、自己所有物であることを前提とした買主の言動、⑤は、売買を前提とした双方の言動である。②ないし④は、売買契約の成立を推認するに足りる重要な間接事実である。

(c)交渉が途中で中断した場合

当事者間に不動産売買の交渉があったが途中で中断した場合に、交渉過程の一定の時点で売買契約が成立したとみられるかが争点となることも少なくない。

このような場合において、売却希望者が売渡承諾書を、また買受希望者が買付証明書を作成・交付しているケースが問題となる。売渡承諾書・買付証明書の記載内容は、通常、物件名、売買価格、代金支払条件、取引条件、契約時期などを記したうえ、当該物件の売渡し、または買付けを証する文言を記載するものとなっている。売買契約書を作成する前に、このような文書を作成・交付することは実務上それなりの理由がある。すなわち、売渡承諾書は、買受希望者が金融機関にこれを提示して融資の交渉をするのに用いられる。また、買付証明書は、売却希望者が他の購入希望者に対しこれを提示して有利な条件を引き出すための材料として用いることがあるほか、仲介業者が仲介行為が進行中であることを委託者に報告するために使われる。

売渡承諾書・買付証明書は、売買の基本条件の概略が示されているが、なお暫定的なものであり、未調整の条件について交渉を継続し、その後に売買契約書を作成することが予定されている場合には、その売買契約書の作成に至るまで、確定的な意思表示が留保されていると解される。したがって、このような場合には、売買契約は成立していないという評価になる。このことは、当事者間で売買仮契約書を作成している場合も同様である（東京地判昭和57年２月17日判時1049号55頁）。

以上について、裁判例（東京地判昭和63年２月29日判タ675号174頁）をみておくことにしよう[4]。

【ケース6－3　買付証明書・売渡承諾書のある場合における売買契約の成否】

■事案

Ｘ・Ｙは、土地建物の売買契約につき交渉し、売買価格、代金支払方法、所有権移転時期、違約金に関する事項の概略について合意に達し、その内容を明らかにするために、それぞれ買付証明書・売渡承諾書を作成した。Ｘは、これらの書面の作成・交付をもって売買契約が成立した旨主張し、Ｙに対し、Ｙの不履行を理由として違約金の支払いを請求した。

■売買契約の成否

本判決は、売買契約の成立を否定したが、以下の間接事実に着目した。

①　買付証明書・売渡承諾書が作成された時点では、代金の内金の支払時期、所有権移転時期等がいずれも、売買契約締結時期と合意され、また、上記書面には「契約内容については別途協議して定める」と記載されている。

②　その後、Ｘ・Ｙ間で交渉が継続された結果、売買契約締結の日が決まり、同日に正式な売買契約書を作成することが現実に同意された。しかし、売買契約書の素案は作成されたが、売買契約書の作成に至らず、ＹからＸに対する代金の内金の支払いもされなかった。

上記①の間接事実からは、その他の売買条件についての細目については合意に達しておらず、正式な売買契約書の作成に至るまで、未調整の条件について交渉を継続していくことが予定されていたことが推認される。また、②の間接

４）瀧澤ほか・事実認定255頁。

事実からは、売買契約に不可欠な確定的な意思表示がされてはいないことが推認される。したがって、売買契約の成立があったとは認められないということになるのである。

(3)売買契約書があっても契約内容が不自然な場合

売買契約書があっても契約内容が不自然な場合がある。このような場合には、その不自然さからして、契約の成否それ自体が疑問視されることがある。

そのような事案をみることにしよう[5)]。

【ケース6−4　隣の建物の庇が空中で越境している土地の売買】

■事案

XとYとは隣人同士であるが、Y所有建物の2階窓の庇部分がX所有の隣地にわずかに越境していた。窓の庇部分が空中で越境しており、越境部分は、X所有の土地335平米のうち、0.132平米であった。

Xは、Yに越境部分を撤去してほしいと交渉した。2階窓の庇部分を短いものに変えればよいのだが、素人のYには無理で、大工に頼む必要があった。Xは、「交渉の中で、Yは、一定時期までに撤去することを約束した」と主張した。

Xは、甲（不動産業者）との間で、自己の土地を売買する話が進んでいて、これに支障がないよう、Yに2階窓の庇部分の変更を交渉したという事情があったという。しかし、Yは、約束した日までに撤去の履行をしなかった。そのため、Xは、甲に土地を売却することができず、土地売買契約の違約金支払いを余儀なくさせられたとして、Yに対して、損害賠償を請求した。Yは撤去の約束はしていないと全面的に争ったが、訴訟係属中に越境部分を撤去するという常識的な対応をした。

■売買契約の成否

争点は、①庇撤去の合意の有無、②X・甲間の売買契約の有無であった。

一審判決は、Xが主張するような「Yが撤去の約束をした事実」は

5）筆者の経験した案件をモディファイしたものである。

認められないという理由でXの請求を棄却した。そこで、Xが控訴した。

争点①と②の論理的な関連を考えてみると、Xと甲との売買契約が存在した（②）とすれば、XはYに撤去の約束をさせた（①）蓋然性がある。つまり、②の事実は、①の間接事実という関係に立っている。そこで、②の売買契約の成否についても検討することが必要となる。

Xが甲と締結したという土地売買契約（代金額5300万円）には、違約金の特約があり、売買契約書にも明記されている。特約は、Xが自らの責任において一定時期までに越境状態を直させるが、これができないときは売買契約は取り消され、Xは甲に代金の1割相当を支払うというものである。そして、Xが甲に対して530万円を支払った旨の領収書も証拠として提出されている。

このようなケースにおいて、X・甲間の売買契約の成否は、どのように判断されるべきであろうか。

よく考えてみると、この特約付売買契約には違和感がある。というのは、第1に、土地全体との比率からすると、越境部分は極めてわずかである。第2に、空中での越境なのであるから、甲がこの土地を本当に取得したいのであれば、そのようなわずかな越境を気にするのは、明らかに不自然である。第3に、越境解消の対応を売主のX任せにすることも買主甲の購入意欲を疑わせる。

そうすると、このケースでは、経験則上、Xと甲との土地売買契約の成立それ自体に強い疑問が生じる。つまり、Xは、越境をタネにしてYからの金員交付を企み、甲と組んで、売買契約を仮装した疑いがもたれるのである。その場合、売買契約書はもとより。違約金の領収書も虚偽のものということになる。

控訴審判決では、一審の「Yが撤去の約束をした事実」は認められないという判断を維持しつつ、X・甲間の売買契約の成否自体も疑問であるとの理由も付加され、控訴は棄却された。

3　代金額と売買契約の成否

売買契約における代金額は契約の要素であるから、要件事実論からは、要素である代金額の合意を欠く場合には売買契約としては成立しない。したがって、通常は具体額が合意される。もっとも、代金額は、必ずしも確定した数額で合意しておくまでは必要ではなく、具体的に算出できる方式を合意していることで足りると解されている。例えば、土地売買においては、坪当たりまたは平米当たりの単価を決め、これに実測面積を乗じて当該土地の代金を算出することは差し支えない。

時価で買う、売るという合意でもよいが、それが客観的に認識でき確定できなければならない（東京高判昭和58年６月30日判時1083号88頁）。時価による合意と類似するが、「時価を標準（基準）として協議する」という合意では、合意内容が確定しておらず、なお協議の余地があるから、契約の成立は認められない（最判昭和32年２月28日判タ70号58頁）。

また、売買契約は、相当な対価をもって財産権を移転することを本質とする取引であるから、代金額の定めが時価と著しく隔絶する場合には、特段の事情のない限り、売買契約の成立を認めることは経験則に反する（最判昭和36年８月８日民集15巻７号2005頁）。これは、売買契約における目的物の価値と代金とは対価的均衡がみられることが経験則であることを前提としている。

ここで、代金額との関係で売買契約の成否が検討された裁判例（大阪地判平成17年４月22日公刊物未登載）をみておくことにしよう[6)]。

【ケース6－5　代金額と売買契約の成否】

■事案

Ｘは、Ｙとの間で、担保権が設定された土地につき売買の一方の予約をし、これに基づいて予約完結権を行使して、代金額を予約完結権行使時の時価とする売買契約を成立させたと主張した。そして、Ｘは、Ｙに対して、本件土地につき、売買契約による移転登記請求権に

6）瀧澤ほか・事実認定259頁。

基づく所有権移転登記手続等を請求した。

■売買契約の成否

本判決は、売買契約の成立を否定したが、以下の間接事実に着目した。

① X・Yの交渉の過程で作成された第一次案には、売買代金について、「売買代金は時価を基準として決定する」旨記載されており、「時価とする」とはされていなかった。

② 交渉の最終的な結果である売買予約契約書にも、売買代金について、その額は売却時における時価を基準として双方協議の上決定すること、金額が双方協議しても定まらなかった場合は、○○簡易裁判所に民事調停を申し立て、調停委員会の調停に代わる決定に異議なく従うものとする旨が記載されている。

③ 本件合意では、土地に設定された担保権を抹消した上で所有権を移転することが義務づけられている。

④ 本件においては、担保権抹消に要する費用は約19億円であるのに対して、Xが時価として主張する額は約6億6000万円である。

間接事実の①は、合意内容が確定していないという方向に働く。調停委員会の調停に代わる決定は、一般に、時価をもって直ちに売買代金額とするものではなく、時価を参考にしながら買主・売主双方の事情を斟酌してその額を決めるものであるから、②も同様である。

また、売主に担保権抹消義務がある場合に時価が担保権抹消に要する費用に満たないときに、Yが時価で売却することは経験則上考えにくいが、間接事実の③と④は、そうした趣旨のものである。このケースも、間接事実を積み重ねて総合的に評価することにより、売買契約の成否を判定して消極としたものとみることができる。

4　売買の目的物

(1)契約の解釈

売買契約書において、売買の目的物として１筆の土地を表示している場合には、その土地全体が売買の対象となったと解するのが通常である（最判昭和39年10月８日裁判集民75号589頁）。しかし、１筆の土地の一部を売買の対象とすることもできる（大判大正13年10月７日民集３巻476頁）ことから、売買契約の対象目的物が争点になる場合がある。これは、契約の解釈の問題として扱われる。

契約の解釈について、学説・実務の標準的な理解を整理しておこう[7)]。

契約の解釈とは、成立した契約の内容を確定する作業である。したがって、契約が成立しているか否か、成立している場合に、その契約をどう解釈するかという順に判断をしていくことになる。民法では表示主義原則がとられているので、契約の成立に関しても、解釈に関しても、表示主義を前提として行う。したがって、条項の文言解釈が主となり、加えて、いくつかのファクターを考慮するということになる。

また、契約の解釈の基本型は意味の確定であり、①契約当事者がどのような表示行為をしたかを確定する事実判断と、②その表示行為はどのような意味を持つのかを明らかにする事実の評価という２段階の作業が必要である。

その応用型として、補充的解釈と修正的解釈がある。補充的解釈は、当事者の表示によっても明確にならない部分が残る場合に、裁判官がその内容を補充するという作業である。さらに、当事者の表示は明らかであるが、その表示のままに法的効果を認めると、条理に反すると思われるような場合には、裁判官は法律行為の内容を修正せざるを得ないことがあり、これを修正的解釈という。

このように、契約の解釈には、意味の確定、補充的解釈、修正的解釈の３類型があり、実務および裁判例もそれを前提にしている。

そして、契約解釈の基準は、①当事者が意図していた目的、さらには②慣習、③任意法規、④信義誠実の原則、信義則、条理など一般条項的なものを考慮していくとされる。

(2)売買目的物の認定の考慮要素

売買の目的物における契約の解釈にあたっては、①当事者の購入の意図・動機、②目的物の現況、③支払われた代金額、④売買後の当事者の言動などに着

7）加藤・認定論241頁。

目することが必要である。

第１に、当事者の購入の意図・動機としては、不動産であれば、建物とその敷地は一括して売買の対象とされるのが、通常である。そうでなければ、建物所有者は敷地の使用権（賃借権、使用借権など）を設定しない限り、建物収去を請求されかねないからである。

この点について、裁判例（東京地判昭和52年４月４日判時872号96頁）をみておくことにしよう[8)]。

【ケース6－6　売買契約の目的物の認定】

■事案

Ｘの先代Ａは、Ｙから土地３筆（甲・乙・丙）を工場敷地として賃借していたが、ＡはＹからこれら３筆の土地を買い受けた。Ｘは、このように主張して、Ｙに対し、甲土地について所有権確認と所有権移転登記手続を請求した。これに対し、Ｙは、売買の対象は乙土地のみであったと反論した。

■売買契約の目的物

本判決は、売買契約の対象は甲土地を含む３筆であったと認定したが、以下の間接事実に着目した。

①　３筆の土地は工場用地であり、底地を買うなら３筆とも買い受けるのが通常であり、乙土地だけを買い受けるのが相当な事情は見当たらない。

②　売買代金は当事者間に争いがないが、３筆の土地の合計地積で計算すると、坪当たり○○円と割り切れる数額となるのに対して、乙土地の地積で計算すると、坪当たり割り切れない数額となる。

③　借地権のある土地の底地を購入する場合には、底地割合を勘案することになるところ、これを３割程度と見積もると、代金額が、売買当時の土地台帳価格との時価との関連に整合するのに対して、乙土地のみの代金額とすると高額にすぎる。

8）瀧澤ほか・事実認定264頁。

④　３筆の土地に関する賃料は売買のされた年以降支払われた形跡がない。

間接事実①が、当事者の購入の意図・動機であり、これに経験則を働かせることにより売買対象目的物を推認することができる。②と③は、支払われた代金額からの検討である。さらに、④は、売買後の当事者の言動である。

第２に、目的物の現況も契約の解釈に際して重要な要素となる。

例えば、売買の目的物である土地上に売買対象外の建物が存在していた場合において、買主が現地を見分し当該建物を認識しながら、売主との間でその収去等について協議することがなかったときは、特段の事情のない限り、当該建物の敷地部分を除外する黙示の意思表示があったと推認される（最判昭和30年10月４日民集９巻11号1521頁）。この場合における特段の事情とは、売買対象外の建物が無価値で、収去にもさほどの費用を必要としないこと、売買対象外の建物の敷地部分を含んでいた方が売買目的物である土地の効用を高めることなどの事実を想定することができよう。

また、裁判例には、目的物の現況として、１筆の土地が現地において板塀などにより甲土地と乙土地とに明確に区分され、甲部分は甲に、乙部分は乙にそれぞれ賃貸された後において、甲が土地所有者から売買の目的物につき１筆の土地として表示した契約を締結したとしても、乙土地部分を含める旨の明示の合意がされるなどの特段の事情のない限り、１筆の土地全部が売買の対象とされたものと認めることは経験則に反するとした事例（最判昭和61年２月27日判時1193号112頁）もみられる。これも、目的物の現況を大きな考慮要素としているものである。

第３に、支払われた代金額も見逃すことはできない。

本件において、売買代金につき３筆の土地の合計地積で計算すると、坪当たり○○円と割り切れる数額となるのに対して、乙土地の地積で計算すると、坪当たり割り切れない数額となるとしたのは、支払われた代金額を大きな考慮要素としているものである。もっとも、売買契約当事者の関係、例えば、親・兄弟・親戚などの間では、時価よりも安価な代金額とすることもあるから、その点にも配慮することが必要になるケースもある。

第４に、売買後の当事者の言動も、契約の解釈をする際の有力な間接事実となる。

例えば、買主の不動産の占有使用状況やこれに対する売主の異議を述べたかといった対応などがこれである。また、3筆の土地に関する賃料は売買のされた年以降支払われた形跡がないことも、売買後の当事者の言動に着目したものである。

5　売買の当事者

(1)売買の当事者の認定

売買の当事者（売主・買主）は、売買契約書、売買代金の受領書（領収書）、登記申請等の関係書類などによって認定される。

例外的に、売買契約書などの売主・買主が、単に形式上の名義人にすぎないこともあるが、その場合には、誰が売買契約の手続に関与したかが重要となる。具体的には、売買契約締結の交渉、売買契約の締結、売買代金の準備、売主に対する代金支払、登記関係書類の作成などに積極的に関与した者が、売主または買主と認定されることになることが少なくないのである。なぜ買受人名義を使うのかは個別の事情ないし理由があり、例えば、買い受ける土地上の建物の建築について金融機関から融資を受けるための便宜のために、買受人名義で契約することが現実にみられる（東京高判平成4年3月25日判タ805号203頁）。

また、いわゆる個人会社のオーナーが不動産を買い受けたケースで、買主が会社かその代表者かが争点となった場合において、売買代金が会社から支出された可能性があること、その後従業員用の施設として使用されていたことがあり、維持費も会社が負担していることなど、売主に対する代金支払いの主体および契約後の目的物利用の状況などの間接事実から、会社を買主と推認した裁判例（最判昭和44年9月11日裁判集民96号497頁）もみられる。

さらに、売買当事者が誰を相手方と考えていたかも重要な間接事実となる。この点がポイントとなった裁判例（大阪地判平成11年3月12日判タ1028号202頁）をみておくことにしよう[9]。

9）瀧澤ほか・事実認定276頁。

【ケース6－7　売買契約の売主の認定】

Ｘは、Ｙに対し、不動産を売却したと主張して、売買代金請求をした。これに対して、Ｙは、本件不動産の売主はＡで、Ｘは仲介者にすぎないと否認した。

本判決は、売主はＡでなく、Ｘであると認定した。

■Ｙの主張を裏付ける間接事実

① 本件不動産の売買契約書において、売主として記載されているのはＡであり、Ｘは仲介業者とされている。

② Ｙが支払った手付金および売買代金の内金の領収書はＡによって作成された。

③ Ｙは、Ｘに対し、仲介手数料を支払った。

④ 本件不動産の前主であるＢが売主になっている売買契約書において、買主として記載されているのはＡであり、Ｘは仲介業者とされている。

■Ｘの主張を裏付ける間接事実

⑤ Ａは、前主Ｂからの不動産の買受けやＹへの売渡しの交渉や代金決済などには関与しておらず、一切の交渉はＸが行った。

⑥ Ｘは、当初、Ｘ名義でＢから本件不動産を買い受けてＹに売り渡す計画であり、そのためＸがＢに対する手付金を用意して支払ったが、本件不動産のうちの建物の入居者の立退き交渉を依頼されていたＣが、Ｘに苦情が来ることを避けるためＡの名義を借りるように助言した結果、Ｘは、Ａ名義で売買することにし、Ａに対して名義使用料を支払った。

⑦ Ａは、Ｘに対し、仲介手数料を支払っていない。

⑧ Ｙの担当者も真の売主はＸであると認識していた。

⑨ Ａは、Ｙに対し、売買代金の支払いを請求したことがない。

本件においては、契約書上売主として記載されているのがＡであることは大きいが、⑥の事実は特段の事情であると評価されるものである。また、交渉の主体として動いていること（⑤）、Ｙの担当者も真の売主はＸであると認識していたこと（⑧）、⑦と⑨はＡが売主であることとは整合しない事実である。

以上のような理解により、本判決は、売主はAでなく、Xであると認定したのである。

(2) 相続財産確認関係のケース

相続財産確認請求事件において土地建物の所有関係が争点になる場合、相続人が買ったものか被相続人が買ったものか、土地建物の売買契約の当事者が誰かが争点になることがある。

これには、①建物の登記名義は相続人であるが、資金を出したのは被相続人であると主張される場合と、逆に、②登記名義は被相続人であるが、資金を出したのは相続人であると主張される場合とがある。こうしたケースにおいては、売買契約当時の相続人と被相続人の年齢、職業、収入、資産などの間接事実が重要となる。つまり、それらの要素から、親である被相続人が代金負担をしていると推認するのが相当な場合、被相続人は高齢で子である相続人が代金負担をしていると推認するのが相当な場合とがある。いずれについても、当事者が誰かという問題を単体で捉えるのではなくて、関連する法律関係の中で総合的に考えていくことが事実認定ないし評価の問題としては重要である[10)]。

6　売買契約か他の契約か

売買契約が他の契約かという法的性質が争われるケースがある。売買か、賃貸借か、あるいは譲渡担保かなどが争われるのである。

売買契約かあるいは賃貸借契約かが争われる場合には、実際に土地に引渡しはされており、原因がなく土地を引き渡すことはないから、第１に、授受された金員の額が当該不動産の時価相当額であれば売買の方に判断が傾き、時価相当額よりもかなり低額であれば売買を否定する方向に傾く。この点は、売買契約における目的物の価値と代金とは対価的均衡がみられることが経験則であることを前提としている。裁判例（最判昭和36年８月８日民集15巻７号2005頁）にも、合理的な理由を説示することなく、時価より著しく低額な対価で不動産の売買（時価151万円余の家屋・敷地が10万円で売買）が成立したと事実認定をしたケースについて経験則違反であるとしたものがみられる。

10）加藤編・立証活動Ⅱ235頁〔加藤発言〕。

第２に、当事者双方が主張している原因関係について、売買と賃貸借のいずれが合理的に説明できるのかという検討が必要になる。また、契約後の事情として、その後所有権移転登記手続などを求めているか、賃料の支払いを求めているか、その支払いがないときに明渡しなどの交渉をしているかなどの事実関係も重要である。

売買の形をとってはいるが、実は当事者間では所有権移転の合意がなかったと争われる場合もみられる。例えば、売買形式を利用した融資契約、隠れた譲渡担保契約などが、これである。売買か金銭消費貸借契約（融資）か争われたケースをみてみよう[11)]。

【ケース6－8　売買か金銭消費貸借契約か】

Ｙ女が経営する骨董品店に対し、Ｘ男は、交際を意図して融資を申し出た。Ｙは、「お金を借りるのは嫌なので、お店の品物を買って欲しい」と頼んだところ、Ｘは、「それでは、買うことにするが、骨董品に趣味はないので家には持ち帰らない。３年間骨董品店に商品として置いて売れたら代金を返して欲しい。３年間売れなかったときには買い戻して欲しい」と応じ、そのような合意が成立し、金銭が授受された。

このケースは、法形式としては、骨董品の売買と確定期限付き売買の予約とされている。しかし、その実質は、利息の約束なしの金銭消費貸借契約であり、最長３年を期限とする合意と解することが相当であろう。もっとも、確定期限付き売買の予約と構成しても、３年後には融資した金員と同額が売買代金として支払われることになるのであるから、結果は同様になる。

●コラム６　電気自動車の売買経過の事実認定

●事案の概要

Ｘは訪問介護や移動・行動援護サービスを提供する会社の従業員であ

11）加藤編・立証活動Ⅱ249頁〔須藤典明発言〕。

る。Ｙは自動車販売会社（ディーラー）である。Ｘは、自宅から会社までの通勤（片道約70km）と業務のために使用する目的で、Ｙから電気自動車を購入した。Ｘは身障者であり、購入時には、会社の上司Ａが同行していた。

この電気自動車は、カタログでは、200km充電なしで走行可能とされているが、冬場に暖房を利用すると片道の通勤にも充電が必要となる状態であった。暖房使用による走行距離への影響は、メーカーオプションの寒冷地仕様を付すことで緩和されるが、販売担当者のＢは、その説明をしなかったとＸは言う（この点は争いがある）。寒冷地仕様というと大仰であるが、電気自動車には、燃焼装置がないため、冬季向けに、ステアリングヒーター（ハンドル）、ヒートシーター（シート）を付けることで、エアコンを使用せずに寒さしのぎになるオプションがある。

Ｂは、当然、寒冷地仕様のオプションについて説明する義務があったというのがＸの言い分である。Ｘは、Ｙに対して、①航続距離について錯誤（民法90条）があり本件売買契約は無効である（平成29年民法改正により錯誤の効果は取消しとなったが、本件は改正前の案件である）、②Ｂの説明義務違反は債務不履行（民法415条）であると主張して、売買代金相当額の支払いを求めた。もっとも、Ｘは購入後１年半で４万6000km以上走行している。いまさら、売買代金の返還を求めるのは虫のよすぎる話のようにも聞こえる。

●事実認定

一審判決は、Ｘの請求を棄却した。筆者は、このケースを控訴審として担当することになった。証拠関係を点検していくと、留意点として次の点がみられた。

第１に、カタログには、「航続距離は200km。使い方によって大きく変わります」と記載されており、使用説明書には「航続可能距離を延ばす運転」の方法があれこれ解説されている。Ｘは、Ｂが「航続距離には問題ない。往復だと、200kmより短い140kmなので大丈夫です」と述べたので、これを信じて、本件契約を締結したと主張し、本人尋問でもそう供述した。しかし、購入して使用すればすぐに判明する事柄についてＢが虚偽を述べることは通常は考えにくい（経験則）。

第２に、Ａは、Ｂに対し、頻繁に本件自動車に関するメールを送信しているが、虚偽の説明をしたとの苦情を伝えてはいない。その上、虚偽説明をした旨のクレームをつけていないことについての合理的な説明もされていない。

第３に、本件では、提訴の半年前に、Ｘの代理人弁護士からの通知書に対し、Ｙの代理人弁護士が内容証明郵便で回答している。Ｘらの寒冷地仕様について説明がなかったとの言い分に対しての回答部分は、次のようなものだ。

Ｂは、ＸとＡに価格表のメーカーオプション部分を見せて寒冷地仕様の説明を始めたところ、Ａが「もういいから」と説明を遮り、「ETCだけあればいい」と言った。Ｂがさらに「寒冷地仕様は後付けができません。ETCと寒冷地仕様を付けると△万円になります」と続けると、Ａが再度「そんなのはいいから。Ｘの好きなディーラーオプションを付ければ」と言ったので、Ｘは、ディーラーオプションのカタログから、フォグランプなどを決めたという経緯があった。Ａは、部下でハンディキャップのあるＸを庇護してやろうという思いから、同行したのであろう。世話好きでお節介焼きであるが、せっかちな人物のようである。

Ｙ側の弁護士が、Ｂに事情を聴取した上で、内容証明郵便をもって回答していることは重みがあり、これを覆すには相応の反対証拠がいる。しかし、それは見当たらない。

以上のようにみていくと、Ｂは、電気自動車の販売に当たり不適切な説明をしている事実を認定することはできない。そうすると、Ｘに航続距離の錯誤はなく、Ｂに説明義務違反があったと評価することはできない。したがって、判決するとなれば、一審の請求棄却の結論を維持する控訴棄却の判決になる。

●事案の解決策

もっとも、紛争解決という観点から考えると、ディーラーとしては「お客様対応」により解決する方が好ましいように思われる。ＸとＹとは、今後も電気自動車のメンテナンス等で関係を持たざるを得ないからである。

そこで、主任裁判官から、Ｘ・Ｙ双方の訴訟代理人に「寒冷地仕様のオプションは、後付けができないとしても、Ｘが冬場に寒い思いをしないですむような手立てはないものか」と告げてみた。すると、「解決金として若干の金銭を支払うよう会社に説得してもよい」、「シートヒーターはオートバックスで△万円以下の値で売っている」、「控訴棄却でゼロになるよりも、解決金をもらえればありがたい」という話になっていった。そして、和解が成立して、本件は幕を閉じた。

@加藤新太郎「さまざまな売買トラブル」会社法務A2Z（2014年７月号）60頁

第7章 消費貸借契約の事実認定

1　消費貸借契約紛争類型の事実認定

消費貸借契約は、「当事者の一方が種類、品質及び数量の同じものをもって返還をすることを約して相手方から金銭その他の物を受け取ることによって、その効力を生ずる」（民法587条）。つまり、消費貸借契約は、基本的には「目的物の授受と返還の合意」により成立する要物契約である（なお、平成29年の債権法改正により、例外としての諾成的消費貸借契約が民法587条の２に明定されたことに留意すべきである）。

貸借型理論は、貸借型の契約は一定の価値あるものをある期間借主に利活用させることに特色があり、契約の目的物を受け取るや否や直ちに返還すべき貸借はおよそ無意味であるから、返還時期の合意も契約の要素となり、成立のための要件事実として、「金銭の授受と返還の合意」に加えて「返還時期の合意」も必要になると説く[1)]。これに対して、契約の成立要件は、典型契約の冒頭規定に定められているとする冒頭規定説を重視し、貸借型理論をとらない立場を採用すると、当然のことながら「返還時期の合意」は契約成立のためには不要となる[2)]。近時、司法研修所の教材における説明ぶりが、貸借型理論を相対化し、冒頭規定説に傾いた説明をしていることから議論を呼んでいるが[3)]、解釈論としては複数の選択肢があり、その対立を明確にしたという性質の話である。契約の成立要件における貸借型理論の採否の議論が、実務的な消費貸借

1）司法研修所編『民事訴訟における要件事実 第２巻』４頁（法曹会・1992）、同『３訂 紛争類型別の要件事実』28頁（法曹会・2021）、瀧澤ほか・事実認定282頁。

2）司法研修所編『新問題研究要件事実』38頁（法曹会・2011）。もっとも、「返還時期の合意」は契約成立のためには不要であっても、消費貸借契約終了に基づく貸金返還請求権発生のためには必要な要件事実となる。

3）吉川愼一「貸借契約関係訴訟の証明責任・要件事実」新堂幸司監修『実務民事訴訟講座〔第３期〕⑤証明責任・要件事実論』159頁（日本評論社・2012）。

契約の事実認定に及ぼす影響は限定的なものである[4]。

消費貸借契約の目的物は、金銭に限られず、種類物であればよいが、社会的経済的に意味をもつのは金銭消費貸借である。事実認定の関係では、要物契約であることから、①金銭の授受自体を争うという類型と、②金銭の授受はあったけれども返還の合意がなかった（授受された金銭の趣旨を争う）という類型に分かれる。②は、例えば、金銭の授受はあったが贈与の趣旨であった、別の債務の弁済として授受されたものであったと反論される形態の争いである。

また、消費貸借契約は原則として要式契約ではなく、契約書の作成が成立要件とはならない（例外として、書面による消費貸借契約がある〔民法587条の２〕）。つまり、口頭による契約締結も許容されているから、事実認定としては、人証と間接事実から推認していく作業が中心となる。

2　契約書の有無による事実認定手法の差異

(1)契約書がある場合

消費貸借契約の契約書がある場合には、契約の成立が争われたときでも、契約書の成立の真正が認められれば、特段の事情のない限り、消費貸借契約の成立が認定される。これは、消費貸借契約書が処分証書であるからである。また、契約書自体に金銭の授受があったことが記載されている場合には、その部分は報告文書であるが、契約時作成された文書であることから、通常その証拠力は高いと評価されることになる。

もっとも、例外もあることに留意すべきである。

第１に、金融業者は必要以上に多くの契約書や借用書を、実際には金銭の授受がないときにも作成することがある。そこで、契約書や借用書が作成されていても、記載された金額の授受はなかったとされる裁判例もみられる（東京高判昭和54年３月８日判時929号80頁）。本書でも、**【ケース4−3】**において、貸主が

4）貸借型理論を前提とすると、金銭消費貸借契約は、「Ｘは、令和５年10月10日に、Ｙに対し、弁済期を令和５年12月10日とする約定で、100万円を貸し付けた」という表現で、その成立が摘示される。しかし、貸借型理論を採用しない立場でも、消費貸借契約終了に基づく貸金返還請求において、「返還時期の合意」が要件になるのであるから、事実認定上の問題として特有の違いが生じることはないということができる。

借主の作成した借用証書を多数（400万円１枚、700万円１枚、30万円多数）を書証として提出したが、貸したのは最初の400万円だけで、700万円の借用証書は元本に利息を上乗せして更新したもの、各30万円の借用証書は各回の利息とみることが相当であるケースを紹介している[5)]。

第２に、金銭消費貸借契約公正証書を作成していても、関係証拠との整合性や経験則の観点から、消費貸借契約の成立が認められないケースもある。これは、上記の「特段の事情」があるとみられたものである[6)]。

【ケース7−1　金銭消費貸借契約公正証書と契約の成否】

■事案

A_1・A_2夫婦は、不動産を購入した際に銀行から借り入れたローンを昭和63年10月に完済した。その事実は、関係証拠から認定することができるが、争点は、返済資金の出所であった。この案件は、A_2とその兄Ｂとの間の遺産分割審判事件である。Ｂが、父親Ｃが娘であるA_2に生前贈与をしたので、特別受益として持ち戻すべきであると主張したのに対し、A_2は、返済資金の出所は、父Ｃではなく、夫A_1の父親Ｄから借り入れたものであると反論したのである。

A_2は、ローン原資はＤから借り入れたものであるという証拠として金銭消費貸借契約公正証書を提出した。

このケースでは、昭和63年10月の時点で、ローン残高1300万円の金銭が授受されたことの高度の蓋然性が認められることが必要となる。そこで、次のような事項が問題となる。

■間接事実

第１に、当時、夫の父Ｄにそれだけの資金があったのかどうかである。これは、例えば、貸主とされるＤの銀行預金から引き下ろして貸したという事実であれば、銀行預金通帳か、そのコピーなどにより、その証明は容易である。しかし、古い話であるから、それは残っていない可能性もある。

5）本書第１部第４章75頁。

6）筆者の経験した案件をモディファイしたものである。加藤・認定論199頁。

第２に、Ｄが昭和63年10月の時点でローン残高1300万円を貸すことができたのであれば、A_1・A_2夫婦としては不動産購入の時点で金銭を借り入れ、銀行借入額をできる限り減らしたはずである。そのようにしなかったことは何故か、説明することができるか。これも、例えば、不動産購入の時点ではＤの余裕はなかったが、その後退職金を得たので、昭和63年10月の時点では貸すことができたという説明がされれば、一応了解可能ということができる。

第３に、一般に、実の父親から借金する場合には、筆者製の契約書や借用書を作成するのが普通である。わざわざ公正証書を作成するのは、税務署など第三者に対する証明力を意識して行われることが多い。そう考えると、金銭消費貸借契約公正証書を作成した動機について説得的に説明することができなければ、夫の父Ｄからの借入れ話には疑問符がつく。

本件では、金銭消費貸借契約は認定されるか。

本件では、金銭の動きを証明する証拠は提出されなかった。そして、Ｄが昭和63年10月の時点でローン残高1300万円を貸すことができたことの理由は不明であり、公正証書を作成した動機の説明もとおり一遍であった。それらは、金銭消費貸借契約の成立にはマイナスの間接事実である。

本件の決め手は、A_2の父Ｃの銀行預金通帳の記載であった。Ｃの銀行口座の取引経過を見ると、昭和63年10月より前に2000万円余の出金があった。そうすると、銀行ローン分1300万円の返済もＣが負担したとみる余地が十分ある。

このような推論経過を経て、このケースでは、ＤとA_1・A_2間の金銭消費貸借契約は認めることができないと認定された。

(2)契約書がない場合

これに対して、消費貸借契約書がない場合には、どのように考えるべきか。

実際上、消費貸借契約を締結しても、当事者の人的関係からして、契約書を作成しないことがある。例えば、親子、兄弟、親戚、友人などの間での金銭貸借で、しかも、それほど多額のものでないものについては、契約書が作成されなかったとしても不自然ではない。つまり、この場合には、契約書が作成されなかったことに合理的な理由があるか否かが、ポイントとなり、当事者の関係性と金額の多寡との相関において、経験則の観点から、評価していくことが必要である。

具体的には、例えば、貸金業者であれば、契約書を作成しないで金銭を貸し付けることは、それが少額であっても経験則上考えられないから、契約書がないことそれ自体が消費貸借契約の成立についての（決定的な）マイナスの間接事実となる。また、兄弟、親戚、友人などの間での金銭貸借であっても、多額に上る貸借であれば契約書を作成することが通常であろうから、これも契約書がないことそれ自体がマイナスに評価されることになる。もっとも、兄弟、親戚、友人などの間での金銭貸借では、借主の借用書を得ている場合には、契約書がないことをカバーするものと評価され得る。

これをまとめると、書面のない金銭消費貸借契約の存否が争点である場合には、①当事者の関係、②貸借の経緯、③借主の懐具合、④借主の借りる必要性・目的、⑤貸主の資金調達方法などの項目がポイントとなる[7)]。

第１に、当事者の関係は、当事者が友人同士であるか、親戚であるか、貸主が業者であるかなどである。貸主が業者であれば、書面なしに金を貸すとは考えられないが、親戚・友人であればあり得る。ただ、どの程度の人間関係（親疎）であったかが肝要なところである。

第２に、そのこととの関係で、②貸借の経緯は、過去にも同様の貸し借りがあったか、今回限りのものかという事実が問題になる。過去に同様の書面なしの金銭貸借をしたことがあれば、今回も同様のことがあるかもしれないと考えられる。

第３に、借主の懐具合は、借主において消費貸借があったと主張される時期の前後で金遣いの変化があったかという事実が問題となる。その時期の前後に借主の金遣いに変化がなければ、消費貸借契約はなかった方向に考えられるが、生活費の補填のために借りたのであれば、そのようにはいえない。

第４に、そこで、借主が金銭を借りる必要性・目的の意味が出てくる。その場合には、貸借時に当事者間にどのようなやりとりがあったかが重要となる。

7）加藤・認定論21頁。

第５に、貸主がどのように資金を調達したのか、例えば、自分の預貯金を払い戻して貸したのか、他人から融通して貸したのか、手持ち金を貸したのかという点である。この順序で貸借の存在を認めやすい。もっとも、他人から融通して貸したという場合、第三者が信用できなければ、手持ち金を貸したという場合と変わらないといえる。また、貸した金額にもよるであろう。

このように間接事実は、単独でも評価されるが、それだけでなく、他の証拠や間接事実との関連において評価されるのである。したがって、推論の構造を理解した上での主張立証が必要とされるのである。

3　金銭の授受が争われる類型

(1) 総説

金銭消費貸借契約に基づく貸金返還請求において、金銭の授受が争われる類型は少なくない。もっとも、金銭の授受が争われても、金銭の動きについて裏付けがある場合には、その事実認定は難しくはない。例えば、金銭が貸主の銀行預金口座から借主の銀行預金口座に振り込まれた場合であれば、貸主は、振込依頼書、預金通帳等により比較的容易に立証することができる。

もっとも、金銭の授受が争われる類型で多いのは、貸主が借主に対して現金を手渡ししたと主張するケースである。このような場合には、上記**2(2)**のまとめの項目と重なるが、①金銭を交付することのできる資力（貸主とされる者にそれだけの金銭を交付するだけの資力があったか）、②借用の必要性・理由（借主の方に金銭を借用する必要・理由があったか）、③当事者の出会い（貸主と借主が実際に会っているか）、④借入金の費消（借主とされる者がその借りたとされる金銭を実際に費消しているか）、⑤貸主による返還の催促（貸主とされる者が借主にその金銭の返還を求めたことがあるか）、⑥借主による金銭授受を前提とする言動（借主とされる者が金銭の受取りを前提とするような言動をとっているか）という間接事実が重要な考慮要素になる[8)]。

借主が死亡した後に、その相続人に対して貸金返還請求をし、金銭の授受が争われるという類型もある。相続人は事情が分からない場合も少なくないか

8）加藤編・立証活動Ⅱ279頁〔加藤発言〕。

ら、貸主の独壇場となる傾向がある。しっかりした契約書や借用書があり、金銭の動きが証明できれば、金銭の授受を認定してよいが、借主の生前に返済請求をしていないときには、その理由が合理的であるか否かにも留意すべきである。

次のケースは、借主が死亡した後に、その相続人に対して貸金返還請求をしているものである（大阪高判平成16年11月16日公刊物未登載）[9]。

【ケース7−2　遺族に対する貸金返還請求】

■事案

Ｘは、Ａに期限の定めなく3500万円を貸し付けたと主張して、Ａの子であるＹらに対し、その返還を請求した。

■結論

金銭の授受の事実を認めなかった。

■間接事実

① Ｘは、貸付けしたとする当時、夫を亡くしたばかりで、小学生の子と姑を抱えて今後の生活に不安を覚える状況にあり、数年間に及ぶ夫の闘病生活の結果、経済的に困窮し、親戚らに対し合計3000万円近くの借入債務を負っていた。

② Ｘが受給した死亡共済金の少なくとも一部は、上記借入債務の返済に充てられた。

③ Ｘは、死亡共済金の受給後も、弟の妻に対し新たな借入れを申し込み、Ａに貸し付けたとする年の12月には、他の債権者に対する債務返済が困難となったため、弟から経済的援助を受けた。

このケースでは、貸主に貸付けの資力がなかった事実を金銭の授受の推認を妨げる間接事実としている。後掲**【ケース7−3】**と同旨の理由付けであるが、仮に、その点がクリアされたとしても、「期限の定めもなく3500万円を貸し付けた」理由いかんが重要な考慮要素となると考えられる。

9）瀧澤ほか・事実認定293頁。

(2)間接事実のアラカルト

第１に、貸主の資力については、例えば、(i)貸し付けたとされる日の直前に貸付額に見合った金銭を同人名義の銀行預金の口座から払い戻した、(ii)近接時に貸付額に見合った金銭を第三者から受領したなどの事実は、資力があったことを推認させ、ひいては金銭交付の事実を推認させることになる。裁判官としては、貸主に対し貸金原資について主張立証をするよう訴訟指揮をしていくことになる。

この点に関して、次のケースをみておくことにしよう（仙台高秋田支判昭和59年10月31日判タ541号159頁）[10)]。

【ケース7−3　貸主の資力を検討した裁判例】

■事案

Ｘは、Ｙに対し、合計700万円の現金を手渡して貸し付けたと主張して、その返還を請求した。

■結論

金銭の授受の事実を認めなかった。

■間接事実

① Ｘのａ農協からの借受金は合計530万円であり、うち125万円はＢ銀行普通預金口座に入金したから、貸付け当時、Ｘの手元にあったのは405万円であり、700万円との間に乖離がある。

② ＸのＢ銀行・Ｃ銀行の普通預金口座の預金残高の状況からも、貸付け当時、700万円の原資を有していたとの裏付けがない。

③ 本件全証拠によるも、Ｙがその当時700万円もの大金を費消した形跡はない。

本件では、貸主に貸付けの資力がなかったことを金銭の授受の推認を妨げる間接事実として位置づけている。

第２に、借主とされる者が金銭を借用する必要、理由があった事実、実際にその借りたとされる金銭をもって自分の債務の弁済に充てた事実、第三者と

10）瀧澤ほか・事実認定284頁。

の売買代金債務の支払いに充てたという事実は、借入れを推認する方向に働く間接事実になる。この推認を妨げるためには、借主とされる者は、その金員は別に用立てたものということを立証する必要がある。

なお、**【ケース7－3】**は、借主が借り受けたとされる当時、その金銭を費消した形跡がない事実を、金銭授受の推認を妨げる間接事実として位置づけている。また、東京高判昭和54年３月８日判時929号80頁は、借主とされる者が金銭を借用する必要、理由があったかという点に着目して、金銭を借り受ける必要があったという事情が明らかではないとして、マイナスの間接事実と位置づけている。

第３に、金銭の授受があった場合には、当事者はそれを前提とした言動をとり、返還合意があれば弁済期以降に返還を求めるのが通常であるから、そうした事実があったことは重要な間接事実になる。裁判例では、東京高判昭和50年９月29日判時800号56頁が、貸主による返還の催促、借主による金銭授受を前提とする言動の事実がないことをマイナスの間接事実と位置づけている。

4　授受された金銭の趣旨が争われる類型

(1) 総説

金銭消費貸借契約に基づく貸金返還請求において、金銭の授受自体は争わないが、返還合意の有無を争うという類型のものがみられる。すなわち、その金銭の趣旨が、例えば、贈与であるとか、他の債務の弁済であるなどと争われるケースである。

こうしたケースでは、返還合意の存在を争う相手方が金銭授受の趣旨について具体的に主張することになる。原告側が主張する事由と被告側が主張する事由が証拠に照らして、いずれの主張がより合理的で自然かという観点から、認定・判断することになる。

ところで、返還合意の有無を判定するための考慮要素として重要な間接事実には、①貸主あるいは借主とされる者のそれぞれの職業、地位、関係、②金額の多寡、③金銭が授受されるに至った理由、経緯、④貸主が借主に返還を求めたことがあるか、⑤借主が金銭の返還を前提とする言動をとったことがあるか、などがある[11]。

(2)消費貸借契約か贈与契約か

金銭消費貸借契約に基づく貸金返還請求に対して、贈与契約であると積極否認された場合には、どのような考慮要素で判断していくことになるであろうか。基本的には、上記の考慮要素を考えることになるが、これを具体的にみていくことにしよう。

第1に、当事者の関係性である。一般に親しい男女間や親族間の金銭の授受は、その人的関係からしてその関係が破綻しているとか、あるいはその金額が極めて多額であるなどの特段の事情がない限り、返還を求めないものとして交付される場合がある。例えば、親が子に対して結婚準備のための費用を交付した場合には、反対の明示の意思表示がされている場合は別として、返還を前提にしていないことが多いであろう（返還合意の不存在）。その意味では、当事者間の身分関係ないし関係性は、考慮要素として重要である。裁判例では、親が実子に150万円を交付したのが貸金か贈与であるかが争われたが、その当時親子の関係が良好でなかったことを1つの間接事実として摘示して貸金であると判断したもの（大阪高判平成16年9月3日公刊物未登載）がみられる。

第2に、借主自身が金銭の返還を前提とした行動をとっていること、例えば、一部弁済した、あるいは弁済の猶予を求めたことは、返還合意を肯定する方向でプラスに働く間接事実になる。この点について、消費貸借契約か贈与契約かが争点となった裁判例（東京地判平成4年11月18日判タ843号232頁）をみることにしよう[12]。

【ケース7−4　消費貸借契約か贈与契約か――消費貸借契約】

■事案

X会社の元代表取締役であったAが元宝塚出身の女優兼歌手Yに対して、現金1億3000万円を手渡した。Xが、Yに対し、これは貸付金であるとして返還を請求した。これに対し、Yは、1億3000万円はXがYを支援するために贈与されたものであると反論した。

■結論

11）瀧澤ほか・事実認定285頁。

12）瀧澤ほか・事実認定288頁。

本件は消費貸借契約であり、１億3000万円は貸付金であるとした。

■間接事実

① Ｙは、Ｘの元会長であったＢに会った際、「困っていることはないですか」と聞かれて、「主催したディナーショーが赤字で困っている、当面１億3000万円くらい必要である」旨を話したところ、「それなら私の会社の社長Ａに会うように」と言われたため、その２日後にＸ本店に赴いてＡに会い、１億3000万円を交付された。

② Ｙは、金銭を交付された月末にＡに会った際、ＸがＹに対して１億3000万円を貸し渡す旨の記載がある金銭消費貸借契約証書をＡから示されて署名を求められたので、これに署名した。

③ Ｘの貸付金の回収を担当した弁護士Ｃは、貸付金台帳の調査の後、Ｙに対し、Ｘから１億3000万円を借り受けているかを確認したところ、Ｙは間違いない旨答えた。

④ ＹとＣは、返済の条件について協議した末、月額100万円での返済合意が成立し、その旨の確認書を作成した。その際、Ｙから贈与である旨、上記金銭消費貸借契約証書は税金対策用の形だけのものという話ははく、返済しないといけないと思っていた旨の話があった。

間接事実①は、当事者の関係性と金銭授受の経過であるが、このような関係と経過で１億3000万円という高額の金員を交付することは、特段の事情のない限り、消費貸借契約と推認され、贈与に対してはマイナス方向に働くと解される。同②は、消費貸借契約書の存在であり、かなり強力な証拠である。これに対して、Ｙは、税金対策用の形だけのものと言われたと反論した。

間接事実③は、貸主が借主に返還を求めたこと、借主が借受金の存在を自認する旨の言動をとったことであり、同④は、借主が金銭の返還を前提とする言動をとったことであり、いずれも、消費貸借契約と推認する方向にプラスに働く間接事実である。また、同④は、消費貸借契約証書は税金対策用の形だけのものと言われたから作成したとのＹの主張を妨げるものでもある。さらに、同③の貸主が借主に返還を求めたことも消費貸借契約と推認するのにプラスの間接事実であるが、逆に、金銭を交付した者がこれを受領した者に対して返還を求めた形跡がないことは、返還合意を否定する方向に働くことになる。

もう１つ、裁判例（東京高判平成11年６月16日判時1692号68頁）をケースとしてみてみることにしよう。これも、消費貸借契約か贈与契約かが争点となったケースであるが、結論が、**【ケース7−4】**とは、逆になったものである[13)]。

【ケース7−5　消費貸借契約か贈与契約か――贈与契約】

■事案

Ｘは、伝言ダイヤルで援助交際を求めているＹの求めに応じて300万円を交付した。

Ｘは、これは貸金であると主張して、Ｙに対して返還を請求した。これに対し、Ｙは、300万円はＹが愛人契約の対価として受領したものである旨反論した。

■結論

貸金として交付されたものとはいえず、愛人契約の対価ないし継続的に男女関係を結ぶことを前提とする経済上の援助（贈与）として交付されたものであるとした。

■間接事実

① Ｘは、Ｙが援助交際の相手方を求めて登録した伝言ダイヤルを聞き、これに応じた。

② Ｘは、Ｙに対し、偽名を名乗り、自分の住所を明らかにすることもしなかった。

③ Ｘは、Ｙに対し、Ｙが当面必要とする金額である300万円を交付したが、その際、Ｘは、これを無利息で貸すことも提案したが、Ｙは、返済の見込みがないことを理由にこれを断り、愛人契約にしてほしいとの希望を述べ、Ｘもこれを受け入れた。

本件が消費貸借契約であるとすると、初めてＹと対面したＸが、偽名を名乗り、自分の住所も教えず、借用書も作成することなく300万円を貸したということになる、しかし、それは経験則上、動機・態様において極めて不自然であ

13）瀧澤ほか・事実認定288頁。

ると評価される。そうすると、このケースは、継続的に男女関係を結ぶことを前提とする贈与契約とみることが相当ということになろう。

もっとも、愛人契約の対価と性格づけるとすると、そうした契約は公序良俗違反との評価が妥当するから無効とみる余地がある。その場合には、Xは300万円を不当利得としてYに返還請求することも考えられるが、落ち着きとしては、不法原因給付として返還請求は棄却するのが相当と思われる。したがって、そのように考えたとしても、結局Xには300万円は戻らない。

(3) 消費貸借契約か出資契約か

金銭消費貸借契約に基づく貸金返還請求に対して、相手方が、貸金ではなく、共同事業の出資金であるとして積極否認をするケースも少なくない。このような場合には、どのような考慮要素で判断していくことになるであろうか。

金銭消費貸借契約であれば、借主は、原本の返還と約定金利（法定金利）の支払いは必要であるが、それ以上に負担を求められることはない。これに対して、出資契約であれば、出資者は、損失が出た場合には出資金を回収することができなくなることがある反面、利益が上がれば法定金利を超えるものを取得することが可能になる。したがって、出資契約の場合には、共同事業における利益分配の方法、損失負担の方法、出資金の清算方法等の事項を合意することが不可欠である。そこで、「消費貸借契約か出資契約か」が争点となるケースにおいても、この点が大きな判断要素になる。

この点が争点となった裁判例を2つみることにしよう。

まず、貸金と判断された裁判例（大阪地判昭和58年7月15日判タ509号183頁）である[14)]。

【ケース7−6　消費貸借契約か出資契約か――消費貸借契約】

■事案

Xは、Yから6100万円の交付を受けた。Xは、これは農地造成・農場経営の共同事業の出資金であったと主張して、Yに対し、債務不存在確認請求をした。これに対し、Yは、Xに対する貸金であると主張して、争った。

14）瀧澤ほか・事実認定289頁。

■結論

6100万円は貸金であるとした。

■間接事実

① Xは、大規模な農場経営の計画を持っており、Yの協力により土地を購入し、その農地造成工事をAに請け負わせた。

② Xは、自分が上記事業の事業主であり、Yに対し多額の債務を負担していることを前提とした行動をとっていた。

③ Xの妻の親族は、Xが事業主であることを前提として、Xに代わってAに700万円を支払った。

④ Yは、これまで農業をしたことがなく、当時すでに80歳を超えた高齢者であり都市部に居住していた。

⑤ XとYとの間で、代表者、各人の出資割合およびその内容、農場経営の内容、利益分配の方法等についての取り決めがない。

間接事実①は、6100万円が出資金であることと両立するが、同④は、主体面から出資契約の不自然性をうかがわせる。同②と③は、Xが事業主であることを前提とした関与者の言動であり、消費貸借契約の方向に働く間接事実である。同⑤は、出資契約の内容そのものであるから、これを欠くのであれば、出資契約が認められないのは当然である。なぜなら、消費貸借契約にとっては間接事実であるが、出資契約にとっては主要事実であるからである。

もう1つの裁判例（東京地判平成10年4月22日判タ995号190頁）は、消費貸借契約ではないと判断したケースである[15]。

【ケース7−7 消費貸借契約か業務提携契約か——業務提携契約】

■事案

Xは、Yに対し、合計12億5000万円を貸し付けたとして、その返還請求をした。これに対し、Yは、10億円の授受を争い、受け取った2億5000万円についても、貸金ではなく、業務提携契約に基づく利息の負担金であると主張して、その返還義務を争った。

15）瀧澤ほか・事実認定290頁。

■結論

10億円の授受は認めず、２億5000万円の交付は、Ｘ・Ｙは共同で地上げをして転売利益を折半するという業務提携契約に基づくものとした。

■間接事実

① Ｘは、不動産の地上げに関与して利益を上げていたのに対し、Ｙは、地上げにつき北側土地は奏功したが南側土地の買収に手こずり、資金的にも窮屈な状況にあった。

② ＸとＹは、動産の地上げに関し話し合いの機会を持ち、合意書を取り交わした。

③ 合意書の内容は、Ｘが南側土地を取得することができたときは、Ｙから北側土地の譲渡を受け、両土地を併せて売却し、その売却代金から双方の経費を差し引いた利益を平等に分配するが、それまでは互いの経費負担につき経費の少ない方が多い方に一定の金員を支払う方法で調整するというものであった。

上記③は、利益分配の方法、損失負担の方法を合意するものであり、業務提携契約と解することができるものといえるであろう。少なくとも、単純な消費貸借契約とみることができないことは明らかである。

5　当事者が争われる類型

(1)総説

消費貸借契約の当事者は誰かが争われることもある。

消費貸借契約の当事者（貸主・借主）は、契約書、借用書、領収書などの関係書類などによって認定されるが、契約書の貸主・借主が、形式上の名義人にすぎないこともないわけではない。そこで、この点が争点となることがあるのである。

(2)貸主が争われたケース

第１に、貸主が争われたケースをみることにしよう（大阪高判平成15年６月20日判時1842号65頁）[16]。

16）瀧澤ほか・事実認定302頁。

【ケース7−8　貸主は誰か】

■事案

Ｘ（個人）は、Ｙに対し、３回にわたり合計２億円を貸し付けたと主張し、その返還を請求した。Ｘは、Ａ（法人）のオーナーＢの義弟である。

Ｙは、Ａから3000万円余を借り受けたことはあるが、Ｘから借り受けたことはないと否認した。そこで、貸主は誰かが争点となった。

■結論

Ｘが２億円の貸主であると認定した。

■間接事実

① Ｙは、競売物件を買い戻すために、緊急に１億円ほど必要とし、Ｂに融資を依頼したが断られ、引き続き融資の紹介を懇請していた。

② Ｙは、借用証書の貸主欄が空白であったが、とりたてて異議を述べずに署名押印した。

③ Ｙは、不動産を担保提供するに当たり、司法書士から根抵当権設定登記の権利者がＸである旨の説明を受けたが、特段の異議を述べなかった。

④ 金銭消費貸借契約の締結や金銭の授受は、Ａの担当者Ｃが行ったが、ＣはＸの代理人の立場で行動した。

⑤ ＡやそのオーナーのＢは、本件貸金に係る契約上どこにも出ていない。

間接事実①・②・③からは、Ｙの当該状況からすると、貸主が誰であろうと借入れをしたいという動機であったことをうかがうことができる。同④は、誰が消費貸借契約の締結や金銭の授受の手続に関与したという観点である。売買契約では、例えば、売買契約締結の交渉、売買契約の締結、売買代金の準備、売主に対する代金支払い、登記関係書類の作成などに積極的に関与した者が、売主または買主と認定されることになることが少なくないが、この点は、消費貸借契約でも同様である。

(3) 借主が争われたケース

第2に、借主が争われたケースをみることにしよう（東京高判昭和51年3月29日判時828号83頁）[17]。

【ケース7−9　借主は誰か（その1）】

■事案

Xは、Y会社に対し、合計600万円を貸し付けたと主張し、その返還を請求した。これに対して、Yは、この600万円はY会社代表取締役A個人の借入金であると否認した。

そこで、借主は誰かが争点となった。

■結論

Yが600万円の借主であると認定した。

■間接事実

① 本件消費貸借は、Y会社の営業のための資金の借入れであった。

② Aは、借入れに当たり、代表資格を明示した借用書を差し入れた。

③ Aは、借入れの必要の理由として、レストランチェーン設置のため資金調達の必要があるが、Yの役員の一部に反対がある旨述べた。

④ XとAとは旧知の間柄であり、金員の授受もXの自宅で行われた。

⑤ 本件貸借に当たり、A個人振出しの手形が担保とされた。

⑥ Yの金銭出納は経理部で行われる仕組みであるが、本件金員は経理部を経由していなかった。

間接事実の①・②は、Yが借主であると推認する方向にプラスに働くものであり、XとAとの間にA個人が借主であるとの意思表示がない限り、そのような推論をするのが相当であろう。これに対し、間接事実③ないし⑥は、Yが借主であると推認することを妨げるものであるが、A個人が借主であるとの意思

17）瀧澤ほか・事実認定304頁。

表示を推認するには不十分であると解される。そのようなことから、Ｙが600万円の借主であると認定されたのである。

もう一例、借主が争われたケースをみておこう[18]。これも、会社に対する貸付けか、代表者個人に対する貸付けかが争点となった。

【ケース7－10　借主は誰か（その２）】

■事案

Ｙ会社は赤字で、代表者Ａは個人破産し、営業は実質的にストップしている。ところが、会社事務所の入居しているビルが競売にかかり、任意売却の話も進んでおり、立ち退きをする際に相当額の補償金取得が見込まれる。Ｙ会社は代表者をＡからＢに交替し、その間の賃料などつなぎ資金の融資をＸから受けた。その額は合計500万円で、300万円が１回、100万円が２回であった。

Ｘは、代表者Ｂ個人に貸したと主張し、500万円の返還を請求した。Ｂは、100万円２回は個人で借りたことは自認したが、最初の300万円はＹ会社であったと反論した。

■証拠関係

300万円については借主がＹ会社名義の契約書があり、100万円２回についてはいずれもＢの領収書がある。Ｘは、Ｙ会社は営業をストップし、事務所立ち退きによる補償金を目的に借入れをした事情を承知しており、代表者Ｂ個人に貸すことにしなければリスクが大きすぎると考えていたことが人証により認定することができた。

この場合における300万円の借主は、Ｙ会社とみるべきか、その代表者Ｂとみるべきか。

このケースは、かなり微妙であるが、表示主義の原則に照らすと、300万円について借主をＹ会社名義とした契約書が作成されていることは大きな意味がある。そして、100万円２回についてＢの領収書があるのと対照的であるといえる。そのように考えると、300万円の借主は、Ｙ会社とみるのが相当であろ

18）加藤編・立証活動Ⅱ296頁〔須藤典明発言〕。

う。

6　時間軸で考える

消費貸借契約は、契約前に交渉があり、契約締結に至り、その後に履行トラブルが生じるという段階をたどる。したがって、時間軸の段階ごとに考慮要素としてポイントとなる間接事実を考えることができる。

時間軸でみるチェックポイントを整理すると、次のようになる[19)]。

(1)契約前の事情

❶ 借りる側は金銭を必要としていたか、どのような事情・理由で金銭を必要としていたか。

❷ 借主と貸主との間にその金銭の貸し借りをするような関係があったか。

❸ 貸す側は貸すだけの資金が十分あったか。

(2)契約時の状況

❶ 正式の契約書を取り交わしたか、正式な契約書がなくても何か別の書類（借用書など）を取り交わしているか、書類を作成していない場合にはそのことが不自然ではない関係があったか。

❷ 契約の際に誰か立ち会っていたか、契約をした場所はどこか。

(3)契約後の事情

❶ 借主側はそのお金を何かに使っているか、移動しているからその移動状況を確認する（取引先の確認、預金口座の確認）。

❷ 貸主側に、借主に対する経営状態の確認、催促・取り立てをしたことがあるか。一部弁済などを受けているか。

●コラム 7 ／ 馬喰間の消費貸借契約

牛馬の売買をする馬喰（ばくろう）という職業がある。この案件は、原告も被告も馬喰であり、原告の主張は金を貸したから返せというシンプルなものであっ

19）加藤編・立証活動Ⅱ298頁以下〔須藤発言〕。

た。釧路地裁で経験した案件である。

このケースでは、金銭貸借の証拠（書証）はあるのに対して、被告が返したという証拠は書面としてはない。しかし、被告は、「自分と原告とは馬喰仲間である。馬喰の金銭貸借では、借主が金で返す場合だけでなく、次にする牛馬売買で、妊娠した牛を売れば、そうでない牛よりも高価にカウントして実質的に貸金に充当することがある。今回の請求分はそういうことを重ねてきているのでゼロになっている。だから、これまで原告は請求してこなかったのだ。馬喰仲間はそうであることを皆知っている。それなのに、自分が原告の請求に応じたら、仲間内で笑い者になり、大恥をかく。これが原告の請求に絶対応じられない理由である」と弁明した。被告は、そのように反論だけして、客観的な証拠はないと言うのだ。

この審理経過によれば、書証と本人尋問の結果を採用すればそれで原告を勝たせることはできる。しかし、被告の言い分は作り話にしては妙にリアリティがあり、業界の慣行が実際に被告の言うようなものであるならば、あながち分がないわけでもない。ただ、相次ぐ牛馬売買で実質的に貸金債務を帳消しにしていくのであれば、被告としてせめて自筆のメモくらいは作成してもよいようにも思う。そう問うと、被告は、「馬喰はそんなことはしない」と応じる。口頭弁論を終結して、原告勝訴の判決起案を始めたものの、落ち着きの悪さは否めない。

そこで、原被告双方の訴訟代理人に裁判所に来てもらい、次のように尋ねた。「裁判所としては、原告に分があると思うけれども、被告の言い分も一理ある。どちらの言っていることが本当か、裁判所は分からない。当事者に近い訴訟代理人としてはどういうご認識か」。

そうすると、双方の訴訟代理人とも、「自分たちも分かりません」と応じた。筆者は、その正直さと誠実さに感銘を受けた。この場面では、弁護士としては、それぞれ代理する側の言い分とその論拠を述べ、相手の証拠の弱点を突くことを仕合ってもおかしくない。むしろ、依頼者の最善の利益を図ることが弁護士倫理だと考えれば、そのようにすべきであるともいえる。しかし、両方とも「自分たちも分かりません」と言うのだ。筆者は、廉直・誠実・信頼という抽象的価値を見事に具現化している生身の弁護士を眼前に見る思いがした。

この案件を弁論終結後の和解にもっていけないかという筆者の目論見は、はかなく頓挫し、判決起案に戻った。結局、客観的な証拠のある原告に軍配を上げる判決をしたが、一審で確定した。その後のてん末は聞いていない。

このエピソードを事実認定の技法という観点からコメントすると、証拠による裁判とはこのようなものであり、客観的な証拠が大切という凡庸なものにしかならない。被告側が、馬喰ワールドの金の貸し借りについての業界慣行を立証すれば、請求棄却になる蓋然性があるが（被告訴訟代理人はそのような立証を助言していた可能性がある）、それはされなかった。被告本人が、「原告は馬喰の風上にも置けない輩であり、仲間内で爪弾きになることは必至だ。相手にするのも汚らわしい」として被告訴訟代理人の助言に従わなかった節があるからだ。そうだとすると、筆者の判決は間違いであったかもしれない。しかし、田尾桃二判事は、裁判官は「それらしく間違いたい」「それらしい間違いをすべきだ」と説いておられる（田尾桃二「民事事実認定論の基本構造」田尾桃二＝加藤新太郎共編『民事事実認定』55頁（判例タイムズ社・1999））。つまり、万一間違ってもやむを得ないといわれるように間違うべきであり、分かりにくいときは経験則に沿った認定をしておくべきであるということである。

田尾説に従うと、不当な請求を仕掛けられた被告としては、万難を排して自分の言い分の正当性を立証しようとするのが経験則であり、しかも、訴訟代理人弁護士を付けているのであるから業界慣行の立証も（奏功するかはおくとして）試みることはできる。それをしないのは、経験則に反する。ということであれば、上記のような認定判断でよかったということになるかもしれない。

第8章　保証契約の事実認定

1　保証契約紛争類型の事実認定

(1) 総説

保証契約は、主たる債務の履行を担保する保証債務成立を目的として債権者と保証人との間で締結される契約である。従前は、諾成契約とされていたが、平成16年民法改正により、書面作成を要件とする要式契約になった（民法446条2項）。

保証契約には、①保証人自身にはメリットはないのに義理で連帯保証をしている個人保証の類型、②法人保証、信用保証協会のような機関保証の類型、③経営者による会社債務の保証する経営者保証の類型があるが、類型ごとに利益状況は異なる。このうち、個人保証については、無償性、利他性、情義性（情誼性）、軽率性などの特性があることから、日本的な義理の社会では、安易に締結されるおそれが指摘されていた。実際に、バブル経済の崩壊に端を発して、巨額の保証債務が現実化する事態が頻発し、自己破産申立てが急増したという立法事実もみられた。その背景には、1990年代後半頃から、商工ローン会社が、銀行融資を受けることのできない破綻寸前の事業者をターゲットとし、保証人からの回収を企図した高利融資を大々的に展開し、大きな社会問題となっている状況があった。

そこで、民法446条2項で書面による保証契約の締結が求められ、要式行為とされた。「保証意思表示の慎重性保障としての書面性の要件化」をしたのである[1)]。平成17年3月31日以前の保証契約では、保証契約書のないものが訴訟になっている案件もあったが、今後は減っていくであろう。

1）「保証意思表示の慎重性保障としての書面性の要件化」という表現は、加藤新太郎「保証契約の現在」判タ1982号81頁（2013）。

(2) 保証契約関係訴訟の争点

保証契約の成否の争い方としては、①書面がない場合には、保証契約の口頭の意思表示の有無、黙示の意思表示と評価される言動の有無を争い、それらが保証の趣旨と解されるかを争うケースが多い。②書面がある場合には、保証契約書の成立を否認し、保証契約書の内容が保証の趣旨であることを否認するもののほか、保証契約書の真正な成立は認めるが保証契約が成立したとは推認されない特段の事情があることを主張するケースが少なくない[2)]。

以下では、保証契約書のない場合、保証契約書のある場合の順で検討し、人的関係の類型による整理をすることにしたい。

2　保証契約書のない場合

保証契約書のない場合に、理論上は、当事者本人尋問、証言などの直接証拠があり、その信用性が肯定されれば、その成立を認めることができる。

しかし、実際には、債権者（原告）が「保証契約書はありませんが、被告は、口頭で『自分が主債務者の債務を保証する』と明言しました」と本人尋問で供述しても、それを直ちに信用することにはならない。つまり、当該ケースで、保証契約の成立を推認することのできる間接事実が何かあるか、それらの間接事実を総合すれば、保証契約の成立という主要事実を推認するに十分かを判断することになる。すなわち、保証人とされる者と主債務者との経済的同一性、消費貸借契約への関与の仕方・程度、保証の動機、保証の必要性、他の同種契約の状況などと、保証人とされる者の資力、保証したことを前提とする言動の有無などといった複数のファクターを考慮して事実認定をしていくのである[3)]。

第１に、保証人とされる者と主債務者との人的な関係に着目すべきである。これは、事前の状況である。例えば、保証人が主債務者の会社の代表者であるなど主債務者と経済的な同一性がある場合には、保証契約を推認するためのプラスの間接事実である。主債務者と保証人とが、夫婦・親子である場合

2）瀧澤ほか・事実認定214頁。

3）加藤編・立証活動Ⅱ202頁〔加藤発言〕。

も、一応プラスの間接事実といえるが、推認できる度合いは個別状況によるところが大きい。

第２に、保証人とされる者の消費貸借契約への関与の仕方、程度に着目すべきである。これは、行為の状況である。例えば、保証人とされる者が、主債務者の消費貸借契約を積極的にリードして仲介をしたような場合には、経験則上、保証人になることは不自然ではないから、その限りで、保証契約を推認するためのプラスの間接事実ということができる。

第３に、保証人とされる者が保証したことを前提とする言動の有無に着目することが必要である。これは、事後の状況である。裁判例にも、①保証契約書はないが、主債務者Ａが貸金の弁済期に返済をしなかった場合において、保証人とされる者ＹがＡからの依頼に応じて、Ｙの孫名義の土地の登記済証を債務の担保の趣旨で債権者Ｘに預け入れ、かつ、その旨を記載した書面を渡した事実があるときに、保証契約の成立を推認した事例（東京高判昭和32年９月26日金法156号２頁）、②保証契約書はないが、主債務者が倒産した後に、保証人とされる者が債権者に対して、「迷惑はかけない、自分が責任を負う」旨繰り返し述べていたことが、保証契約の成立を推認するための重要な間接事実とした事例（東京高判昭和55年５月21日判時969号44頁）がみられる。

以上の要素のうちでは、第３の保証したことを前提とする事後の言動が間接事実として大きな意味を持つ[4)]。第１と第２の要素は、保証契約をすることの動機ないし必要性を示すものであるが、これだけでは保証契約の成立を推認するためには十分でないと判断されることが多い。また、保証人とされる者の資力にも着目してよいが、資力が乏しくとも、夫婦・親子など人的関係から保証人となることもあり得るから、その他の要素との相関でみることになる。

なお、弁護実務の観点からは、例えば、相談者から「保証契約書も何もないが、あの人は保証したことは間違いない」と相談を受けた場合には、弁護士は、慎重に裏づけとなる事実があるかを検討することになり、提訴にまで踏み切るのは躊躇することが多いという[5)]。

以上、保証契約認定において留意すべきポイントは、次のとおりである。

４）加藤編・立証活動Ⅱ201頁〔瀧澤泉発言〕。
５）加藤編・立証活動Ⅱ202頁〔馬橋隆紀発言〕。

ア　保証人とされる者と主債務者との人的な関係（主債務者との経済的な同一性など）

イ　保証人とされる者の消費貸借契約への関与の仕方、程度

ウ　保証人とされる者の保証したことを前提とする言動の有無

3　保証契約書のある場合

(1) 保証契約書のあるケースの争われ方

保証契約書のある場合には、①契約書は自分が作成したものではないと主張し、文書の成立の真正を争うこと、②契約書に署名押印したのは自分であるが、保証意思を欠いていたので保証契約が成立しない（契約が成立したとは認められない特段の事情がある）と主張して争うこと、③作成された保証書の文言の解釈の観点から、保証の趣旨を争うことなどがみられる[6)]。

さらに、保証債務の履行請求が信義則に反するとか、権利濫用であるという一般条項を基礎にした争い方もみられる。

(2) 成立の真正を争う場合

第１に、保証契約書がある場合には、これは意思表示その他の法律行為がその文書によってされた処分証書であるから、真正に成立したかが争点になる。

第３章で述べたように、相手方が文書成立の真正を争う場合には、挙証者は、これを証明することが必要となる（民訴法228条１項）が、この場合において、文書に「本人又はその代理人の署名又は押印」があるときには、その文書は真正に成立したものと推定される（同228条４項）。この推定が働くためには、署名または押印が本人または代理人の意思に基づいてされたこと（署名・押印の真正）が証明されることが必要であるが、文書中の印影が本人または代理人の印章によったものであるときには、経験則上それは本人または代理人の意思に基づいて押印されたものであるという事実上の推定がされる。そうすると、これに加えて、「印章と同一の印影⇒押印の推定⇒文書成立の真正の推定」という推論ができるのである（二段の推定）（最判昭和39年５月12日民集18巻４

6）瀧澤ほか・事実認定216頁。

号597頁）。

推定を覆すことになる事実にも定型的なものがあり、印章の共有・共用ケース、印章預託ケース、盗用ケース、フリーライダー・ケース、不自然ケースなどの類型に整理されている[7]。

ここでは、金融機関との間の連帯保証契約書・抵当権設定契約書が存在するが、それらは妻が夫の印章を勝手に使用して作成したものという主張がされたケースをみることにしよう[8]。

【ケース8−1　妹らによる連帯保証ケース】

■事案

家業である中小企業を経営する兄Ａの金融機関Ｘからの資金繰りを助けるため、他家に嫁いだ３人の妹Ｙらが、それぞれの夫名義で連帯保証契約および抵当権設定契約を締結し、夫名義の自宅と土地に抵当権設定登記をした。その後に、債務を残して、Ａは死亡し、会社は倒産したので、金融機関Ｘは、妹らの夫名義の自宅と土地の競売申立てをした。そこで、妹Ｙらが、金融機関Ｘに対して、「いずれも夫に内緒で行ったことであり、契約書の署名押印も勝手にしたことである」として、債務不存在確認と抵当権設定登記抹消登記請求をした。

■争点

① Ｙらは、夫に知られることなく、連帯保証契約および抵当権設定契約を締結したか。

② 契約した時期との間隔からして、夫らは登記簿謄本などを見て抵当権設定登記があることを知る機会があったにもかかわらず、格別のアクションを起こすことがなかったから、黙示の追認といえるのではないか。

このケースでは、Ｘが直接夫らと折衝して連帯保証契約書・抵当権設定契約書を作成している場合は別として、そうでないとすれば、Ｙらが夫の印章を勝

7）本書第１部第３章64頁以下。

8）筆者の経験した案件をモディファイしたものである。加藤・認定論223頁。

手に使用して作成されたものであるという事実が認められる余地がある。Ｙらは、本人尋問において、当然そのように供述するのに対して、例えば、Ｘが連帯保証契約書・抵当権設定契約書を入手した後に、夫らに対して意思確認をしており、それを書面化したものがあれば反証となるが、それがないとすれば、Ｙらの本人尋問の結果について信用性を欠くという評価がされない可能性がある。というのは、このケースは、「兄の苦境を見兼ねて妹らがそれぞれ夫に内緒で債務の連帯保証をした気の毒な事案」とみられるからである。

このケースのモデルとなった実際の案件においても、金融機関として、肉親の情を考慮すれば、徹底的に債権を回収することは必ずしも相当とはいえないと考えられ、債務額を大幅に減額して和解する方向で調整されていた。

ところが、和解手続の途中で、債権回収機構Ｚに債権譲渡がされた。Ｘは、訴訟を脱退し、Ｚが参加した。Ｚの訴訟代理人は、新たに、Ａの生命保険関係を調査した結果、「Ａが自殺したことによる生命保険金が会社に対して支払われており、これを妹らが取得していた」という事実を裏付ける証拠を入手し、和解手続の中で明らかにした。高額の保険金であるから、経験則上、当然に夫らも認識していたものと推認される。そうすると、本件の評価は、気の毒な事案から、「生命保険金取得の事実を秘匿して訴訟を提起した、夫に内緒で本件各契約を締結したとの主張の真否にも疑問符の付く」ケースへと一変する。

このケースを判決するとすれば、連帯保証契約書のとおり、契約の成立を認定するか、遅くとも、保険金を取得した時点では夫らは黙示に追認したと認定され、請求認容になる。モデルとなった実際の案件では、Ｙらは、受領した生命保険金をすべて吐き出し、さらに上積みした金額（当初調整されていた額を大幅に超えるもの）をＺに支払う和解が成立して、終了した。

このケースは、保証契約について、保証の動機・理由・必然性ないしメリットがあったかという点および事前、行為時、事後の間接事実を上手くすくいあげていくことが大事だということを示唆するものといえよう[9)]。

(3)成立の真正を争う場合

第２に、保証意思を欠いていたので保証契約が成立しない（契約が成立したとは認められない特段の事情がある）と主張するケースについては、保証人と主

9）加藤編・立証活動Ⅱ207頁〔加藤発言〕。

債務者との経済的同一性、消費貸借契約への関与の仕方・程度、保証の動機、保証の必要性、他の同種契約の状況などと、保証人の資力、保証したことを前提とする言動の有無などといった複数のファクターを考慮することになる。この点は、保証契約書のないケースと同様である。

いくつかの例をケースの形でみることにしよう。

まず、従業員が会社の債務を保証したケースである[10)]。

【ケース8−2　従業員の保証】

■事案

Ｘ（農協）とＹら（Ａ会社従業員）との間に、Ａ会社（建設会社）がＸから借りた金融取引に基づき負担する債務につきＹが連帯保証する旨の記載のある連帯保証契約書が作成されている。Ｘは、Ｙらに対し、この連帯保証契約に基づき履行請求をした。

■間接事実

① Ａの現場監督Ｂは、Ｘから適当な保証人を追加することを求められたため、連帯保証契約書を現場事務所に持ち返った。

② Ｂは、形式的に保証人の数を揃えればよいと考え、現場事務所にたまたま居合わせたＹらに対し、「農協からセメントを買うのに必要だから」、「農協内部の監査があるから名前を書いてくれ」などと言っただけで詳しい説明もせず、契約書への署名押印を依頼した。

③ ＹらはＡの従業員で、１人が庶務関係の事務員で、ほかは現場の労務者であった。

④ Ｙらの資力は乏しく、従前Ａの債務について個人保証したこともない。

⑤ Ｙらは、Ｂに契約書への署名押印を依頼された際にも債務負担の意思はまったくなく、単にＸ内部の監査の都合上形式的に書類を整備する必要があるものと認識して、契約書の内容も読まずに署名押印した。

このケースでは、保証契約の成立を認定すべきであろうか。

10）瀧澤ほか・事実認定217頁。

Ｙらと A との関係は、雇用主と従業員であり、主債務者である A との経済的同一性はない。主債務発生の原因となる契約への関与もない。保証契約書に署名押印した動機は、現場監督 B に、「農協からセメントを買うのに必要だから」、「農協内部の監査があるから名前を書いてくれ」と頼まれたからである。Ｙらは、その言葉どおりに受け止め、単に X 内部の監査の都合上形式的に書類を整備する必要があると認識していたもので、債務負担の意思もない。もとより、Ｙらには資力もない。そうすると、保証契約書はＹらの意思に基づいて署名押印されてはいるが、保証意思を欠いており、保証契約の成立を認められない特別の事情があるというべきであろう。

実際にも、このケースについて、大阪高判昭和47年４月24日金法653号32頁は、保証契約の成立を否定した。

このケースに関連して、「迷惑をかけることはないから」と依頼された場合は、どのように考えるべきであろうか[11]。

【ケース8−3　迷惑はかけないからと頼まれた保証】

義理のある先輩から借金の連帯保証を頼まれた。先輩は、「保証をする法形式になっている書面（保証契約書）ではあるけれども、決して迷惑をかけないから、署名捺印してもらえないか」と言う。自分のところに頼んでくるほどであるからよほどの事情があることは分かるし、恩義のある先輩の苦境を助けてあげたいが、大丈夫だろうか。「決して迷惑をかけないから」という言葉を信頼して、「それならばいいか」と考え、保証人欄に署名捺印した。

このケースでは、保証契約の成立を肯定すべきであろうか。

このケースは、事実認定というよりも契約の解釈の問題ということになろう。というのは、保証契約は、主債務者が債務の履行ができなくなったときに主債務者に代わって履行するところに意義がある契約である。すなわち、迷惑をかける段階で責任を負うからこそ保証なのである。そして、通常の社会人であれば、このような保証の効果については理解しているものと考えられる。そ

11）加藤編・立証活動Ⅱ218頁〔須藤典明発言〕。

うである以上、「決して迷惑をかけない」と頼まれたので、「将来責任を負う心配はないと思って署名押印した」という弁解は、保証意思はないという評価はされないであろう。錯誤を主張しても通らないと思われる。

保証債務の内容としては、(i)保証対象となる債務の特定・法的性質（代金債務、貸金債務など）、(ii)保証の範囲（保証金額、弁済期、債権者、債務者、連帯性、違約金、利息・遅延損害金など）である。保証人としては、これを認識した上で、保証意思を形成・表明することが必要であるが、保証契約書に上記事項が明示されている場合には、迷惑はかけないからと頼まれた保証であっても、保証契約の成立は否定されることにはならないと解される。

これに対して、上記事項を説明しなかったことが問題とされた事例があるが、これをみることにしよう[12]。

【ケース8−4　説明の不足した保証】

■事案

ＡとＸ会社（代表取締役Ｂ）との間で、Ｘが１億9000万円をＡに貸し付ける旨の消費貸借契約がされたが、Ｘは、保証人Ｙに対して、Ａが弁済しないと主張して、連帯保証契約に基づき、元金１億9000万円を請求した。

■保証契約の成否——間接事実

① Ａは、先輩・後輩関係にあるＢに融資を申し入れたところ、連帯保証人を付けるように求められた。

② Ａは、友人Ｙに頼み、定型書式である金銭借用証書（借主欄にＡの署名押印があるが宛先、金額欄、金利欄、返済期日欄は空白であるもの）を交付し、Ｙは、求められるままに末尾の連帯保証人欄に住所氏名を書き実印で押印した。

③ Ａは、その際、「形式上の連帯保証人であり、一切の責任、ご迷惑をおかけしないことを確約します」という内容の念書を持参し、Ｙに対して保証人としての名前を借りるだけであると説明したが、金銭借用証書に記載されるべき借入金額、返済期日、金利

12）瀧澤ほか・事実認定218頁。

等について説明しなかった。

④　Yは、上記説明から、形式上名前を貸すだけであり、責任が生じるとは考えていなかった。

⑤　Aは、Yの署名押印した金銭借用証書を持参して、Bを訪れ、そこで宛先をXと記載し、金額欄、金利欄、返済期日欄等の空白部分を埋めて、交付した。

⑥　Bは、上記⑤の際、あるいはその後、直接Yに保証意思の確認をしなかった。

⑦　Yには、Aのために1億9000万円という高額の債務を連帯保証する利益はない。

このケースでは、保証契約の成立を認定すべきであろうか。

このケースでは、YはAの友人であるが、Yには1億9000万円という高額の債務を連帯保証する利益はなく、金銭借用証書の連帯保証人欄に署名押印した動機は、Aに、「形式上の連帯保証人であり、一切の責任をかけない」と言われ、念書まで交付されて頼まれた。Yは、その言葉どおりに受け止め、形式上名前を貸すだけと認識していた。これに対し、Bは、直接Yに保証意思の確認もしていない。そうすると、金銭借用証書の連帯保証人欄の署名押印はYの意思に基づいてはいるが、保証意思を形成する前提を欠いているとみる余地がある。個別の事情もあり、常にそうみられるとは限らないが、このケースのモデルである東京地判平成8年8月30日判時1632号49頁は、保証契約の成立を認められない特別の事情があるとして、保証契約の成立を否定した。

これとは異なり、「まったくの白紙に署名したものであり、保証意思はない」という主張がされることがあるが、こうした主張はどのように考えるべきであろうか。これも、事実認定の問題であり、保証契約書の原本をよく観察することが基本となる。具体的には、署名欄と他の条項の記載との配置関係が整合するかに注意する。また、例えば、保証人欄の下にアンダーラインが引いてあり、署名した字のインクがアンダーラインの上に乗っているような場合には、署名時にアンダーライン付き保証人欄が記載されていたことが分かる[13)]。

13）加藤編・立証活動Ⅱ219頁〔須藤発言〕。

さらに、「保証契約書をよく読まないで署名をしたから保証意思がない」という弁解がされることもある。そのバリエーションとして、「多量の書類を示されて『順番に署名してください、全部署名してください』と言われ、その中の一部に保証契約書があったようだが、どれだか分からなかった」というものもある。この場合には、契約当時の状況、それまでの主債務者、債権者とのやりとりなどの間接事実をみていくことになるが、基本的に、それだけで、保証意思なしと認定されることはほとんどない[14)]。

(4)契約の解釈による争い

保証契約書はあるが、その文言の解釈を争うケースがある。具体的には、①文言が非常に曖昧である場合、②保証人とされる者に付された肩書きが曖昧なものである場合がある[15)]。

第1の保証文言が曖昧な例としては、「保証」または「連帯保証」という明示の文言がなく、「主債務者による支払いの履行を確約する」、「主債務者の支払いを確約する」などで、保証人という肩書きのないまま署名押印がされているものが典型である。この場合には、「主債務者による支払いの履行を確約する」という文言の意義を検討することになるが、これは、文言だけからでは、(i)主債務者が払えるよう支援するという意味、(ii)主債務者が払わなかったら自分が払うという意味のいずれであるかは明らかでない[16)]。主債務者と保証人とされる者との人的関係、経済的関係などを踏まえて考えていくことになるが、難しい判断となる。保証する趣旨であると判断できなければ、(i)のような法的意味はないと解することになろう。曖昧な表現を使用したことによるリスクは、利益を得るべき立場にある債権者が負うことが当事者の公平にかなうからである。

それでは、次のようなケースはどのように考えるべきであろうか[17)]。

14) 加藤編・立証活動II 220頁〔村田渉発言〕。

15) 加藤編・立証活動II 225頁〔瀧澤発言〕。

16) 加藤編・立証活動II 226頁〔村田発言〕。

17) 加藤編・立証活動II 226頁〔加藤発言〕。

【ケース8−5　経営指導念書】

子会社が金融機関から借入れをする際に、親会社が融資を受ける金融機関に経営指導念書を差し入れた。子会社に対する融資返済が滞った場合、金融機関は、この経営指導念書を根拠として、親会社に返済を求めたが、拒否されてしまった。

金融機関の担当者としては、わざわざ親会社にそうした書面を求めて、受け取るという措置を講じたのに、これは、いかがな対応かと釈然としない。

そこで、金融機関は、この経営指導念書を保証契約と構成して、親会社に対して履行請求した。

ひと頃、債権保全のために、契約指導念書が差し入れられるという運用がみられ、その意味合いをめぐっていくつかの民事訴訟が提起された。契約指導念書の典型は、子会社が金融機関から借入れをする際に、親会社が借り入れる先の銀行に差し入れる書面で、例えば、「親子関係を維持し、子会社の経営を指導します」という文言が記載されている。その他にも、「融資を認識しました」というもの、「財務情報を提供します」「助言をします」というもの、「出資比率を維持します」というもの、さらに「資金援助する」というものなどがあった。この念書は、融資の返済についてある程度非公式なお墨付きを貸し手に与える書面とみることができる。

当然のことながら、金融機関が融資をする場合には、一般的には、貸す会社、その親会社といった関係者から融資に相当する担保を得たいと考えるであろう。したがって、金融機関としては、親会社と連帯保証契約を結んでおくことがベストである。ところが、親会社は、そう簡単に連帯保証契約を締結しない。財務諸表上で対外的に開示する必要があるし、また、利益相反取引になる場合には取締役会での決議を要し、その旨を取締役会議事録に記載することなどが必要とされるからである。

それでは、法的な面から経営指導念書をどうみるべきか。まず、文言解釈の問題として、親会社がきちんと指導すると約束したことが債務を保証したことになるとみるのは難しい。そもそも連帯保証契約を締結するのがベストであるのに対して、それができないから経営指導念書を差し入れるというのが実態であるから、その解釈としては、特段の事情がない限り法的効力は発生しないとみるのが相当であろう。東京地判平成９年４月28日金法1507号59頁、東京地判平成11年１月22日判時1687号98頁などの裁判例も同旨である。

第２の曖昧な肩書の例としては、引受人、仲介人、立会人、証人などがあり、全く肩書きがないまま署名押印したものもみられる。このような場合には、それらの肩書きについて文言の通常使用されている意味が保証の趣旨を含むかという検討が基本となる[18]。

一般的には、立会人は、文字どおり契約に立ち会ったという意味であろう。また、仲介人や証人も、保証人と明示しないところに意味をもたせているように解される。そう考えると、保証人と明示されない場合には、保証契約を認定するにはマイナスの間接事実ということになろう。これに対して、引受人は、保証あるいは債務引受という趣旨が含まれる場合があると解される。

肩書きなく署名押印した場合は、それだけで保証意思を推認されるものとはいえない。その署名押印をするまでに当事者間でどういう話し合いがされ、どのような趣旨で署名押印をしたのか、本文にどのような記載があるかなどを検討した上で、保証契約を推認することができるか判断することになる。

(5) 一般条項による争い

個人による保証に対して、経営者による会社債務の保証は局面を異にする。法人の有限責任を補う趣旨でオーナー経営者が会社の債務を保証することには合理性があるからである。したがって、経営者が保証契約の成否や効力を争っても勝てないことが多い。しかし、この場合において、一般条項により争った事案がみられる（最判平成22年１月29日判時2071号38頁）。

【ケース8−6　経営者保証のボーダーライン】

■事案

Ｘ社は、Ａ社の財務部門を法人化して設立され、Ａ社を中核とするグループに属している。Ｘ社が、同グループのＢ社に金員を貸し付け、Ｂ社の代表取締役であるＹがこの貸付けに係るＢ社の借入金債務を保証した。その後、Ｂ社は事業を停止した。そこで、Ｘ社はＹに対

18）瀧澤ほか・事実認定218頁。

して保証債務履行請求訴訟を提起した。

通常であれば、問題なく、X社の請求が認容される事案のようにみえる。

■間接事実

ところが、このケースには、次のような間接事実がみられた。

① B社は、A社と代表取締役を共通にするC社の支店を法人化し、同グループのD社が全額出資して設立された会社であった。B社設立後は、同グループE社がB社の資金を掌握し、グループ各社が、B社との間で締結した経営顧問契約に基づき、B社の売上げから顧問料等の名目により確実に収入を得る体制が周到に築かれていた。

② B社の実態は、その業務遂行に関し代表取締役にはほとんど裁量の余地がなく、資金繰りを含め経営判断は、A社の代表取締役等に依存し、その指示に従わざるを得ない経営体制にあった。

③ Yは、C社の支店でアルバイトとして勤務を始め、B社が設立された際に同社の正社員となり、わずか数か月後に、近い将来B社の資金繰りが行き詰まるおそれがある状況の下で、強く働きかけられて代表取締役に就任した。しかし、勤務場所や勤務実態等に格別の変化はなく、単なる従業員とほとんど異ならない立場にあった。

④ Yが代表取締役に就任後間もなくB社の資金繰りが行き詰まり、A社の代表取締役が全株式を保有するX社からB社が融資を受けた。この貸付けには、利息制限法所定の制限利率を超える利率による利息および損害金の約定がされていた。Yは、融資に係る債務を保証するよう指示されたが、これを拒むことは事実上困難であったという事情があった。

事実関係を要約すると、X社側は実質的には財布を共通にするグループ会社間で金銭を融通し合い、B社の売上げから顧問料等の名目により確実に収入を得る形で利用しながら、資金繰りを行き詰まらせ、短期間でアルバイトから正社員・代表取締役にした従業員とほとんど異ならないYに、利息制限法違反の利率等を定めた金銭消費貸借契約の保証をさせたものである。X社側が一定の意図の下に、Yを嵌めていったという構図が浮かび上がる。

実際にも、このケースについて、前掲最判平成22年1月29日は、X社の保証債務履行請求は権利濫用に当たるとして、請求を棄却した。

4 人的関係の類型による整理

保証をしている人的な関係を類型的に考えて、そこであらわれる問題点を把握しておくことが事実認定にも有益である。その類型には、①会社とその代表者、②夫婦関係、③親子関係、④兄弟関係、⑤会社の上司・同僚の関係、友人・知人関係がある[19]。

第1に、会社とその代表者の場合には、個人会社について経営者保証をしているときには、争っているケースでも、保証契約の成立を認めてよいことが多い。金融実務において、金融機関は、これまでは個人会社には必ず代表者の個人保証を求めるという実情があったからである。これは、企業の信用補完や経営の規律付与の観点から有用と考えられていたことによる[20]。

例外として、個人会社の場合には、いわゆるオーナーと形式的な代表者とが異なっていることがある。その理由はさまざまであるが、例えば、オーナーが過去に破産したことがあるとか、夜逃げに近いことをしている場合には、自分が代表者にならず、形式的に家族や従業員を代表者にしていることがある。そのような場合には、代表者には会社との経済的同一性はみられず、実質的な権限もないから、当該代表者の個人保証には、保証意思の有無について争われる余地があり、その評価も微妙なものとなる。こうしたケースでは、保証をした経緯、金融機関の対応のほか、保証人に何らかのメリットがあったかなどを考慮要素として判断することになる。

第2に、夫婦の場合には、(i)妻が夫の知らない間に夫を保証人にしている場合、(ii)夫が妻の知らない間に妻を保証人にしている場合があるが、実際の紛争案件では、(i)は少なく、(ii)がほとんどである。金融機関が債権者のときに

---

19) 加藤編・立証活動II 212頁以下〔須藤発言〕。

20) 中田裕康『債権総論〔第4版〕』620頁（岩波書店・2020）。

は、(i)のケースの方が、(ii)のケースよりも保証意思の確認を励行するからであろう。

(ii)のケースでも、夫婦間の情もあり、夫から保証してくれと言われれば嫌だとは言いにくいし、夫を信頼して自家営業など任せている場合が少なくないから、保証否認は難しいことが多い。もっとも、夫が経済的に破綻した場合には、妻の特有財産が執行されることから、無断で保証契約を作成したと主張することがみられる。こうした場合でも、債権者が妻に保証意思の確認をしていれば問題にならない。しかし、そうでない場合には、保証契約の締結時の状況、例えば、金融機関担当者が夫婦の自宅で契約した際に、妻が茶を出したり、「よろしくお願いします」と挨拶をしたか、印章を誰が持ってきて押印したかなどの事実を押さえ、妻も保証を認めていたのではないかと推認できるかを判断することになろう。

第3に、親子の関係については、(i)親の債務を子が保証する場合、(ii)子の債務を親が保証する場合がある。(i)の場合に、子が成人でも経済的に独立していないケースでは、親が無断で子を保証人にしていることもあるが、親子が共同で仕事や商売をしているときには、経済的利害を共通にしているから、特段の事情のない限り、子は保証契約を了解していると推認される。同居の有無も、広い意味では経済的利害の共通性を認める要素になる。

(ii)の子の債務を親が保証する場合には、子が無断で親を保証人にしているケースもみられるが、相対的に少ない。親としては子のためなら多少の無理は聞いてやろうとすることがあるという実情が背景にあるからであろう。

第4に、兄弟の場合にも、(i)実の兄弟の場合と(ii)義理の兄弟との場合とがある。

まず、(i)実の兄弟の場合には、日頃から不仲という事情がなければ、頼まれれば保証人になることが少なくないので、無断で保証人にするケースは少ない。また、同居している場合は別として、印章や印鑑証明書を容易に入手できないから、その関係でも無断でしていることが少ないと解される。

次に、(ii)義理の兄弟の場合には、本来は保証したくないが、配偶者の意向を汲んでやむなく保証することが少なくない。夫婦仲が悪いときには、妻の兄からの保証の依頼があっても、夫に言い出し難い、または頼んでも断られるということから、妻が無断で保証契約書に署名押印してしまうケースもないとはいえない。

そこで、日頃の兄弟仲、兄弟間の利害関係、夫婦仲などの実状が間接事実として効くことになる。

第５に、会社の同僚・上司、友人・知人関係は、保証を断ることもできるし、無断で印章や印鑑証明書を入手することはできないので、保証契約書が作成されており、印影が本人の印章によるものであれば、保証契約を推認してよいであろう。当事者の人的関係が薄くとも、書面があれば保証は認められやすいという面がある。もっとも、人間関係が薄い場合には、本当に保証意思があったかどうかと争われると、「あなたに迷惑はかけない」と言われているケースもみられ、場合により保証契約の成否が微妙なこともある。

最後に、人的関係の類型は次のとおりであるが、㈠人間関係の密度は、①から⑤の順に薄くなり、㈡保証による利害関係も、①から⑤の順に薄くなるといえる。これに対して、㈢印章・印鑑証明書を無断で入手することは、①から⑤の順に困難になる[21)]。

❶　会社とその代表者

❷　夫婦関係

❸　親子関係

❹　兄弟関係

❺　会社の上司・同僚の関係、友人・知人関係

●コラム８　土地勘と相場観

●事案の概要

株式会社ヤマテ（仮名）は、宝石・貴金属・婦人アクセサリー卸、不動産賃貸業を業務とする法人であり、山手和夫氏（仮名）が社長を務めている。戦後まもなく先代が創業し、△△市では有名企業である。和夫氏の長男の信夫氏（仮名）は、総合商社に勤務した後、アクセサリー雑貨卸業の株式会社ミレニアム（仮名）に入社した。ヤマテの婦人アクセサリー卸と

21）加藤編・立証活動Ⅱ216頁〔須藤発言〕。

ミレニアムのアクセサリー雑貨卸とは業種は似ているが、扱う商品が異なり競合はしない。ミレニアムも先代が創業したものであった。信夫氏は、商社勤務時代の経験と人脈、和夫氏からの助言を得て、堅実な無借金経営をしながら業績を伸ばし、ミレニアムを成長させていった。

ところが、ヤマテが業績悪化に陥り、複数の金融機関に借入金債務の弁済期を延期する措置をお願いせざるを得なくなり、何らかの方策をとらなければいずれ倒産を免れない状態となった。そこで、ある税理士法人に相談し、ヤマテを会社分割することを提案されたので、メインの取引銀行に感触をうかがったがＯＫは得られなかった。事は緊急を要し、税理士法人の指導でヤマテからミレニアムへの一部事業譲渡に踏み切ることにした。

一部事業譲渡の内容は、ヤマテの営む事業であるアクセサリー事業、ジュエリー事業、不動産事業のうち売上額の７割を占めるアクセサリー事業を譲渡し、その資産・負債（金融機関からの借入金を除く）と契約上の地位を移転するものである。アクセサリー事業部門の従業員も承継し、雇用は維持された。事業譲渡の対価は１億円で合意された。支払方法は、ミレニアムが発行する額面１億円の社債をヤマテが引き受け、その償還金をもって支払うというものだ。なお、社債の元金の償還は、譲渡契約成立時から３年後に開始し、10年間に分割して支払われるものとされた。

ヤマテが借入金債務を負う複数の金融機関に対して、本件事業譲渡についての説明会は事前に開かれなかった。事後の個別の説明に対して、不動産担保を有するメイン銀行やこれに準じる銀行は、ヤマテが倒産するよりもマシであり、事業譲渡もやむを得ないという意向を示した。しかし、不満を表明する金融機関もあった。

この事業譲渡のスキームは、税理士法人主導の下で立案・実行されたものであった。税務関係については相応の配慮がされていたが、法的な観点からの検討が十分されていたかは不明である。

事業譲渡後も、複数の金融機関はヤマテに対する債権の弁済期の延期に応じていた。そうした中、事業譲渡から１年後に、ヤマテは金融機関への説明会において将来的に法的清算を考えている旨を表明した。丸山信用金庫（仮名）は、ヤマテに5000万円の貸金債権を持っていたが、これを契機として、本件事業譲渡はアクセサリー事業に関するヤマテの取引先には全額の弁済をする一方、金融機関に対しては大幅な債権放棄を求めるもので、権者間の平等をまったく考慮しておらず、酷いと考えるに至った。そして、丸山信用金庫は、ミレニアムに対し、本件事業譲渡が詐害行為に当たると主張して、その取消しと価格賠償として5000万円の支払いを請求した。

●弁護士の見立て

ミレニアムは税理士法人が紹介してくれた法律事務所の弁護士に訴訟代理を委任して応戦した。ベテラン弁護士が大筋の抑えをするということであったが、主任は登録３年目の中川哲郎弁護士（仮名）であった。

中川弁護士は、楽観論を述べて、信夫氏を安心させた。その理由は、詐害行為取消権は、総債権者の共同担保となるべき債務者の一般財産を保全することを目的とする制度であるから、事業譲渡の対価が相当であれば、その価値に変動はなく、事業譲渡対価の相当性は、税理士法人が保障しているから、詐害行為に該当することはないという。弁護士は、担当する案件と類似の案件を経験したことが多いほど土地勘を得ているし、規範にどのような当てはめがされるかという相場感も形成している。しかし、中川弁護士に詐害行為取消訴訟の経験はなかったようだ。

●裁判実務の実際

裁判実務においては、無資力である債務者が一般財産を減少させる法律行為をした場合に詐害行為になるかどうかは、一般財産の共同担保としての価値を実質的に毀損して、債権者が自分の債権について弁済を受けることがより困難になったか否かで決まる。中川弁護士の言うような単純なものではない。対価の計算上の相当性だけでなく、財産の種類・性質を踏まえた換価可能性、執行可能性の有無・程度も考慮しなければならない。これが、現在の詐害行為取消権の趣旨と詐害行為性の判断枠組みについての考え方である。

これを本件事業譲渡について当てはめてみると、①ヤマテの売上額の７割を占めるアクセサリー事業の全部を譲渡し、手形・売掛金・商品が一般財産から逸出したこと、②対価とされた社債の実質的価値はミレニアムの財務状況に大きく左右される上、社債元金の償還は、譲渡契約成立時から３年後に開始し、10年間の分割支払いであること、③逸出した手形・

売掛金・商品と対価として得た社債とを比較すると、社債の方が換価可能性、執行可能性に乏しいことなどの要素を考慮すると、本件事業譲渡が一般財産の共同担保価値性を実質的に毀損するものと評価することが相当である。

このケースでは、口頭弁論終結後に、裁判官は和解を勧試している。裁判所から和解を勧められた場合には、一度はそのテーブルに着くことに得はあっても損はない。裁判官の心証をうかがうことができるし、和解案が気に入らなければ断ればよいだけの話だからだ。しかし、中川弁護士はこれに応じなかった。経験が乏しく、この和解勧試が絶好にして最後のチャンスであることが分からなかったのである。

一審は、詐害性を認め、丸山信用金庫の請求を全部認容した。弁護士は、詐害行為取消訴訟における争点の事実がどのように認定されるかに加えて、詐害行為取消権の規範に照らしてどのような当てはめがされるかについて、土地勘・相場感をもちあわせなければならない。弁護士の見通しが悪ければ、このように展開するケースはいくらでもある。

本件は、筆者が弁護士登録後、控訴の検討を依頼されて知ったものである。

@加藤新太郎「限りなく弁護過誤に近い敗訴」会社法務A2Z（2018年11月号）60頁

第9章 代理・仲介契約・請負契約の事実認定

1　代理・仲介契約・請負契約における問題の諸相

本章は、代理・仲介契約・請負契約の事実認定について考える。代理権授与・代理権の存否の問題、仲介契約の成否の問題、条件成就の妨害の有無、請負契約の当事者、期限か条件かの問題など、いくつかのケースについて具体的に考察する。

さらに、漠然とした印象からあるいは定型的な思い込みをもって、証拠をつまみ食いし、経験則の適用を誤り、紋切り型の事実認定をすることを避けるため、契約型訴訟の事実認定の着眼点について整理する。

2　代理の事実認定

(1) 代理権の授与

代理権の授与の存否は、訴訟上、事実に関する争点となる。

代理権授与の事実は、基本的には委任状があれば、それで認定してよいことが多い。例外は、委任状が偽造されている場合である。

これに対して、委任状がなく代理権の授与を争われた場合には、その立証は難しいものになる。というのは、委任状がない場合には、間接事実による推認による立証をしていくことになるが、代理権の授与それ自体は、相手方（本人と代理人）の領域内の事象であるから、間接事実の選択が容易でないことが多いからである。また、その間接事実は、表見代理の主張における「代理権があると信じたことについての正当理由」の評価根拠事実と重なることが少なくない。

代理権の授与の事実認定においても、当事者の関係性、親子、夫婦など身分関係があることは事実を推認する方向で働くものであるが、その生活関係などの実態により左右される面がある。次のケースは、これを考えるのによい例である[1]。

【ケース9－1　夫から妻への代理権の授与】

■事案

会社員である夫Ｘが妻に日常的な債務の支払い等のために預金通帳と印鑑（銀行印と実印等）と印鑑登録証を預けていたところ、妻が夫に無断でＸ名義で、あるいはＸの代理人として、Ｙ銀行から1000万円を借り入れ、夫所有の土地建物に根抵当権を設定した。夫は、妻が勝手に無断でしたものと主張して、Ｙに対し、債務不存在確認と抵当権設定登記の抹消登記手続を求めた。

被告Ｙは、Ｘは妻に包括的な代理権を授与した、仮にそうでないとしても表見代理（民法109条・110条）が成立する旨主張した。

■事実関係

①　Ｘ本人尋問・妻証人尋問では、「妻が夫に無断で借入れをした。夫からは大きな金額を借りるときには相談するように言われていたが、無断で借り入れた」という。

②　当時、Ｘは海外出張等を含めて不在がちで、家庭のことについてはすべて妻に任せきりであった。

③　Ｘが妻に印鑑と印鑑登録証を預けたことは当事者間に争いがない。

このような事実関係の下において、Ｘは妻に代理権を授与したという事実を認定することができるであろうか。

Ｙ銀行としては、1000万円を貸し付けるのであるから、Ｘ本人に直接意思確認をすべきであったことは明らかである。しかし、当時、Ｘは海外出張等を含めて不在がちであったということから、妻の用意した書類関係、銀行印と実印と印鑑証明などをもって可としたものであろう。

そうであるとすると、Ｘが妻に預金通帳と印鑑（銀行印と実印等）と印鑑登録証を預けていたことの趣旨はどういうものであったか、実際に、Ｘは妻に対

1）加藤編・立証活動Ⅱ322頁〔村田渉発言〕。

してどのようなことを任せていたのか、という点が問題となる。

Xは不在がちであったのであるから、妻に対して一定の事項を任せていたことは認めるのが相当であろう。具体的には、家計や子どもの教育費など日常的な債務の支払いに限定していたのか、あるいは家の管理、家屋の維持補修などを含めて任せていたのかどうか、という点である。今回の借入れの使途はどのようなものであったか、それをXが知っていたか、さらに、妻は、今回の借入れ以前にYまたは第三者から金員の借入れをしていたか、それをXが知っていたかという点のほか、Xの資産・収入の程度、生活の贅沢度合いなども、間接事実として意味をもつ。

本件では、以上のような当時の夫婦間の関係・生活状況等を考慮して、夫が妻に包括的に金銭借入れの代理権を授与していたと評価することができるか判断していくことになる。つまり、経験則を用いて、代理権授与の事実を推認することができるか判断するのである。

(2)妻に対する代理権の授与

代理権授与における経験則について判示した判例がみられる。次のケースは、夫の事業に係る銀行取引を任されていた妻が、取引銀行以外から事業のつなぎ資金を借り受ける代理権があったか否かの認定が問題となった（最判平成11年7月13日判時1708号41頁）。

【ケース9－2　妻に対する代理権の授与】

■事案

⑴　電気水道工事業を営むXは、経理や金銭の出納等の事務全般の大半をXの妻Aに任せきりにしており、Aは、Xから、Xに代わってY銀行と取引する権限を包括的に与えられており、Xの実印、銀行取引印、預金通帳、手形小切手帳等を必要な都度持ち出して使用し、X名義の銀行口座から払戻しを受けたり、手形貸付けを受けたりしていた。

⑵　Aは、Xの代理人として、Yに対し資金繰りの関係上直ちに融資するように求めた。この融資を直ちには受けられなかったが、Xとの取引の担当者であったY銀行甲支店の従業員Bが、Yから融資を受けるまでのつなぎ資金として、3回にわたり合計400万円を個人的に無

利息で貸し付けてAに交付し、数日後、Bは、Aの承諾の下に、Xの預金口座から400万円を引き出し、これを貸付金の返済金とした。

(3) そこで、Xは、BがXの預金口座から400万円の払戻しを受けた行為はXに対する不法行為を構成するとして、Bの使用者Yに対し、民法715条に基づき損害賠償を求めた。

■訴訟経過

一審判決は、Xの請求を棄却した。

これに対して、原判決は、Xの請求を認容した。その理由は、Aは、Xを代理してBから金員を借り受ける権限をXから付与されていなかったと認められるから、A・B間の金員貸付けの効果がXに帰属する余地はなく、Bが、Aの承諾を受けただけで、Xには無断でXの預金口座から金員を引き出し、Aに交付した貸金の返済金とすることは許されず、引出行為は、不法行為を構成し、Bの分掌していたYの職務との関連で行われたものであるというものであった。

■最高裁の判断

破棄自判。

Xは、その経営する事業の経理や金銭の出納等の事務全般を妻であるAに任せきりにし、事業の資金繰りの必要に応じて取引銀行であるYから融資を受けるなどの権限を包括的にAに与えていたところ、本件の合計400万円の貸金は、XがYから緊急の融資を受ける必要が生じた際、時間的にすぐには融資を受けられない事情があったため、Yから融資を受けられるようになるまでのつなぎ資金として、取引の担当者であったYの従業員B個人からAがXの代理人として無利息で短期間借り受けたものである。

事業運営の過程では、このように取引銀行から融資を受けるのが間に合わないため、取引銀行以外から一時的に借受けをして急場をしのぐ必要が生じるようなことも起こり得るところであり、取引銀行から融資を受けるなど資金繰りを含めて事業の経理全般をAに任せきりにしていたXとしては、本件のような緊急の借受けをし、さらにその弁済をすることもAに委ねていたものというべきである。

したがって、この点に関しAの権限を否定した原審の認定判断には、経験則の適用を誤った違法がある。

本件において、前掲最判平成11月7月13日は、取引銀行から融資を受けるなど資金繰りを含めて事業の経理全般を任せていた者に対し、つなぎ資金として取引銀行以外から緊急の借受けをし、さらにその弁済をすることも委ねていたとみるのが経験則に合致すると判示した[2)]。妻Aに代理権がある以上、Bの行為は不法行為を構成しないから、Xの請求を棄却すべきであるとし、一審判決を是認したのである。

(3) 白紙委任状の作成・交付と代理権の授与

白紙委任状の作成・交付と代理権授与との関係に関する経験則について判示した判例（最判平成5年9月7日判時1508号20頁）を検討することにしよう。

【ケース9−3　白紙委任状の作成・交付と代理権の授与】

■事案

Xは、Yに対し、Yの義兄であるZに本件土地の処分権限を授与し、この授権に基づきZがXに対して本件土地を売却したと主張して残代金の支払いと引換えに本件土地の引渡しおよび所有権移転登記手続を求めた。

■争点

YからZに対しては、白紙委任状が交付されていた。白紙委任状の作成・交付によって、土地を売買するための代理権を授与したと求めることができるか。

■訴訟経過

原審判決は、YからZに対する授権の事実を認めず、Xの請求を棄却した。

■最高裁の判断

破棄差戻し。

■事実関係

①Zは、Xの仲介人Aから、ZがY所有の本件土地を売却すること

2）江口とし子「代理」伊藤＝加藤編・判例から学ぶ122頁。

のできる立場にあることを示す文書をYに作成してもらうよう要請され、②ZからYに対し、自己宛ての委任状を作成してくれるよう伝えた結果、③Yは、委任者欄に住所・氏名を自署して捺印し、委任者欄および委任事項欄を白紙にした委任状（本件白紙委任状）を作成して、Zに交付した、④Yは、本件白紙委任状の作成前から、Aの問い合わせを受けてZが本件土地の買主を探していることを知っていた、⑤Zは、本件白紙委任状の受任者欄に自己の氏名を、委任事項欄に本件土地の売買に関し一切の件を委任する旨を記入し、委任状として完成させた上、Aに交付した。

■判断

①ないし⑤の事実が認められる場合には、他に特段の事情が認められない限り、Yは、本件白紙委任状を作成交付することによって、Zに対して本件土地を売買するための代理権または処分権限を授与したと認めるのが経験則に合致するものというべきである。

①ないし⑤の事実を認定しながら、他に特段の事情の存否につき審究することなく、Yが本件白紙委任状を作成交付したとしてもZに本件土地売買の処分権限を授与したものではないとした原審の認定判断は、首肯するに足りる理由を欠くというに帰するから、原判決には、この点において、審理不尽、理由不備の違法がある。

本件において、前掲最判平成５年９月７日は、土地の所有者が、当該土地の買主を探している者に対し、そのことを知りながら、その者の求めに応じて委任者欄および委任事項欄を白紙にした白紙委任状を作成して交付した場合には、その者に対し、土地を売買するための代理権または処分権限を授与したと認めるのが経験則に合致すると判示した。「特段の事情が認められない限り」という留保は付くとしても、このような見方をすることは相当といえよう[3)]。

3）江口・前掲注２）122頁。

3　仲介契約の事実認定

(1)仲介契約の成否

不動産仲介業者X社は、A社が所有していた土地・建物の売買について、Yとの間で仲介契約を締結し、仲介を行ったことにより、Y・Aの間で本件土地・建物（本件不動産）の売買契約が成立したと主張して、委託者Yらに対し、仲介報酬を請求した。

このケースでは、X・Y間における本件不動産の仲介契約の成否が争点となった[4)]。

【ケース9−4　仲介契約の成否】

■事案

Xの主張は、以下のとおりである。

⑴　Xは、店舗に来店したYに対し、本件不動産を案内し、本件不動産の購入について、売買契約成立までの流れを説明し、資金計画書を作成して本件不動産の購入に必要な費用等について説明し、Yは、こうした説明を踏まえて、本件不動産の購入申込書に署名した。

このように、Yは、仲介業者であるXから本件不動産の紹介を受け、購入スケジュールや購入金額、仲介手数料について説明を受けた上で、本件不動産の購入を申し込む意思表示をしたのであるから、その意思表示はXに対する本件不動産の仲介を依頼するものといえる。

⑵　そして、Xは、Yの依頼に応じ、Yが希望する購入金額で本件不動産を購入できるよう、売主のA社との交渉を開始したのであるから、XとYとの間で仲介契約が成立した。

これに対して、Yは、「購入申込書」に署名しただけであり、仲介に関する書面は一切見せられていない。「購入申込書」の作成交付によって仲介契約が成立することはあり得ないと反論した。

4）筆者の経験した案件をモディファイしたものである。

■事実関係

① Ｙは、平成24年３月６日、Ｘがインターネットの不動産情報サイトに掲載していた物件につき問い合わせのメールを送信した。Ｘの従業員の甲は、Ｙに物件情報を届け、13日にＹに物件を案内することになった。Ｙは、同日に、Ｘ以外の不動産業者からも案内を受けるよう予定した。

② ３月13日午後、Ｙは、妻子を同伴し、自動車でＸの店舗を訪れた。営業第２課の乙課長は、Ｙから、購入物件の希望条件、予算を聞き、△△駅近辺の物件を提案した。Ｙは、妻子とともに、乙の運転する営業車に乗り、本件不動産を含め３現場、４物件の案内を受けて、午後９時すぎにＸの店舗に戻った。

乙は、店舗において、不動産購入に必要な費用の概算、住宅ローンの借入計画等を記入した「資金計算書」を作成し、Ｙに口頭でその説明をし、その写しを交付した。乙は、資金計画書の諸費用内訳の欄の中に仲介手数料を約114万8175円（売買金額を3480万円、建物分の消費税を35万円として試算した額）と記載した。そして、乙は、Ｙに対し、本件不動産についての「購入申込書」の作成を要請した。Ｙは、購入申込書に住所と氏名を記載し、印鑑は所持していなかったので、印鑑を押捺する箇所にも氏名を記載した。

購入申込書は、名宛人が「株式会社Ｘ御中」とされ、「私は、貴社より紹介を受けております下記表示の不動産を下記条件にて購入することを申し込みます」、「本書は売買契約書ではありません」との記載がある。

Ｙは、本件購入申込書について、乙から、「これは購入申込みだけの書類で、キャンセルはいつでもできますから」と説明された旨の陳述書を、乙は、「契約しなくてもペナルティはありません」と説明した旨の陳述書を提出している。

③ しかし、同日、仲介契約書の作成はされず、その作成に関する説明もされなかった。当然のことながら、専属専任媒介契約にするか、一般媒介契約にするかなどの話もなかった。

④　Ｘは、その後売買契約成立に向けて一定の行動をしており、これは仲介契約が成立したことを推認させる間接事実と位置づけている。

⑤　乙は仲介契約書を作成しなかった理由について、「Ｘは、通常は依頼者から購入申込書の交付を受けるのと同時に仲介契約書の作成をしているが、本件購入申込書を作成時は既に午後10時を過ぎており、子連れのＹに仲介契約書の作成までお付き合いいただくのは忍びないと思って、仲介契約書の作成はしなかった」旨の陳述書を提出している。

以上のような事実関係が認められた場合において、平成24年３月13日にＸとＹとの間に仲介契約締結の合意が成立したとみることができるであろうか。

本件では、Ｘは、仲介契約書は作成されてはいないが、口頭での合意により仲介契約が締結されたと主張している[5)]。その間接事実としては、Ｙは購入申込書を作成し、Ｘに交付していることがある。

第１に、この点について考えてみよう。Ｙは、確かに、乙の要請に応じて本件購入申込書を作成し、交付している。そもそも購入申込書は、本来は、購入の意思があることを売主に示すための書面である。しかし、本件購入申込書は、仲介業者Ｘ宛のものであって、売主に対する購入の申込みの意思表示をするものではなく、売主に対する関係で法的効力は有しない。本件購入申込書についての乙の説明ぶりは、①「これは購入申込みだけの書類で、キャンセルはいつでもできますから」というもの（Ｙ)、②「契約しなくてもペナルティはありません」というもの（乙）と、違いがあるようにみえるが、いずれであって

5）判例では、黙示の仲介契約の成立を肯定したものがみられる。最判昭和43年４月２日民集22巻４号803頁が、これであり、「宅地建物取引業を営む商人が不動産の売買契約を成立させるため、買主を現場に案内し、契約の締結に立会い、売買代金額について売主、買主の両者の言い分を調整して、両者をして買主の希望価額以下に合意させ、目的物の受渡、代金の授受に関与した等の事実関係の下においては、買主との間に明示の売買の媒介契約がされなかったとしても、黙示の媒介契約がされたものと解することができ、媒介のための報酬を請求することができる」と判示している。

も、Ｙは、本件購入申込書には特段の法的効力はないという趣旨の説明を受けて、それに署名したにすぎないと評価するのが相当である。そして、本件購入申込書には仲介手数料や仲介に関する事項は何ら表示されていないのであるから、ＹがこれをＸに交付したことが、Ｘに対して仲介契約の締結を申し込む意思表示をしたと評価することは困難である。

本件では、仲介契約書は作成されていない。仲介契約は要式契約ではないが、宅地建物取引業者（宅建業者）は、仲介契約を締結したときは、遅滞なく、宅地建物取引業法34条の２第１項に掲げられた事項を記載した書面を作成して記名押印し、依頼者にこれを交付しなければならない。宅建業者は、これを遵守するのが通例であり、これをしないのは業法違反である。このことは当事者の意思を解釈する上で大きな意味を有する。

第２に、この点について考えてみよう。不動産仲介契約には、依頼者が他の宅建業者に重ねて売買の媒介を依頼することを禁ずる専任媒介契約、それが許される一般媒介契約とがある（宅地建物取引業法34条の２第１項３号）。仲介契約の締結にあたっては、いずれにするかは重要であり、その点や媒介契約の有効期間、解除に関する事項（同項４号）等について宅建業者から説明を受け、依頼者がこれを了解することが必要となる。乙は、Ｙに対し、書面を作成していないばかりか、こうした説明を一切していないのであるから、本件では、そもそも仲介契約の成否を論じる前提を欠くと評価されよう。

それでは、どうして乙は仲介契約書を作成しなかったのであろうか。この点について、乙が陳述書において述べる理由（⑤）は、いかにも弁解じみている。しかも、乙は、Ｙに対して、仲介契約書作成の話をしていないのであるから、この時点で作成する気があったのか疑問だ。それにもかかわらず、Ｘはその後売買契約成立に向けて行動を開始しているのであるから不可解であるが、不動産売買の見通しが立った段階で仲介契約書を作成するつもりだったのかもしれない。いずれにしても、仲介業者としての契約締結の基本を遵守していないのであるから、Ｘ側に仲介契約の成否判断のリスクを甘受させたとしても、問題はなさそうである。

つまり、本件では、合意の存否という点において、形式的観点からも、実質的観点からも、仲介契約の成立は認められないという事実認定が相当であると解される。本件のモデルとなった案件でも、仲介契約の成立は認められず、Ｘ

の請求は棄却された。

(2)条件成就の妨害の有無

顧客Xが、仲介業者Yに対して、報酬金の内金の返還請求をしたところ、「不動産仲介契約の報酬金支払いの停止条件の成就を妨げたといえるか」が争点になったものとして、東京地判平成11年5月18日判タ1027号161頁がある[6)]。

【ケース9－5　条件成就の妨害】

■事案

(1)　Xは、Y（宅地建物取引業者）との間で不動産媒介契約を締結し、その中で、不動産売買契約の成立を停止条件として報酬金を支払う合意をした。

(2)　Xは、Yの仲介によりAとの間で借地権付き建物の売買契約を締結し、手付金を支払った。この段階で、XはYに対し報酬金の内金も支払った。

(3)　本件売買契約には、停止条件として、「地主Bの借地権譲渡につき書面による承諾が必要である」旨の約定がある。

(4)　Xは、その後、借地権の譲渡承諾の書面に、実印の押捺と印鑑証明書の添付を求めたが、Bはこれを拒絶して、本件売買契約の効力は発生せず、AからXに対し手付金の返還がされた。

■事実関係

① 本件売買契約には、停止条件として「借地権譲渡につき書面による承諾が必要である」旨記載されているが、どのような印鑑が押捺されるべきかについては明示的な定めがない。

② 不動産売買の必要書類には、目的物の高額性、登記の必要性等から、当事者の意思の確実性を明確にする趣旨で、実印の押捺、印鑑証明書を添付する取引慣行がある。

この場合に、XはYに対し、報酬金の内金の返還を求めることができるか、反対に、YがXに対してする報酬金の残部請求に応じなけれ

6）加藤・認定論250頁。

ばならないか。

本件において、Xが故意に不動産媒介契約の報酬金支払いの停止条件の成就を妨げたといえるであろうか。

条件成就の妨害は、条件成就とみなされる（民法130条）が、その妨害行為は、妨害と評価されるものであれば、作為・不作為、事実行為・法律行為を問わない[7)]。

それでは、⑶の停止条件のある売買契約において、⑷のように借地権の譲渡承諾の書面に実印の押捺と印鑑証明書の添付を求めることが、⑴の条件成就の妨害となるといえるか。これを判断するためには、⑶のような停止条件の解釈、すなわち、「借地権譲渡につき書面による承諾が必要である旨記載されているが、どのような印鑑が押捺されるべきか」という契約の解釈により、約定の内容を確定することが必要になる。契約の解釈によって、条項の明確化を図らなければならないのである。

借地権付建物の売買では、借地権譲渡について承諾が得られていることは、建物の存続を図り、売買の目的を達するために極めて重要であり、地主側に相続が発生するなどして賃貸人の変更が生じた場合に、借地権譲渡につき真実承諾が得られていたかが将来問題となる事態は十分予想される。このことを考えると、停止条件⑶の解釈として、「書面による地主の承諾」の「書面」とは、「地主により実印が押捺され、印鑑証明書が添付された、借地権の譲渡を承諾する旨の意思が明示された書面」を意味するものであると解釈するのが相当であろう。すなわち、Xが「書面による地主の承諾」を求めたのは、借地権譲渡の承諾の確実性の担保および将来の紛争回避の目的であったのであり、そうした目的からは、地主の実印の押捺および実印の真正を確認するための印鑑証明書の添付を求めることは合理性があるということができるからである。

7）条件成就の妨害の典型事例としては、①山林売却の斡旋を依頼し成功した折には報酬金を支払う旨の停止条件付き契約を締結したところ、委任者が受任者を介さないで他に売却した場合（最判昭和39年１月23日民集18巻１号99頁）、②土地の買受人が売買につき宅地建物取引業者に仲介を依頼して契約の成立を停止条件として報酬金を支払う旨約したのに、業者を排除して直接売主との間に契約を成立させた場合（最判昭和45年10月22日民集24巻11号1599頁）などがある。

したがって、本件においては、Xが故意に不動産媒介契約の報酬金支払いの停止条件の成就を妨げたと評価することはできない。

4　請負契約の事実認定

(1)請負契約関係訴訟の特色

請負契約関係訴訟の特色を、証拠方法との関係から、整理しておこう[8)]。

第１に、請負契約の中でも建築請負契約が訴訟になるケースでは、正式な契約書が作成されていないことが少なくない。

第２に、見積書がある場合でも、契約交渉過程・契約の締結過程での見積もり金額、工事内容等の異なる複数の見積書が、時期を異にして複数枚あり、どれを基にして契約しているか一義的に判明しないこともみられる。この場合には、契約交渉の通常の過程を考えると、時期の最後のものに収斂しているとみてよいことが多いであろう。

第３に、注文者が銀行融資を受けて建物建築をする予定であり、銀行融資を受けるための見積書、請負契約書を建築業者に頼んで作成してもらった場合など、問題が錯綜することがある。銀行の融資審査用の見積書は、実際よりも高くしてあることが多い。これは、融資の歩留まりを考えてのこともあるし、追加工事の可能性を考慮してという理由のこともある。これに対して、融資を受けやすくするという配慮から、実際よりも安くしてあることもないわけではない。いずれの場合も、他の証拠や個別の事情を勘案して判断するほかない。

第４に、請負契約書が作成されていないために、当初契約に基づく工事であるか、追加工事契約に基づく工事であるか、サービス工事であるかが問題になるケースもみられる。関連証拠によっても明らかにならない場合には、その不利益は注文者ではなく、請負業者が負担する方が当事者の衡平の観点からは相当であることが多いといえよう。

第５に、注文者が元請負人に一定の報酬を支払っているのに、元請負人は下請負人にその一部しか払っておらず、中間の元請負人が倒産状態になった場合において、注文者と下請負人が直接契約をして残工事を行う旨を合意したは

8）加藤編・立証活動Ⅱ302～320頁。

ずであるが、それが不明確なケースもある。

(2)請負契約の当事者

請負契約の契約書が作成されていない場合には、当事者が誰かが争点になることもある。例えば、東京地判平成12年２月23日判タ1044号128頁が、これである[9)]。

【ケース9−6　請負契約の当事者】

■事案

⑴　Ｘは、Ａの経営するファストフード店舗の水道・空調・ダクト工事を請け負い（本件契約という）、これを完成させたが、工事代金の一部の支払いがされなかった。

⑵　この工事は、ＢがＡから請け負い、Y_1（代表取締役Y_2）が下請けとして受注した。Ｘは、Y_1から、この工事を請け負ったと主張したが、その間に、Ｃが介在している。Y_1はＣに孫請けさせたと主張した。

⑶　契約当事者を明確にした書面はない。

⑷　Ｘは、代金の残額の支払いのため、Ｂの担当者、Y_2の立会いの下、Ｃとの間で、分割払いの和解書を作成し、さらに、立会人Ｄとの間で、債務保証の合意書（誓約書）を作成したが、その支払いは滞った。

■間接事実

①　Ｘは、Ｃとは過去に工事を依頼されたことがあるが、Y_2とは面識がなかった。

②　Ｘは、Ｃに対して工事の出来高の支払請求をしている。

③　和解書作成には、Y_2も立ち会っているのに、発注者Ｃ、工事業者Ｘとされ、ＣがＸに代金を支払う内容となっている。

④　Ｘは、Ｃ・Ｄから債務保証の合意書（誓約書）を徴求しているが、Ｙ側からは徴求していない。

このような事実関係の下において、Ｘは、請負工事代金残額を回収したいと考えているが、本件請負契約の当事者は誰か。

9）加藤・認定論247頁。

本件では、X側がY_1と契約したと主張するのに対して、Y側はXはCと契約したと反論している。すなわち、法的には、「Xは孫請けか、曾孫請けか」という争いとして構成される。しかし、契約書が作成されておらず、明示の（口頭）合意もないから、契約の解釈にあたっては、間接事実から推論していくことが必要となる。

本件の間接事実の中では、③（和解契約の成立とその内容）が重い意味をもつであろう。後付けではあるが、そこで契約の仕切り直しがされたとみることができるからである。それを補強するものとして、契約当事者となるべき合理性（①）、Xは当事者として誰を想定していたか（②・④）に関する間接事実が考慮されるべきである。このような点を考慮すると、本件契約の当事者はXとCであると解するのが相当であろう。

本件は、契約書が作成されなかった請負契約において、当事者を特定するのに意味ある間接事実を評価して、当事者が誰であるかについて解釈しているのである。当事者の特定の判断に当たり、外形的表示行為（②ないし④）について、客観的観点から経験則に基づき評価する作業をしている。本件に即していえば、「(ア)それまで面識のない者よりも、過去に工事を依頼されたことがある者の方が、契約の当事者となる蓋然性が高い、(イ)工事の出来高の支払請求をする相手は、通常、契約の当事者である、(ウ)和解書において、発注者とされ代金を支払う義務を負った者は、通常、契約の当事者である、(エ)和解契約に基づく支払いにつき債務保証の合意書（誓約書）を徴求された者とそうでない者は、前者が契約の当事者である蓋然性が高い」という経験則を使っているのである。

(3)請負契約の期限・条件

請負契約の期限・条件が争点となる場合がある。例えば、東京地判平成13年1月31日判タ1071号190頁が、これである[10)]。

【ケース9−7　期限か条件か】

■事案

(1)　X（建物建築・設計等を業とする会社）は、Yから自宅および店舗

10）加藤・認定論252頁。

併用の賃貸マンション（本件建物）の設計および建築確認業務を請け負った。

⑵　その後、Ｙは、Ｘに本件建物の建築実施設計図書一式も発注し、請負代金の支払時期を「建物着工時」と合意した。

⑶　ところが、Ｘが完成した建築実施設計図書一式を提供した後も、Ｙは資金調達ができないとして、建物建築に着手しない。

この場合において、ＸがＹに対し、請負代金を請求するとしたら、約定の請負代金支払時期である「建物着工時」の意味が問題となる。

本件では、Ｘは、「建物着工時」とは、Ｙが建物の建築資金を金融機関から借り入れ、その借入金が交付されたときを不確定期限とする合意であると主張し、Ｙは、停止条件であると反論した。

■事実関係

①　実施設計図書の作成を内容とする請負契約であることが明示された契約書が作成されている。

②　本件請負契約締結当時、建築実施設計図書一式を完成させた後に、ＹはＸに建物の建築を発注し本件建物の建築を開始することを予定し、具体的な完成時期の心積もりもしていた。

③　約定の請負代金支払時期は、「設計完了時」から、「建物着工時」と変更されている。この変更は、Ｙが希望したことによるものであり、金融機関からの融資が実現する時期を勘案したことによる。

④　Ｘは本件建物の建築実施設計図書一式を完成させた。

⑤　Ｙは、本件建物建築につき、2000万円余の資金が不足し、これを調達する目処も立たず、Ｘに値引き要求を繰り返すような状態であった。

このような事実関係の下において、「建物着工時」は、不確定期限、停止条件のいずれとみるべきか。

法律行為の付款には、「期限」と「条件」がある。法律行為の効力の発生・消滅が将来発生することの確実な事実にかからせる特約が「期限」であり、将来発生することが不確実な事実にかからせる特約が「条件」である。そのいずれであるかを決定するのは、「契約の解釈」にほかならない。

土地所有者が建物を建築しようとプランを練ったとしても、いろいろな事情（例えば、資金調達の困難など）によって建築着手にまで至らないことがあるが、Ｙも、そうした事態に遭遇した。そのような場合には、代金支払時期を「建物着工時」とする合意をどのように解釈すべきであろうか。

契約文言の解釈としては、(i)注文者が建物を建築しない場合には、請負人は報酬を取得しないという解釈、(ii)「建物着工時」は必ず到来するものである（請負人が報酬を取得できない事態はない）ことを前提としているという解釈とがあり得る。

本件で、請負代金支払時期につき「建物着工時」としたのは、当事者が、この時期が必ず到来するものであることを前提としているものであり、建築工事の着手が社会通念上実現しないことが確定した場合には、この代金支払いの期限が到来したこととすることを約したものと解される。すなわち、建物着工時は不確定期限であると解釈するのが相当である。そして、⑤の事実から、建築工事の着手が社会通念上実現しないことに確定したものということができると考えられる。

本件合意は、建築実施設計図書一式を作成する請負契約であり、当事者の意図する目的は、Ｙは建物建築、Ｘは設計による報酬取得である。したがって、(i)のような合意があったと解することは、経験則上不自然であるし、信義則の観点からも問題であるといえよう。

また、請負代金支払時期に関する条項は、Ｘのイニシアティブにより変更されたものであるから、いわゆる「表現者に不利に」解釈準則からも説明することができる[11)]。さらにいえば、「表現者に不利に」解釈準則は、条項を作成する者は熟慮して自分にメリットが生じるよう配慮するという経験則を踏まえているものと考えられるのである。

11）「表現者に不利に」解釈準則については、上田誠一郎『契約解釈の限界と不明確条項解釈準則』191頁（日本評論社・2003）参照。

●コラム9　質権設定契約か譲渡担保契約か

X社が取引先のY社から資金ショートを補うために緊急の融資を受けていた。当初は、両社の経営者が親戚関係にあったため、文字どおり融通が利いたが、Y社の資本構成に変化があり、担保を徴することになった。

X社はY社に対し、A社の株式を担保のため差し入れた。その後、X社は債務を弁済することができなかったため、株式は売却された。X社は、Y社が勝手に売却したと主張して、損賠賠償請求訴訟を提起した。

このケースの争点は、株式の差入れが、質権設定契約か譲渡担保契約かというものだ。質権設定契約であれば、株式売却は流質契約の禁止に抵触し得るが、譲渡担保契約であれば問題はない。

Y社は、担保権実行後、株式売却代金につき、被担保債権に充当して債務償却をするという処理をせず、会計上、営業外収入として計上していた。X社は、この点を捉えて、株式売却は譲渡担保権の実行としてされたものとはいえないと主張した。そして、このような会計処理をした事実は、A社株式を担保目的での差入れが譲渡担保契約ではなかったことの重要な間接事実であると主張した。

そこで、Y社としては、「自ら主張するように譲渡担保契約であったにもかかわらず、このような会計処理をしたのはどうしてなのか」について合理的な説明をすることが必要となる。Y社担当者である取締役は、証人尋問において、この会計処理について、「誤記ないしミスである」と弁明した。その可能性はないとはいえないが、株式差入れ時の経緯等からして、Y社としては、売却後の代金会計処理も、慎重に扱ったはずである。そうすると、誤記・ミスという弁明をにわかに受け容れることはできないであろう。もっとも、契約書をみる限りは、譲渡担保契約と認定してよいものであった。そうしたことから、一審判決は、会計処理について深入りすることなく、請求棄却の判決をしていた。

控訴審でこの件を担当した筆者は、Y社が営業外収入として計上していた理由は、被担保債権額が大きくまだ未回収債権が残っているため、会計上損金計上分を減らさないように操作する意図ではなかったかと推測した。仮に、そうであるならば、Y社の訴訟における対応は不誠実であるし、訴訟上の真実義務にも反すると評価される。しかし、ある契約の法的性質は、契約締結時における当事者の合意により決まるものであるから、契約書の記載内容は大きな意味をもつ。契約書が譲渡担保契約と認定してよいものであれば、売却後の会計処理が誤っていたとしても遡及的に法的性質が変わるものではない。Ｙ社の弁明の誤記・ミスというのは虚偽の可能性が大きいが、虚偽であったとしても、その他の証拠からの譲渡担保契約という認定を左右するものとはいえない。そのように考えて、控訴審判決としては、上記会計処理の弁明についての証言は信用できないが、結論を左右するものではない旨の理由を付した上で、一審の判断を維持する控訴棄却の判決をした。

事実認定の観点からのコメントとしては、結論を導く理路に係る事実を証明する証拠の評価が重要であって、そうでない事実に関する証拠に信用できないものがあったとしてもカウントする必要はないというのが原則である。もっとも、当事者としては、結論を導く理路に係る事実ではない証拠であっても、信用性に乏しいものが相当数提出されている場合には、弁論の全趣旨（民訴法247条）として、主張そのものの信頼性評価に影響することにも留意しなければならないであろう。

@加藤新太郎「当事者の嘘の見分け方」会社法務A2Z（2010年７月号）83頁

第10章 契約関係訴訟の事実認定の諸相

1 契約関係訴訟の事実認定

本章は、契約関係訴訟の事実認定・判断のまとめをかねて、使用貸借契約を中心として、いくつかのケースについて、判例を基にして考察する。

契約関係訴訟において一定の事実（複数の事実）を評価していく場合のスタンスはどのようなものか。それは、一言で言えば、契約の性質、契約の要素などの客観的な事項と当事者の関係性および当該状況からどのような意思を形成していたかという主観的事項の双方に目配りして、規範的観点から評価するというものである。規範的観点ということであるから、実体法の解釈論に留意することが重要であり、実務的なスタンスの方向性を示す判例にも留意しなければならない。

本章は、そうした意味では、単純な事実の認定にとどまらない、実体法の解釈論を踏まえた契約の解釈を施す作用の実相がどのようなものかを、具体的なケースでみていくものとなる[1)]。

2 使用貸借契約か他の契約か

(1) 使用貸借契約と賃貸借契約の区別

契約関係訴訟において、使用貸借契約か他の契約かについて争いになるケースがみられる。まず、「使用貸借契約か賃貸借契約か」について争点となった判例（最判昭和41年10月27日民集20巻８号1649頁）がある[2)]。

1）契約の解釈については、加藤・認定論239頁。

2）村田渉「使用貸借の認定」伊藤＝加藤編・判例から学ぶ187頁。

【ケース10－1　使用貸借契約か賃貸借契約か】

■事案　抵当権に基づく競売により建物（Aもと所有）を取得したBからその遺贈を受けたXが、建物の居住者であるYに対し、所有権に基づいて建物明渡請求訴訟を提起した。

これに対して、Yは、占有正権限の抗弁を主張した。

すなわち、Yは、「抵当権設定登記より前に、本件建物を含むA所有の不動産の固定資産税をYが代納し、これをもって賃料の支払いとする旨の約定で、A・Y間で期限の定めなく本件建物を貸借し、居住してきた。したがって、賃借権取得後に建物所有権を取得したXに賃借権を対抗することができる」と主張した。

■事実関係

① Aは「またいとこ」に当たるYを学生の頃から世話をしてきた関係があり、Yが住まいに困っていたので、面倒をみるつもりで、家賃を取ることは考えず、期間も賃料も定めずに、Y夫婦に本件建物を使用させることにした。

② 競売事件において作成された賃貸借調査報告者には、本件不動産について、AはYに敷金も家賃も定めず、A所有の不動産の固定資産税をYが納入することを条件として、無料で使用させている旨の記載がある。

③ Yは、昭和25年から昭和32年頃まで、A所有の不動産のほか、A以外の者が所有する不動産の固定資産税等の公訴公課を支払っていたが、その支払総額は、合計14万7710円である。これに対し、昭和32年度の上記不動産の固定資産税の年額は約3万2800円であり、昭和33年6月頃の本件建物の適正賃料は年額11万8000円であった。

本件の事実関係の下において、Yの主張する貸借契約は、使用貸借契約か賃貸借契約か、いずれと評価・判断するのが相当であろうか。

使用貸借は、①当事者の一方（使用貸主）がある物（借用物）を引き渡すことを約し、②相手方（使用借主）がその引渡しを受けた物について無償で使用収益をして、契約が終了したときに返還することを約することによって成立する契約である（民法593条）。平成29年の民法改正により要物契約から諾成契約に変わったが、使用貸借は無償契約である。そこで、使用貸借契約か賃貸借契約かの区別は、貸借が対価を伴うかどうかである。例えば、建物の借主が、一定の金銭支出をしていたとしても、賃料としては低廉である場合には、使用収益に対する対価の意味をもつものと認めるに足りる特段の事情のない限り、賃貸借契約とは認められない。

それでは、使用収益に対する対価の意味をもつものとは、どのようなものを指すか。本件では、(ア)A・Y間に親戚関係があるから、当事者の主観的意思としては相場よりも安く建物を貸す・借りるという認識があったとみることは可能である。また、(イ)社会通念としても、A・Y間の関係から、ある程度低廉な費用負担で建物を貸借することは不相当とはいえないであろう。(ア)は主観的事情であり、(イ)は費用負担の相当性が客観的事情ということができる。

ここでは、(ア)のような主観的事情のみによって、(イ)の費用負担の相当性という客観的事情を備えていなくとも、使用収益に対する対価の意味をもつものと認めるに足りる特段の事情があるということができるかが問題となる。

判例（前掲最判昭和41年10月27日）は、「建物の借主が、貸主所有の不動産に賦課された固定資産税等の支払いを負担するなどの事実があるとしても、その負担が建物の使用収益に対する対価の意味をもつものと認めるに足りる特段の事情のない限り、当該貸借関係は使用貸借であると認めるのが相当である」旨判示した。

まず、事実関係③によれば、Yの負担は賃料相場からすると著しく低いものであるから、使用収益に対する対価として相当である旨の評価は困難である。そうすると、①の事情が特別の事情になるか問題となるが、これだけでは建物の使用収益に対する対価の意味をもつものと認めるには足りないと評価するのが相当とされたのである。このように特別の事情が認められない以上、本件は、建物使用貸借契約ということになる。

対価性を否定した判例には、貸主の家屋利用に対する留守番の仕事はそれだけでは家屋使用の対価には当たらないとした事例（最判昭和26年3月29日民集5巻5号177頁）、妻の叔父に貸した2部屋の部屋代名目で支払われていた1000円（相場の約20分の1）は謝礼であって対価には当たらないとした事例（最判昭和35年4月12日民集14巻5号817頁）、相場と比較して格段に低廉な金額を支払って居住する社宅につき対価には当たらないとした事例（最判昭和30年5月13日民集9巻6号711頁）がみられる。

事案の個別性に着目するという観点では、「家賃としては低額の金額が支払われている姉妹の間柄にある者間の建物使用関係について、妹夫婦が姉の夫の所有建物に居住して姉妹の母親の面倒をみていた事情などが当該金額に反映されていると認定し、建物賃貸借契約の存在が肯定された事例」である、横浜地判平成元年11月30日判時1354号136頁が参考になる。このケースは、姉妹間の建物使用関係が使用貸借契約か賃貸借契約かについて争われたものであるが、貸主が支払いに関して判取り帳を用意し、領収印を押していること、ある時期の判取り帳には、明確に賃料と記載されていることなどの間接事実も認定されている。本件が抵当権に基づく競売により不動産所有権が第三者に移転している場合であるのに対して、上記ケースは、姉妹間の問題に限定されている。このことは、使用収益に対する対価の意味をもつものと認めるに足りる特別の事情の当てはめの評価に影響するものであろう。

以上を整理すると、使用貸借契約か賃貸借契約かの認定・判断における考慮要素としては、❶借主の不動産利用との関係における負担の有無、その経済的価値（数額）、❷不動産の相当賃料額との比較（低廉さの程度）、❸貸主と借主との関係性（親子、夫婦、親族、雇用者・被用者関係など）であり、これらを総合判断して、借主の負担が不動産の使用収益の対価と認めるに足りる特別の事情があるか否かを判定していくことになる[3)]。

（2）無償の地上権設定契約との区別

次に、無償の地上権設定契約か使用貸借契約かについて争点となった判例（最判昭和47年7月18日判時678号37頁）がみられる[4)]。

【ケース10－2　無償の地上権設定契約か使用貸借契約か】

■事案

Ａ所有の土地上に妻Ｂが建物を建築して利用していたが、Ａが死亡した。Ａ・Ｂの長男であるＸが遺産分割により、土地を取得し、その

3）村田・前掲注2）191頁。
4）村田・前掲注2）187頁。

後Bの隠居に伴う家督相続により建物の所有権も取得したが、Xはそれらの登記手続をしないでいた。そうしているうちに、Bは、本件建物をA・Bの長女であるYに遺贈し、Bが死亡したことから、Yは本件建物の所有権を取得したとして所有権移転登記手続をした。

そこで、Xは、Yに対し、本件土地の所有権に基づき建物収去土地明渡請求訴訟を提起した。

■訴訟経過

① 一審判決は、Xの請求を棄却した。その理由は、AはBのために本件土地について建物所有を目的とする地上権の性質を有する借地権を暗黙裡に設定したものであり、この地上権が消滅した旨は主張されていないので、Yは遺贈によりこの地上権を承継取得したものと解されるというものであった。

② Xは、控訴したが、その際、訴えの変更をし、(i)主位的請求として、建物の所有権確認、同明渡し、所有権移転登記手続等を、(ii)予備的請求として、建物収去土地明渡し等を求めた。

③ 控訴審判決も、控訴を棄却し、(i)主位的請求、(ii)予備的請求をいずれも棄却した。予備的請求については、Bが本件土地について有していた借地権は地上権であり、Yの地上権の取得は相続によるものと同一に考えるべきであり、登記なくしてXに対抗できるものである旨判示した。

④ そこで、Xが上告した。

本件事実関係の下において、A・B間の土地の無償使用を許す契約は、無償の地上権設定契約か、使用貸借契約か、いずれと評価・判断するのが相当であろうか。

一審判決、控訴審判決は、A・B間で設定された建物所有を目的とする借地権は、A・Bとの関係、借地権について存続期間・借地料の合意がなかったことからすると、使用貸借上の権利と解するよりは、地上権の性質を有するものと解するべきであると判断している。しかし、地上権は物権であり、債権である使用貸借権利よりもはるかに強い権利である。この点を考慮すると、一審判決、控訴審判決のような理解には問題があると考えられる。

そこで、上告審（前掲最判昭和47年７月18日）は、次のとおり判示して、予備的請求に関する控訴を棄却した部分を破棄し、控訴審に差戻しをした。

ア　建物所有を目的とする地上権は、その設定登記または地上建物の登記を経ることによって第三者に対する対抗力を取得し、土地所有者の承諾を要せず譲渡することができ、かつ、相続の対象となるものであり、ことに無償の地上権は土地所有権にとって著しい負担となるものであるから、このような強力な権利が黙示に設定されたとするためには、当事者がそのような意思を具体的に有するものと推認するにつき、首肯するに足りる理由が示されなければならない。

イ　夫婦その他の親族の間において無償で不動産の使用を許す関係は、主として情義に基づくもので、明確な権利の設定もしくは契約関係の創設として意識されないか、またはせいぜい使用貸借契約を締結する意思によるものにすぎず、無償の地上権のような強力な権利を設定する趣旨でないのが通常であるから、夫婦間で土地の無償使用を許す関係を地上権の設定と認めるためには、当事者が何らかの理由で特に強固な権利を設定することを意図したと認めるべき特段の事情が存在することを必要とするものと解すべきである。

ウ　本件において、原判決の掲げる事情のみをもってしては、ＡがＢに本件土地を無償で使用することを許諾した事実は肯認することができても、これをもって使用貸借契約にとどまらず地上権を設定したものと解するに足りる理由を見出すことはできないものというほかはない。

この判示は、「夫婦間での土地の無償使用を許す関係は、使用貸借契約と推認することが相当であり、これを地上権の設定と認めるためには、当事者間に特に強固な権利を設定したと認める特段の事情がなければならない」という事実認定・判断の規範を形成したものということができる。

この点について、学説には、本件のようなケースにおいて、地上権設定契約と認められると借地人・借家人保護の理念を有する借地借家法の適用があるのに対し、使用貸借契約と認めると同法の保護を受けないことから、裁判官の心証としては、借地借家法を適用すべきかどうか、すなわち、対象不動産の取得者（所有者）からの明渡請求を肯定することの当否の判断が先行し、その解釈上の理由づけとして、無償の地上権設定契約であるとか、使用貸借契約であるとかの認定をするのであると説明する見解[5)]がある。確かに、裁判官は、結論の当否を意識して事実の評価をすることがあり、むしろ、それが相当な場合もないとはいえない。しかし、裁判実務においては、「先に結論ありき」で、それに合わせて、都合のよい証拠により事実認定することは適切でないと伝承されている。そうすると、上記見解は、一般化することはできないし、また、端的にそうした説明をすることは誤解を招くものと考えられる。

3　使用貸借契約の成否

(1) 共同相続人の被相続人との建物同居

共同相続人の１人が相続開始前から被相続人の許諾を得て遺産である建物において被相続人の許諾を得て遺産である建物において被相続人と同居してきた場合について、使用貸借契約の成否が争点となった判例（最判平成８年12月17日民集50巻10号2778頁）がある[6)]。

【ケース10－3　共同相続人の被相続人との建物同居】

■事案

被相続人Ａは、相続人であるＹら２人とともに、Ａ所有の土地建物に家族として同居生活をし、家業である二輪車修理販売業を営んでいた。Ａは既に引退し、Ｙら２人が家業の中心であった。Ｙらは、Ａが死亡し、相続が開始した後も、遺産となった本件建物に居住し続けていた。本件土地建物は、遺言等により、Ｘら５人、Ｙら２人および訴外Ｂの計８人による遺産分割前の遺産共有状態にあった。

Ｘらは、①Ｙらおよび訴外Ｂに対し、本件土地建物の共有物分割、②Ｙらに対し、不法行為または不当利得による本件土地建物の賃料相当損害金の支払いを求める訴えを提起した。

■訴訟経過

一審判決、控訴審判決は、①共有物分割請求については、遺産分割

5）谷口知平「判批」民商56巻４号692頁（1967）。

6）村田渉「使用貸借の成否」伊藤＝加藤編・判例から学ぶ192頁。

によるべきであるとして不適法却下したが、②自己の持分に相当する範囲を超えて本件不動産全部を占有、使用する持分権者は、これを占有、使用していない他の持分権者の損失の下に法律上の原因なく利益を得ているのであるから、格別の合意のない限り、他の持分権者に対して、共有物の賃料相当額に依拠して算出された金額について不当利得返還義務を負うと判断して、Ｘらの不当利得返還請求を認容した。

そこで、Ｙらは、②の部分を不服として上告した。

本件事実関係の下において、ＡとＹらとの間には、居住する建物について、どのような法律関係が形成されていたと認定・判断するのが相当であろうか。

上告審（前掲最判平成８年12月17日）は、次のとおり判示して、原判決を破棄し、原審に差し戻した。

ア　共同相続人の１人が相続開始前から被相続人の許諾を得て遺産である建物において被相続人と同居してきたときは、特段の事情のない限り、被相続人と同居の相続人との間において、被相続人が死亡し相続が開始した後も、遺産分割により右建物の所有関係が最終的に確定するまでの間は、引き続き同居の相続人にこれを無償で使用させる旨の合意があったものと推認されるのであって、被相続人が死亡した場合は、この時から少なくとも遺産分割終了までの間は、被相続人の地位を承継した他の相続人等が貸主となり、同居の相続人を借主とする建物の使用貸借契約関係が存続することになるものというべきである。

イ　けだし、建物が同居の相続人の居住の場であり、同人の居住が被相続人の許諾に基づくものであったことからすると、遺産分割までは同居の相続人に建物全部の使用権原を与えて相続開始前と同一の態様における無償による使用を認めることが、被相続人および同居の相続人の通常の意思に合致するといえるからである。

ウ　本件についてこれを見るのに、Ｙらは、Ａの相続人であり、本件不動産においてＡの家族として同人と同居生活をしてきたというのであるから、特段の事情のない限り、ＡとＹらの間には本件建物について上記趣旨の使用貸借契約が成立していたものと推認するのが相当であり、Ｙらの本件建物の占有、使用が使用貸借契約に基づくものであるならば、これによりYらが得る利益に法律上の原因がないということはできないから、Yらの不当利得返還請求は理由がないものというべきである。

この判示は、「共同相続人の1人が相続開始前から被相続人の許諾を得て遺産である建物において被相続人と同居してきたときは、特段の事情のない限り、被相続人と当該相続人との間において、当該建物について、相続開始時を始期とし、遺産分割時を終期とする使用貸借契約が成立していたものと推認される」という経験則を基礎とする認定判断の規範を形成したものということができる[7)]。

(2) 内縁の夫婦が共有不動産を共同使用していた場合における一方の死亡後の法律関係

次に、内縁の夫婦が共有不動産を共同使用していた場合における、一方の死亡後の法律関係が争点となった判例（最判平成10年2月26日民集52巻1号255頁）がある[8)]。

7）この判例（前掲最判平成8年12月17日）と配偶者短期居住権との関係をどのように整理すべきかという論点がある。配偶者短期居住権は、平成30年の相続法改正において創設された、①相続開始の時に、②被相続人所有の建物に、③無償で居住していて、④現在も同建物に居住している、⑤配偶者について、一定の期間、当該居住建物に無償で使用することができる権利（民法1037条～1041条）である。(ア)配偶者短期居住権の制度を導入すると、使用貸借契約が締結されたのとほぼ同様の状態が確保されるから、被相続人とその配偶者の通常の意思としては、それとは別に使用貸借契約を締結する意思まではないと考えるのが自然であると考え、使用貸借推認構成をとる従前判例は変更されるとする立案担当者の見解（ただし、配偶者以外の相続人については、従来の判例は妥当し、その居住権は保護される）がみられる。しかし、(イ)被相続人とその配偶者との間で被相続人の生前に被相続人死亡後の居住建物の無償での使用収益を目的とする契約（使用貸借契約）が締結されていたことが主張立証された場合には、使用貸借契約の規範により規律されることになるところ、配偶者短期居住権の制度は、使用貸借その他の合意に依拠して自らの権利主張をすることに困難をきたす配偶者を保護するため、法定の権利を付与したものである。そうである以上、配偶者短期居住権ができたからといって、使用貸借を主張することを不可とする必要はなく、いずれの主張をするかは、配偶者の選択に委ねるべきであり、その限りで、使用貸借推認構成をとる従前判例は生きることになるとする見解（潮見佳男『新契約各論Ⅰ』334頁（信山社・2021）が相当であると解される。

8）村田・前掲注6）192頁。

【ケース10－4　共有不動産を共同使用していた内縁の夫婦の一方の死亡後の法律関係】

■事案

Ｙとには、20年以上にわたり内縁関係にある。ＹとＡは、楽器指導盤の製造販売業を共同で営み、本件不動産を居住および事業の作業場として共同で占有使用していた。Ａが死亡し、本件不動産に関するＡの権利は、Ａの子であるＸが相続により取得した。Ｙは、Ａの死亡後、本件不動産を居住および事業のために単独で占有使用していた。ＸとＹとの間で、本件不動産の所有権の帰属をめぐり争いとなり、前訴において、本件不動産はＹとＡとの共有であったことが認定され、Ｙがその２分の１の持分を有することを確認する判決が確定した。

Ｘは、前訴判決確定後に、Ｙに対し、不当利得返還請求権に基づき、本件不動産の賃料相当額の２分の１の支払いを求める訴えを提起した。

■訴訟経過

原審は、Ｙの持分を超える使用による利益につき不当利得の成立を認めて、Ｘの請求を一部認容した。そこで、Ｙが原審判決を不服として上告した。

本件事実関係の下において、ＡとＹとの間には、居住する建物について、どのような合意があったと認定・判断するのが相当であろうか。

上告審（前掲最判平成10年２月26日）は、次のとおり判示して、原判決を破棄し、原審に差し戻した。

ア　共有者は、共有物につき持分に応じた使用をすることができるにとどまり、他の共有者との協議を経ずに当然に共有物を単独で使用する権原を有するものではない。しかし、共有者間の合意により共有者の１人が共有物を単独で使用する旨を定めた場合には、当該合意により単独使用を認められた共有者は、合意が変更され、または共有関係が解消されるまでの間は、共有物を単独で使用することができ、使用による利益について他の共有者に対して不当利得返還義務を負わないものと解される。

イ　そして、内縁の夫婦がその共有する不動産を居住または共同事業のために共同で使用してきたときは、特段の事情のない限り、両者の間において、その一方が死亡した後は他方が上記不動産を単独で使用する旨の合意が成立していたものと推認するのが相当である。ただし、上記のような両者の関係および共有不動産の使用状況からすると、一方が死亡した場合に残された内縁の配偶者に共有不動産の全面的な使用権を与えて従前と同一の目的、態様の不動産の無償使用を継続させることが両者の通常の意思に合致するといえるからである。

ウ　これを本件についてみるに、内縁関係にあったＹとＡとは、その共有する本件不動産を居住および共同事業のために共同で使用してきたというのであるから、特段の事情のない限り、両名の間において、その一方が死亡した後は他方が本件不動産を単独で使用する旨の合意が成立していたものと推認するのが相当である。

この判示は、「内縁の夫婦がその共有する不動産を居住または共同事業のために共同で使用してきたときは、一方が死亡した場合に残された内縁の配偶者に共有不動産の全面的な使用権を与えて従前と同一の目的、態様の不動産の無償使用を継続させることが両者の通常の意思に合致するといえるから、特段の事情のない限り、両者の間において、その一方が死亡した後は他方が右不動産を単独で使用する旨の合意が成立していたものと推認するのが相当である」という事実認定・判断の規範を形成したものということができる。

4　契約の解釈の諸相

(1) リース契約か金銭消費貸借契約か

甲が所有し使用している物件を乙に売ると同時に、乙が甲に物件の割賦販売をする旨の契約をすることがある。これを割賦バック契約という。これは、実質的には、甲に対する金融目的のものであるが、売買か消費貸借かが問題となった場合には、法形式にそって認定されることが比較的多いといえるであろう。

もっとも、間接方式の割賦バック契約といわれる合意について、契約の性質が争点になった判例（最判平成５年７月20日判時1519号69頁）もある[9)]。

9）村上正敏「消費貸借の認定」伊藤＝加藤編・判例から学ぶ197頁。

【ケース10－5　リース契約か金銭消費貸借契約か】

■問題の所在

リース業者甲が金融を得させることを目的として、借主乙が所有していた目的物を借主から中間者丙を経て自らに順次売却し、さらに物件をリース業者が借主に割賦販売して借主は業者に割賦金を支払うことを約する旨の契約をすることがある。

この場合に、リース業者甲が乙に対して割賦金請求をした訴訟において、三者間の契約の性質が、「いわゆるリース契約か、金銭消費貸借契約または諾成的金銭消費貸借契約か」争点となったケースがある。いわゆるリース契約であれば、甲の請求が認容されるのに対して、金銭消費貸借契約または諾成的金銭消費貸借契約であれば、請求は棄却される。

■最判平成５年７月20日の判旨

(ア)　甲乙丙三者間で乙所有の冷蔵庫を乙から丙を経てリース業者甲へ順次売却しさらに甲が乙に割賦販売する形式でされた甲乙間の合意について、各当事者間では真にその冷蔵庫の所有権を移転する意思があったとはみられないばかりでなく、丙は甲から売買代金名下に受領した金員と同額の金員を乙に交付することを同意したにすぎないのであって、丙が転売利益を取得する余地はなく、三者間の各契約はいわゆるリース契約と評価できない。

(イ)　本件契約の実質は、甲の営業目的に合致させるため冷蔵庫の割賦販売契約を仮装したもので、乙が売買代金名下で受領した金額を元本とし、その元利金を割賦販売代金の形式で甲に返還する趣旨の金銭消費貸借契約または諾成的金銭消費貸借契約であると解される。

(ウ)　乙は融資金の交付を受けていないのであるから本件契約に基づく融資金を返還すべき義務がなく、甲は乙にその支払いを請求することはできない。

この判旨から、事実認定上、どのようなことを学ぶべきであろうか。

最判平成５年７月20日の判旨を契約の解釈の観点から整理することにしよ

う。

第1に、リース契約と評価することはできないとする理路は、次のとおりである。

① 甲乙丙三者間で乙所有の冷蔵庫を乙から丙を経てリース業者甲へ順次売却し、さらに甲が乙に割賦販売する形式で甲乙間において合意がされた。

② 各当事者間では真に冷蔵庫の所有権を移転する意思があったとはみられない。

③ 丙は甲から売買代金名下に受領した金員と同額の金員を乙に交付することを同意したにすぎない。

④ 丙が転売利益を取得する余地はない。

⑤ したがって、三者間の各契約はリース契約と評価することはできない。

第2に、それでは、本件契約の性質はどのように解することが相当か。

⑥ 甲は乙に融資する意思であったが、甲の営業目的がリースおよび割賦販売と定められており金融業は認められていなかったため、割賦販売契約の形式を借りて（仮装して）本件契約を締結したものである。

⑦ 実質は、乙が売買代金名下で受領した金額を元本とし、その元利金を割賦販売代金の形式で甲に返還する趣旨の金銭消費貸借契約または諾成的金銭消費貸借契約である。

⑧ 乙は融資金の交付を受けていないから本件契約に基づく融資金を返還すべき義務がなく、甲は乙にその支払いを請求することはできない。

本判決は、以上の理路により、要物性を欠くことから金銭消費貸借契約の成立は認められず、諾成的金銭消費貸借契約であることになるが、金銭の交付がない以上、やはり甲の請求は認容されないと判示したのである[10)]。

本件は、割賦バック契約が諾成的金銭消費貸借契約と認定される場合があることを明らかにするものであり、個別案件では、法形式だけでなく、経済的実質面にも目配りした認定・判断が求められることを教えるものということができる。

(2)数量指示売買かどうか

数量指示売買（民法565条）の解釈について判示した判例（最判昭和43年8月20

---

10) 村上・前掲注9）198頁。

民集22巻8号1692頁）がみられる[11)]。

【ケース10−6　数量指示売買かどうか】

前掲最判昭和43年8月20日の判旨は、次のように定式化される。

㋐　民法565条にいう「数量を指示して売買」（数量指示売買）とは、当事者において目的物の実際に有する数量を確保するため、その一定の面積、容積、重量、員数または尺度あることを売主が契約において表示し、かつ、この数量を基礎として代金額が定められた売買をいう。

㋑　土地の売買において目的物を特定表示するのに、登記簿に記載してある字地番地目および坪数をもってすることが通例であるが、登記簿記載の坪数は必ずしも実測の坪数と一致するものではないから、売買契約において目的たる土地を登記簿記載の坪数をもって表示したとしても、これでもって直ちに売主がその坪数のあることを表示したものというべきではない。

この判旨は、㋐において数量指示売買の定義をし、売買契約で目的たる土地を登記簿記載の坪数をもって表示した事実を認定することができる場合について、登記簿記載の坪数は必ずしも実測の坪数と一致するものではないから（㋑）、当該事実だけでは、数量指示売買と評価することはできないとしたものである。

関連判例としては、「土地の売買契約において、目的物である土地の面積が表示された場合でも、その表示が代金額決定の基礎としてされたにとどまり、売買契約の目的を達成する上で特段の意味を有するものでないときは、売主は当該土地が表示通りの面積を有したとすれば買主が得たであろう利益について、その損害を賠償すべき責任を負わない」とした、最判昭和57年1月21日民集36巻1号71頁がある。数量指示売買かどうかを判定するためには、契約の目的を達成する上で意味のある数量の表示であるかという点がポイントになるわけである。

11）田村幸一「売買契約の解釈」伊藤＝加藤編・判例から学ぶ212頁。

(3)売買契約の履行は終了したか

伐採を目的とする山林立木の売買契約の履行の解釈について判示したものとして、最判昭和47年5月30日民集26巻4号919頁がある[12)]。

【ケース10−7　伐採を目的とする山林立木の売買契約の履行】

■原判決の判示

(1)　売買契約における売主は、買主に対して目的物を引き渡し、買主をしてこれを完全に享受させるために必要な一切の行為をしなければならない義務を負うことは明らかである。

(2)　立木登記をしていない立木の売買においては、買主は目的たる立木の引渡しを受ければ、これを伐採してその利益を完全に享受することも、また、売主の協力なしに明認方法を施すこともできる。したがって、売主の義務は、買主に対し目的たる立木を引き渡すことをもって終了する。

このような認定・判断は、相当といえるか。

上告審（前掲最判昭和47年5月30日）は、原判決を破棄し、原審に差し戻した。そこでは、本件売買契約の履行の認定・判断枠組みについて、次のように定式化した。

ア　立木の売買契約の目的がその立木の伐採にある場合には、通常は、伐採後引き続いて伐採した立木の造材および造材された素材の搬出が行われる。

イ　このため、売主としては、買主に対し、目的たる立木を引き渡すことをもってその義務の履行が終わったものと解すべきではない。

ウ　さらに、①期間の約定がある場合にはその期間、また、②期間の約定がない場合においても、伐採、造材、搬出に必要な相当の期間、買主をして当該山林敷地を使用させる売買契約上の義務を負担するものと解するのを相当とする。

エ　そうであるとすれば、本件山林立木の売買契約については、当事者間に

12）畑一郎「売買契約の履行」伊藤＝加藤編・判例から学ぶ217頁。

伐採、造材、搬出のための期間の約定が存したかどうか、当該約定がなかったとすれば、売買の対象となった立木の伐採、造材、搬出に必要な相当の期間が経過したものであるかどうかを確定し、もって売主の売買契約上の義務の履行が終わったものであるか否かを判断しなければならない。

上告審の判旨は、(i)伐採を目的とする山林立木の売買契約においては、立木の引渡しをもって売主の義務の履行が完了するものではないこと、(ii)契約の解釈上、売主は、立木の伐採、造材、搬出に必要な相当の期間、買主をして当該山林敷地を使用させる義務を負うものであることを明示したものである。

(4) 請負契約の解除——全部解除か一部解除か

請負人が工事全工程の10分の2程度の工事をした段階で、注文者が工事残部の打ち切りを申し入れたときは、契約全部を解除する旨の意思表示をしたものかが争点になったものとして、最判昭和52年12月23日判時879号73頁がある[13)]。

【ケース10−8　工事請負契約の解除の範囲】

■事実関係

① A・Y間において、自動車学校用地の整地、明渠の設置および排水工事の請負契約を締結した。

② 請負人Yは工事全工程の約10分の2程度の工事をしただけで中止した。具体的には、準備作業として、公道から自動車学校に入る道路部分に土を入れて整備したほか、排水工事の一部に手を付け、約3000坪に及ぶ練習用コース敷地のほぼ6等分された一区画に土砂を搬入しただけで、全工程の約10分の2程度の工事しか行わなかった。

③ 本件工事はその性質上不可分であるとはいえないが、Yのした既設工部分によってはAとの間の請負契約の目的を達することはできない。

④ 注文者Aは、本件工事の残部の打ち切りを申し入れ、土地全体の返還を要求した。

13）矢尾和子「請負契約の解除」伊藤＝加藤編・判例から学ぶ182頁。

⑤　Ｘは、ＡのＹに対する工事報酬代金を重畳的に引き受けるとともに、Ｙとの間で、報酬代金につき自己所有の土地を代物弁済する旨の合意をし、その後、その前払いとして土地の半分をＹに譲渡して所有権移転登記手続をした。そして、Ｘは、④の後に、Ｙに対し、代物弁済した土地所有権移転登記の抹消登記を求めた。

■訴訟経過

原判決は、①から④までの事実を認定し、残工事部分のみの契約解除であると認定し、Ｘの請求を棄却した。

本件事実関係の下において、整地請負契約の解除の範囲はどのように認定・判断するのが相当であろうか。

上告審（前掲最判昭和52年12月23日）は、原判決を破棄し、原審に差し戻した。その理由は、本件における①から④までの事実によれば、「他に特別の事情がない以上、本件工事残部の打ち切りの申し入れをすることにより、Ａは契約全部を解除する旨の意思表示をしたものと解するのを相当とすべく、単に、残工事部分のみについての契約の解除の意思表示をしたものと断定することは妥当を欠くもの」というのである。

すなわち、「整地請負契約において、請負人の債務の一部履行遅滞がある場合に、その工事の性質が不可分とはいえない場合でも、全部の給付がなければ債権者にとって契約の目的を達することができないときには、債権者は履行のあった部分を含む契約全部を解除することができる」旨の判示をした。そして、その当てはめとして、「請負人が工事全工程の10分の２程度の工事をしたにすぎない場合に、注文者が工事残部の打ち切りを申し入れたときは、特別の事情のない限り、契約全部を解除する旨の意思表示をしたものと解することができる」ことを明示したのである。

これに対して、請負契約の未施行部分についての一部解除しかできないとした判例もある。最判昭和56年２月17日判時996号61頁がこれであり、「建物その他土地の工作物の工事請負契約につき、工事全体が未完成の間に注文者が請負人の債務不履行を理由に契約を解除する場合において、工事内容が可分であり、しかも当事者が既施工部分の給付に関し利益を有するときは、特段の事情のない限り、既施工部分については契約の解除をすることはできず、未施工部分についての契約の一部解除をすることができるにすぎない」旨判示している。

ところで、工事請負契約の解除については、当事者の利益および社会経済的観点からみて、(ア)工事内容が可分である場合、(イ)既施工部分のみでも契約の目的を達成することができる場合については、特段の事情のない限り、既施工部分についての契約解除はできず、未施工部分についての解除ができるにすぎず、その結果、請負人は注文者に対して既施工部分（出来高）に応じた報酬請求権を有するものと解するのが通説である[14)]。最判昭和56年２月17日判時996号61頁も同旨であると解される。

最判昭和56年２月17日のケースも本件も、既施工部分と未施工部分とは請負契約の工事内容が可分であるのは共通している。そこでは両者の違いは、どこにあったといえるであろうか。これは、本件の既施工部分が上記事実②のようなものであったところ、これでは、契約の目的を達成することができないとされたこと（上記③）にあると解される。また、本件請負報酬について代物弁済による前払いがされており、Ｘから、土地所有権移転登記の抹消登記請求がされていることも、本件固有の事情であるが、差異として考慮されることになろう。

5　契約型訴訟における事実認定

ここで、契約型訴訟における事実認定の着眼点について、まとめをしておこう[15)]。

第１に、契約型訴訟の事実認定においては、契約の趣旨・目的、その内容、当事者の動機・思惑などについて、押さえた上で、主張の食い違う争点の意味合いを考え、間接事実の位置づけをすることが必要である。

第２に、時間軸でみていくことが重要である。すなわち、契約に至る交渉の内容およびその変遷、契約締結に至った過程を把握するとともに、契約締結後、債務履行前に当事者が具体的にどのような行動をとっていたか、履行段階

14）矢尾・前掲注13）184頁。

15）加藤・立証活動Ⅱ340～343頁〔須藤典明発言・加藤新太郎発言〕。

やトラブル発生後に、どのような行動をとったのかを把握し、契約の趣旨・目的などと事後的な出来事との間で、整合性があると説明できるか、違和感を覚えるかに留意する。また、証拠方法、とりわけ、書証については、時系列に整理し直してみるとよい。

第３に、当事者の属性および関係者・関与者の人的関係（人的軸）でみていくことが重要である。契約当事者は一定の身分関係なりビジネス上の関係があるから、その関係性を正しく把握し、そのような関係性があれば、どのような行動をとるであろうかと推論することは意味がある。人証であれば、本人か、関係者か、第三者か、利害関係はどうかを押さえて信用性評価していくことを意識すべきであろう。

第４に、事実の分析と統合、総合的に評価していくことが不可欠である。不要証事実との関連性・整合性、確実な証拠との対比は有効である。

第５に、経験則の内容や蓋然性、例外随伴性を十分認識すべきである。一般論としてではなくて、事実認定をする個別事案における合理性を考え抜かなければ、真実解明を伴う適正な事実認定には結び付かない。

以上の着眼点は、よく考えてみると、契約型訴訟における事実認定に固有のものというわけではない。汎用的な留意点であるが、これを実践していくことがまさにわれわれ法律専門職の課題なのである。

●コラム 10／非常勤監査役の税務申告ミス

小企業のＸ社は、経理・税務関係の仕事のできるＹに非常勤の監査役になってもらい（監査役報酬なし）、Ｙが何年も税務申告をしていた。ところが、あるときＸ社に税務調査が入り、修正申告を余儀なくされたが、その際、Ｘ社は税理士に委任し、相応の報酬を支払った。

Ｘ社とＹとの関係は、このことでギクシャクし、Ｙは監査役を辞任した。ところが、Ｘ社は、Ｙに対し、税理士に支払った報酬相当額を支払えという訴訟を提起して追い打ちをかけた。Ｙには、当該年度の交通費・日当の不払いがあるという言い分があり、相殺の抗弁を提出した（Ｙは本人訴訟）。

この紛争を理解するには、税理士資格はないが、経理税務関係の仕事のできる人物に、税務申告をしてもらう実態があるという背景事情の認識が不可欠である。そして、税理士法違反となることを避けるために、雇用保険料負担のないポストを与え、安価にその仕事をしてもらうのである。これは、当事者が納得の上で合意していれば、またこの人物に相応のスキルがあれば、違法というまでもない。

X社・Y間には、監査役委任契約と経理税務事務委任契約があり、修正申告に至る過程でYに債務不履行があれば民事責任が生じ得るといえる。しかし、当該契約はかなり特殊なものであり適切に契約の趣旨の解釈をすることが求められるが、契約書は作成されていなかった。X社は、Yに税理士資格のないことを承知で、税務申告をしてもらう以上、首尾よくいかなかったときには、有資格者に依頼することは織り込み済みであったはずであるとも解される。そうであるのに、そのツケをYにまわすことが果たして正当化されるのか。

ところが、一審判決は、X社の請求を全部認容し、Yは控訴した。

控訴審を担当することになった筆者は考えた。一審の裁判官は、Yを無資格なのに税理士まがいのことをして荒稼ぎする、まともでない人物とみたフシがある。非弁と同じように評価したものであるが、先に述べた背景事情についての理解が十分であったか疑問である。実際にも、荒稼ぎどころか、Yの日当はわずかなものだ。しかも、基礎となる経理関係帳簿の作成は、本来X社の責任でされるべきものであるのに、Yの債務であるかのように主張しているが、どのような合意があったのかの解明がされていない。そうすると、税理士への報酬は本来Xが負担すべきものでYに請求する根拠はないと考えた方がよさそうである。むしろ、X社は、Yから未払いの交通費・日当の支払請求がされた場合には、これを拒む理由もない。

事実認定という観点からコメントすると、このような展開になったのは、①一審において、本件契約がどのようなものかについての主張立証をさせておらず、②請求原因事実があいまいで争点も漠然としたまま、背景事情の理解が足りず、印象ないし思い込みで結論を出し、③形式的にその結論に沿う証拠のみを使った判決書を作成し、④請求認容判決を言い渡したことに由来する。X社には訴訟代理人が付いていたのであるから、Yが本人訴訟であったとしても、やりようはあったはずである。全体として、事実認定を論じるより前の問題があるケースと評すべきであろう。

結局、この案件は、控訴審において、X・Yいずれにも債権債務なしという、いわゆるゼロ和解で終了した。

@加藤新太郎「真っ当な案件か」会社法務A2Z（2014年８月号）60頁

第3部

事故型訴訟の事実認定

第11章 事故型訴訟の事実認定（その１）

1　事故型訴訟・不法行為型訴訟

事故型訴訟・不法行為型訴訟は、その事故・行為が発生したか否かという事実、どのような態様であったかという事実、その事故・行為によりどのような人的・物的な被害が生じたかという事実などが争点となる。したがって、その争点をどのように事実認定していくかが、まさに問題となる。

交通事故訴訟（【ケース11－1】、【ケース11－2】）、保険金請求訴訟（【ケース11－3】～【ケース11－5】）、火災事故をめぐる損害賠償請求訴訟（【ケース11－6】）、内縁関係破綻をめぐる損害賠償請求訴訟（【ケース11－7】）など、いくつかの類型を考察する。

2　衝突事故の成否――四つんばい転倒事件

(1) 事案の概要

Ｘは、平成23年７月21日午後４時40分ころ、ガソリンスタンド敷地内の洗車場でＸ車両を洗車していたところ、Ｙの運転する車両（事業用大型貨物自動車）に衝突され、傷害を負ったと主張する。そして、Ｘは、Ｙに対し、自動車損害賠償保障法３条および民法709条に基づき、損害金（125万円余）および事故日から支払済みまでの遅延損害金の支払いを請求した[1)]。これに対し、Ｙは、自己の車両がＸに衝突したことはないと争った。

Ｙは、車両を運転し、本件スタンドに立ち寄り、給油コーナーにおいて給油をした後、大型車専用の自動洗車機で洗車をするため、いったん洗車場に向かって車両を後退させてから前進して、自動洗車機所定の位置に停めた。

Ｘは、被告車両を停めたＹに対し、Ｙ車両に衝突された旨を訴えた。これに

1）筆者の経験した案件をモディファイしたものである。

対し、Ｙは、衝突を否定した。その後、通報を受けて到着した救急車により、Ｘは、Ａ病院に搬送された。

Ａ病院の医師は、平成23年11月11日、Ｘが交通事故にて頚椎捻挫、腰部打撲、腰椎捻挫および左大腿打撲を負ったとの診断書を作成した。

なお、Ｘは、平成21年11月から平成23年３月にかけて、３件の交通事故に遭い、その損害につき、保険金を受領したことがあった。

(2) Ｘの主張

ア　Ｘが洗車場で原告車両を洗車していたところ、後退してきたＹ車両が、Ｘの左腰部から臀部付近に衝突した（左大腿部には痛みが走ったが衝突していない）。その際、Ｘは立った姿勢で車両をブラシで洗っていたが、Ｙ車両に衝突されて四つんばいに前に倒れた。停止したＹ車両とＸ車両との間の距離は、20～30㎝であった。

イ　ＸとともにＸ車両を洗車していたＢが、Ｙ車両がＸに衝突したことを伝えるため、Ｙに声をかけたが、Ｙは、責任逃れの答弁を続けた。そこで、Ｘが、「防犯カメラを見に行こう」と提案したが、Ｙは、同行を拒否した。Ｘは、通報を受けた警察官が到着する前から、地面に横たわっていた。また、Ｘは、Ｙから、受傷部位の確認を求められたことはない。

ウ　Ｘは、本件事故直前に、Ｙ車両の警告音を聞いているが、自分に向かって近づいてくるとは分からなかった。Ｂは、Ｘと反対側で洗車をしていたので、気づかなくても不自然ではない。

(3) Ｙの主張

ア　Ｙ車両は、Ｘに衝突していない。Ｙは、バックモニターを確認しつつ車両を後退させていたが、そのモニターにＸは映っていなかった。

イ　Ｙが、本件自動洗車機にカードを挿入するため、Ｙ車両運転席ドアを開けたところ、Ｂに声をかけられ、その後、Ｘから、Ｙ車両に衝突されたと言われた。Ｙがこれを否定すると、Ｘが防犯カメラを見に行こうと言ってきたので、スタンドの給油スペースに向かった。その後、通報を受けた警察官が到着すると、Ｘは、それまで跛行しながら立っていたにもかかわらず、急に地面に横たわり、救急車を呼ぶよう言い出した。

Ｙは、警察官とともに、Ｙ車両後部の状況を確認したが、払拭痕、接触の形跡はなかった。Ｘは、左腰上部が痛いと申告したものの、Ｙに対し、服をまくって当該部位を見せることを拒否した。Xは、到着した救急車で搬送されたが、その日のうちに本件スタンドに戻ってきており、跛行をするでもなく、体調が悪そうな様子や痛そうな素ぶりはなかった。

ウ Xが主張する事故状況には、次のとおり不合理な点がある。

① Yが、X車両との間の距離が20～30㎝になるまで、Y車両を接近させなければならない理由はない。

② Y車両にはバックブザーが付いており、ギアをバックに入れると警告音が鳴る。エンジン音に加えて、警告音がしているにもかかわらず、X・Bが被告車両の接近に気がつかないのは極めて不自然である。

③ 事故時のY車両の動きからして、Xが四つんばいに転倒することは考え難い。

エ X主張の受傷には、次のとおり疑義がある。

① Xの傷病名である頚椎捻挫、腰部打撲、腰椎捻挫および左大腿打撲は、いずれも、患者の主訴のみによっても診断名がつけられるものである。医師による治療は、Xの主訴に基づいて行われたものであり、Xが負傷したことを示す客観的所見は認められない。

② 医師は、Xの求めにより、Xが5月まで通院していた病院に再度通院すると考え、紹介状を作成したが、Xが実際に通院したのはその病院ではなかった。

③ 医師は、接骨院は紹介しないとした上で、2週間以内の再診を指示しているにもかかわらず、Xは、その翌々日には、C接骨院（Xの弟の勤務する接骨院）に通院している。

【ケース11－1　衝突はあったか】

本件では、Y車両とXとの衝突の事実の存否が争われた。

交通事故証明書、医師の診断書はあるが、Xの申告を裏付ける客観的所見はない。このような場合において、どのようにして衝突の事実の存否について認定することが相当か。

(4)本件の事実認定（その1）

このケースについて、裁判所は、経過について次のような事実認定をした。

ア　Y車両にはバックブザーが付いており、後退時に警告音が鳴るようになっていた。

イ　平成23年7月21日午後4時40分頃、給油コーナーに停車していたY車両の後方に4tトラックが停車していたが、Yが、洗車場に向かってY車両を後退させ始めた際には、4tトラックが後退したので、Y車両を洗車場まで後退させることができた。

ウ　Yが、洗車場でギアを前進に入れ、自動洗車機所定の位置にY車両を停めたところ、XとともにX車両を洗車していたBに呼び止められた。その後、Xも現れ、Yに対し衝突された旨を訴えた。これに対し、Yは、衝突を否定した。

エ　たまたま給油コーナーにいた交通機動隊の警察官の通報により、△△警察署の警察官らが本件スタンドに到着し、捜査を開始した。その後、Xは、救急車により、A病院に搬送された。

オ　A病院において、Xは、医師に対し、車を洗車中に大型トラックが下がってきて衝突し転倒したと説明し、頸部痛（または項部痛）、背痛、腰痛、左大腿痛を訴えた。Xは、レントゲン、MRI検査を受けたが、X線写真上、明らかな損傷はなかった。医師の所見は、頸部、左大腿部および背部中央に疼痛、左大腿部および背部中央に圧痛を認めるというものであったが、いずれの部位にも腫脹や擦過傷は認められていない。なお、医師は、診療録に、Xが「痛みに対して敏感？ 大腿を触わると『さわったところがしびれた』」と記載している。医師は、Xに対し、2週間以内の再診を指導するとともに、病院ではないので接骨院は紹介しない旨説明し、鎮痛剤等の薬を処方した。

カ　7月22日、Xは、再び、A病院を受診し、頸部痛、背部痛および左大腿部痛を訴えた。医師の所見は、左大腿部に圧痛および腫脹を認めるが、歩行は可能というものであり、薬を処方した。また、Xが遠方であることを理由に転医を希望したので、医師は、Xが洗車中に大型トラックが下がってきて衝突し、転倒して、頸椎捻挫、腰背部打撲、腰椎捻挫および左大腿打撲を負った旨を記載した診療情報提供書を作成した。

キ　7月23日、Xは、弟が勤務するC接骨院を受診し、これ以降、7月30日まで、毎日、同接骨院を受診した。

ク　8月6日、Xは、本件診療情報提供書を持参してDクリニックを受診した。Xは、職場近くの同医院にて処方を継続することを希望し、薬を7日分処方された。Xは、8月9日、再びDクリニックを受診し、腰が重い感じがすると訴えたため、電気療法が開始され、これ以降、11月5日まで、概ね3日に1日の割合で電気療法を受けた。

ケ　8月8日、Yは、警察の事情聴取に応じ、警察官から、本件スタンドに設置されていた防犯カメラの映像を撮影した数枚の写真を見せられたが、Y車両が原告に衝突したことが写っているものはなかった。

コ　9月5日、Xは、交通事故原因調査を行う会社の担当者からのヒアリングに対し、「①Y車両後部右側のバンパー部分が左腰上部辺りに衝突し、四つんばいに倒れた、②Y車両がXに衝突して停止したような感じであった」と答えた。

これに対して、9月15日、Yは、上記担当者からのヒアリングに対し、「バックモニターで確認しながら車両を後退させていたが、Xの姿はなかった」と答えた。

(5)本件の事実認定(その2)

それでは、Y車両がXに衝突したか否かについて、裁判所はどのような認定をしたか。

裁判所は、結論として、Y車両がXに衝突したことを認めることはできないと判断した。その理路は、次のとおりである。

第1に、A病院医師が作成した診断書には、Xが「交通事故にて頸椎捻挫、腰部打撲、腰椎捻挫および左大腿打撲を負った」との記載がある。この診断書から、Y車両がXに衝突したことを認定することができるか。

医師の診察の状況からすると、上記の診断は、いずれもXの主訴に基づいてされたものであり、これらを裏付ける客観的所見は見当たらない。左大腿部の腫脹は、仮に、これがあったとしても、Xは、Y車両が原告の左大腿部に衝突したと主張してはいないから、上記の診断を裏付けるものではない。しかも、診療録の記載内容(上記**オ**)によれば、医師自身がXの主訴の内容に疑問を持っていたとうかがうことができる。

したがって、本件診断書のみにより、衝突の事実を認めることはできない。

第2に、Xの供述を信用することはできるか。

⑴　Xは、本人尋問において、「洗車をしていたところ、背中の腰あたりにY車両に衝突され、そのまま手をつく感じで四つんばいみたいな形で倒れ込んだ」と供述し、本件ヒアリングに対しても、同様に四つんばいに倒れたと供述していた（上記コ）。

しかし、XとX車両との間にはスペースがなかったから、洗車をしていたXにY車両が衝突して原告が四つんばいに倒れるということは考え難い。

Xは、Y車両に衝突され、X車両に手をついた後、車両と並行する形で車両の後ろに向かって倒れたとも言うが、X車両に正対していたXの左後ろに向かってY車両が後進してきたのであるから、Xが体の向きを変えて倒れたことになり不合理である。

⑵　Y車両にはバックブザーがあり、後退時には警告音が鳴るようになっていた上、後退時に特に速度が出ていたとか、洗車のために水を使用するなど警告音に気がつきにくい状況にはなかったから、X・Bが警告音を鳴らしながらXに向かって後退してくるY車両に気がつかなかったとは考え難い。

⑶　A病院では、鎮痛剤等を処方するにとどまるものであった上、医師は、接骨院を紹介しないと説明していたにもかかわらず、翌日以降連日、Xが弟の勤務するC接骨院を受診し、その治療費まで請求するのは、不自然な感が否めない。

⑷　過去に全く交通事故に遭ったことがない者であれば、とっさに架空の事故を作出して損害賠償を得ようとすることは難しいが、Xには、本件以前に3件の交通事故歴があり、交通事故の損害賠償に関する知識経験がある。

第3に、Yの供述の信用性についてみると、特に不自然不合理な点は見当たらず、反対尋問にも揺らいでいないから、その信用性は高いと評価される。

以上によれば、Y車両がXに衝突したことを認めることはできない。

⑹まとめ

本件では、Y車両がXに衝突したことを証明する証拠として、交通事故証明書、診断書、Xの本人尋問があった。このケースでは、それらの証拠価値が、どのように評価されるかがポイントになる。

第1に、交通事故証明書は、交通事故の発生を警察に届け出ていれば、所轄の自動車安全運転センターで発行してくれるものである。本件では、関係当事者であるYが事故の発生を否認しているから、交通事故証明書だけでは立証として弱いと解される。

第２は、本件では、医師が作成した診断書があり、一般的には有力な証拠となる。しかし、これは、「頸椎捻挫、腰部打撲、腰椎捻挫および左大腿打撲を負った」というものであり、いずれも、Ｘの主訴のみに基づきこれを裏付ける客観的所見を欠くものであった。したがって、その証拠価値は乏しい。

第３に、Ｘの本人尋問の結果はどうであったか。いくつかの疑問があり、これを信用することは相当とは思われない。その理由を整理すると、①「四つん這いに倒れた」というＸの説明は、Ｘと車両との位置関係から考え難く、倒れる途中で体の向きが変わったとの説明も転倒の仕方として不合理であること、②Ｙ車両のバックブザー音に気づかなかったとは考え難いこと、③弟の勤務する接骨院での受診を続けたことは、医師の指示に反していたことを考慮すると不自然であることなどである。また、④過去の複数の交通事故歴の存在は、①ないし③を補充するものとして位置づけられる。

人証の証拠評価のポイントとしては、適格性テスト、誠実性テスト、自然性テスト、合理性テスト、整合性テストの５つのテストがある[2)]。本件では、供述内容に関する吟味をする自然性テストが重要であり、供述内容の流れは自然か、供述内容は経験則に合致しているかを検討していく。そうすると、上記①から④の中では、①の「四つんばい転倒」という説明に対する疑念が重視されよう。そもそも、車両が体に衝突して倒れたとした場合に、どのように倒れたかは、被害者としては（頭部を打ったときは別として）忘れ難いものとして記憶に残ることが少なくない。Ｘは、「四つんばいに転倒した」と供述しているが、そうした形で転倒をしたということで衝突の強さを表現したものと考えられる。しかし、その場の状況からして、Ｘはそのような倒れ方をするはずがない。そうである以上、車両と衝突した事実を認めることは困難であるというほかない。

なお、本件は、Ｘが車両と衝突した事実がないのに、意図的に民事訴訟を提起した不正請求案件とも解される。そうした目で見ると、弟の勤務する接骨院での受診継続などは、請求する損害額を膨らますためという疑いももたれる。わずか125万円余の損害金請求のために不当提訴をするのはリスキーである

2）加藤・認定論122頁、本書第１部第５章92頁以下。

が、Xが実際に負担したのは治療関係費の２万円余であるから、帳尻は合うと算盤を弾いたのであろうか。もっとも、民事訴訟の事実認定としては、要証事実である「Xが車両と衝突したか」が立証できたかどうかを判定することで足り、Xの意図にまで及ぶ必要はない。

3　交通事故の損害額の認定

(1) 事案の概要

交通事故訴訟において代車使用料の損害の認定が問題になった案件について、みてみることにしよう[3)]。

【ケース11－2　代車は借りたか――お粗末な料金清算明細書】

X社が所有するホンダワゴン車が、Yの運転する自動車による追突事故で、物損の被害を受けた。そこで、Xは、Yに対して、214日間代車をリースしたと主張して、損害金325万円を請求した（修理費も請求しているが割愛する）。

Xは、損害を立証する書証として、①貸渡料金清算明細書（お客様控）の写し、②銀行の振込受付書を提出した。①を見ると、「貸渡人」欄には、「トヨ店タリース△△店」、「借受人」欄には、「X社」と記載されているが、「ご請求金額の支払内訳」欄が隠された状態でコピーされたものであった。また、「ご利用内容　メーター」欄には、「発１キロメートル、着1100キロメートル」と、およそ不自然な数値が記載されている。

このような場合に、代車料は、どのように認定するのが相当であろうか。

(2) 代車使用料の損害算定

車両が事故で損傷した場合において、その相当な修理期間または買換期間中、レンタカー使用等により代車を利用したときには、代車使用料が損害として認められる。代車使用の必要性、代車価額の相当性や代車使用期間の相当

3）筆者の経験した案件をモディファイしたものである。

性が要求され、原則として、被害車両と同種・同格の車種について認められる[4)]。

代車使用の必要性に関して、被害車両である普通自動車を使用して自宅から約３㎞の距離の会社に通勤していた被害者につき、バス・電車等の公共交通機関やタクシーの利用では不十分である旨の主張立証がない上被害者宅には被害車両の他に普通自動車、軽トラック、原付自転車各１台あることを理由に代車使用の必要性を認めなかった裁判例（大阪高判平成５年４月15日交通民集26巻２号303頁）がみられるが、代車使用料は、当然に損害になるものではないから、相応の主張立証が必要であり、これを怠ることは許されない。

代車価額の相当性に関して、キャデラックリムジンの代車使用料につき、被害車両を営業車として使用していた、安全で、ファクシミリ等の備え付けがあり、多人数の乗車が可能などの理由は、代車を必要とする期間が修理期間の短期間であることから、国産高級車で十分代替できるとして、実際に支出したキャデラックリムジンの代車使用料488万円余ではなく、日額２万5000円で39日間の代車料97万5000円を認めた裁判例（東京地判平成７年３月17日交通民集28巻２号417頁）がある。このように、代車のグレードも個別具体的事情により判定されることになる。

代車の認められる期間は、相当とされる修理期間である。それは、通常は、１週間ないし２週間であるが、部品の調達、営業車登録等の必要がある場合には、それよりも長く認められることもある。対物賠償保険に加入している場合には、実務上修理業者と保険会社との間で、修理方法・内容等について協議・協定して修理をするのが通常であるため、この交渉期間も含めて相当な修理期間を判断することになる。

(3) 本件の問題点

本件における代車使用の必要性は、X社がホンダワゴン車をどのような目的で使用していたかにより判定される。営業用に使用していたのであれば、通常、代車使用の必要性は肯定される。しかし、代車の認められる期間は、特段の事情がない限り、214日間は長すぎると考えられる。

代車価額の相当性は、ホンダワゴン車と同等のものであれば肯定されるが、

4）加藤新太郎「物損交通事故訴訟における要件事実と実務」市民と法81号６頁（2013）。

本件では、それ以前に、「ご請求金額の支払内訳」欄が隠された状態でコピーされ、「ご利用内容　メーター」欄には、「発１キロメートル、着1100キロメートル」と、およそ不自然な数値が記載されている「貸渡料金清算明細書（お客様控）の写し」の証拠価値が問題となる。

「ご請求金額の支払内訳」欄を隠した状態でコピーした文書を提出することは、そこに不都合な記載があるからと疑われてもやむを得ない。また、「ご利用内容　メーター」欄に「発１キロメートル、着1100キロメートル」という不自然な数値が記載されている点については、Ｘは、雛形がそのまま記載されているという推測を披露したが、トヨタリース△△店が、そのように杜撰な「貸渡料金清算明細書」を作成するかは、はなはだ疑問である。

いずれにしても、裁判所としては、「貸渡料金清算明細書（お客様控）の写し」の原本を確認することが必要である。Ｘ社としては、ホンダワゴン車と同等のものを借りた蓋然性はあると推測されるが、この際、他の車両をリースした料金も上乗せして、Ｙに対して請求したのではないかという疑念が生じるところである。

4　盗難の外形的事実の有無

(1) 事案の概要

Ｘ（型枠大工の工事を目的とする会社）は、平成20年３月、Ｙ保険会社との間で自家用普通乗用車（被保険車両、アメリカ製の大型SUV車）に生じた盗難による損害に対して保険金を支払う旨の条項を含む事業用総合自動車保険契約を締結した。Ｘは、平成21年２月、管理する資材置場に本件車両を駐車していたところ、盗難にあったとして、Ｙに対して、本件保険契約の本件条項に基づく保険金およびこれに対する遅延損害金の支払いを請求した[5)]。

争点は、①保険事故（盗難）発生の有無、②故意免責条項該当事由の有無であった。

一審判決（千葉地松戸支判平成22年９月30日金判1373号49頁）は、本件盗難事故がＸ（Ｘ代表者または同人と意思を通じた者）以外の第三者によって生じたもので

5）筆者の経験した案件をモディファイしたものである。

あると認めて請求を認容した。そこで、Yがこれを不服として控訴した。

(2) Xの要証事実

車両保険（損害保険）の保険金請求者は、事故の偶然性の主張立証責任を負うかという論点がある。これについては、学説上、事故の偶然性の主張立証責任を負わないとする見解[6)]が多数説である。判例も、盗難などを保険事故として保険金請求がされたケースについて、保険金請求者は、事故の偶然性の主張立証責任を負わない（最判平成19年4月17日民集61巻3号1026頁）とする。すなわち、被保険自動車の盗難という保険事故が保険契約者または被保険者の意思に基づいて発生したことは、保険者が免責事由として主張立証すべき事項であるから、盗難という保険事故に基づく保険金請求者は、被保険自動車の持ち去りが被保険者の意思に基づかないものであることを主張立証すべき責任を負うものではない。

しかし、上記主張立証責任の分配によっても、保険金請求者は、「被保険者以外の第三者が被保険者の占有に係る被保険自動車をその所在場所から持ち去ったこと」という盗難の外形的事実を主張立証する責任を免れない。そして、盗難の外形的事実は、「被保険者の占有に係る被保険自動車が保険金請求者の主張する所在場所に置かれていたこと」「被保険者以外の者がその場所から被保険自動車を持ち去ったこと」という事実から構成される（最判平成19年4月23日判時1970号106頁）。その立証の程度には、単に「外形的・客観的にみて第三者による持ち去りとみて矛盾のない状況」を立証するだけでは、盗難の外形的事実を高度の蓋然性があると認められる程度まで立証したことにはならない。

【ケース11－3　盗難の外形的事実の認定】

自動車の盗難を保険事故とする保険金請求においては、盗難の外形的事実である「被保険者の占有に係る被保険自動車が保険金請求者の主張する所在場所に置かれていたこと」および「第三者がその場所から被保険自動車を持ち去ったこと」が認定される必要がある。

事案の概要のケースについて、盗難の外形的事実を認定することができるであろうか。

6）山下友信『保険法』359頁（有斐閣・2005）、江頭憲治郎『商取引法〔第8版〕』433頁（弘文堂・2018）、笹本幸祐「判批」リマークス32号113頁（2006）など。

(3) 控訴審判決の認定した間接事実

控訴審判決は、次の間接事実を押さえて、盗難という外形的事実が証明されていないと判断した[7]。

① 本件車両が駐車されていたとされる場所は、近隣に人家がなく、夜間は人通りも少ない場所であり、ダイヤル式のチェーンにより出入口の扉を施錠する状態であったから、開扉すれば敷地内に侵入し、本件車両を盗取することは可能であり、X代表者の自宅および自宅付近の駐車場等に比較して盗難の危険性は大きい。

② 本件車両は、敷地の外側から視認困難な場所に駐車され、また本件資材置場には、侵入者に認識可能な状態でダミーの防犯カメラが設置されていたほか、不法侵入を阻止する目的で出入口の左側に街宣車が駐車されていたから、本件車両を盗取する意図をもった者において、本件車両の存在を認識する可能性は低い上、イモビライザー装備車であったことから、本件車両の盗取の蓋然性は高いとはいえない。

③ X代表者が本件車両を展示場から引き揚げ、自宅から約３㎞も離れた遠方にあり、周囲に人家がなく、夜間は人通りも少なく、当時仕事も休止していて、従業員の立ち寄りもほとんどなく、セキュリティシステムも切断している状況で、盗難の危険を増す本件資材置場に変えたことは不自然である。

④ Xは当時売上げが漸減していたほか、翌年２月以降は休業しており、本件車両のローン残を含め約8000万円の負債、X代表者個人の住宅ローンが5000万円、自動車ローンが950万円の合計6000万円の負債があり、次期の仕事がないという状態であり、資金的に逼迫していた。

⑤ 本件車両は、展示場に置かれていた時期があり、X代表者は、実際に買い手が現れた時には、本件車両を処分することを考えていた。また、X代表者は平成21年１月に他の車両クーガーを購入しており、本件車両を保有する必要性が減少していた。

本判決は、①ないし⑤の間接事実を総合し、「盗難の外形的事実」について

7）東京高判平成23年５月23日判時2118号136頁。評釈として、加藤新太郎「自動車の盗難を保険事故とする保険金請求」NBL1091号76頁（2017）。

高度な蓋然性があると認められる程度まで立証できたとはいえないとして、保険金請求を棄却した。

(4) まとめ

控訴審判決が、盗難という外形的事実が証明されていないとしたのは、(ア)盗難現場とされる本件資材置場の構造および状況、とりわけ、街宣車が駐車されており、イモビライザー標準装備車であることから盗難されにくいはずであるのに、設置されていたセキュリティシステムを合理的な理由なく切っていたこと（①〜③）、(イ)本件車両を預けていた自動車販売業者からの引き揚げの経緯、本件車両を本件資材置場に移動させた理由の不自然さ（③）、(ウ)Xの経済的状況（④）、(エ)本件車両の必要性の低さ（⑤）などの間接事実を積み重ね、経験則を駆使した末の判断である。

また、本判決は、盗難であるとした場合の犯人属性の点からも検討を加えており、例えば、敷地内の物置の扉が開けられていたことにつき、Xは、犯人が物色した痕跡と主張したが、本判決では、本件車両はアメリカ製の大型SUV車という高級車であり、これを狙う窃盗団が、物置の中を物色するのは犯人属性と整合しないと判断している。

5　いたずら事故の外形的事実の有無

(1) 事案の概要

X・Yは、車両保険を付帯特約とする総合自動車保険契約を締結していた。

Xは、駐車場に契約車両を駐車していたところ、何者かに車両のルーフパネルから低い位置を含めほぼ全パネルにわたりひっかき傷およびトランクのキーシリンダーにこじり傷を付けられた。そこで、Xは、損害保険会社Yに対し、車両保険契約に基づく損害保険金を請求した。Yは、故意による保険事故招致ではないかと疑い、請求に応じなかったので、Xは保険金請求訴訟を提起した。

一審判決（東京地判平成21年4月17日判タ1316号231頁）は、Yに対し、塗装に要した金員およびバッテリー交換に要した金員を保険金として支払いを命じた。

これに対して、Yが、①保険事故の発生を争い、②故意免責を主張し、③てん補される保険金額を争って控訴した。

【ケース11－4　いたずら事故の外形的事実の認定】

いたずら事故を保険事故とする保険金請求者は、「被保険者以外の者がいたずらをして被保険自動車を損傷したこと」といういたずらによる損傷の外形的な事実を主張立証する責任を負う。その外形的事実は、①「損傷が人為的にされたものであること」および②「損傷が被保険者以外の第三者によって行われたこと」から構成される。

事案の概要のケースについて、いたずら事故の外形的事実の認定をするには、どのような点に着目することが必要であろうか。

(2)控訴審判決の事実認定

⑴　（損傷が人為的にされたものであること）につき、本件車両パネルの損傷の個数や傷跡の形状、道具を使用した傷かなどの間接事実から、損傷が人為的にされたものであることを推認するのが相当である。

⑵　（損傷が被保険者以外の第三者によって行われたこと）につき、損傷が加えられたと考えられる時刻、場所、損傷を生じさせるに要する時間および被保険者のアリバイの有無などの間接事実から、第三者によって本件車両に本件損傷が加えられたという蓋然性は十分に認めることができる。

⑶　本件損傷は、トランクのキーシリンダーに対するこじり傷を除くと、いずれもパネルに対するひっかき傷であり、傷の個数や場所、その付き方について不自然な面がないとはいえないが、㋐Yの主張するXの動機なるものや事故後の態度などは、本件事故が故意によるものとする根拠というには難しく、Xは、保険販売員の資格を有し、保険代理店に勤務しており相当の年収と預金がある者であるが、このようなXが仕事を失うという重大なリスクを冒してまで、本件金額程度の保険金詐欺を企図するとは考え難いこと、㋑本件保険契約は、平成８年以降11年以上にわたり、更新されており、Xには、過去に疑問をもたれるような保険事故は見当たらないこと、㋒Xが当日本件駐車場に駐車するに至った経緯には格別不自然な点が認められないこと、㋓第三者による犯行が十分に可能であり、窃盗目的でトランクのキーシリンダーをこじ開けようとした者が、その目的を遂げられずに腹いせにこのような損傷を加えることもあり得ることを総合すれば、本件事故がXの故意によるものである旨推認することは困難である。

(3) まとめ

控訴審判決は、自動車に対するいたずらによる損傷を保険事故として保険金請求をした場合に、「被保険者以外の者がいたずらをして被保険自動車を損傷した」旨の外形的な事実が証明されたとみて保険事故の発生を認め、損害保険会社の故意免責を認めなかった[8)]。

いたずら事故（保険事）の外形的事実の認定をするには、このように、動機、事故後の態度、行動経過、契約の継続期間、本人の属性、第三者の犯行可能性などの間接事実を積み重ねて判断していくことが必要になる。

6　火災保険における故意免責

(1) 事案の概要

Xは、保険会社Yとの間で、所有建物に関する損害保険契約を締結していた。

平成21年11月、同建物に火災が発生したため、Yに対し、保険契約に基づく保険金（3900万円）の支払請求をした。

一審判決（長野地松本支判平成25年７月17日判時2201号133頁）は、本件火災はXまたはその意を通じた者の故意により発生したものと推認されるとして、その請求を棄却した。

Xは、これを不服として控訴した。

【ケース11－5　火災保険金請求における故意の推認】

Xは、控訴審において、Xまたはその意を通じた者による放火の実行可能性がなく、動機もない上、第三者による放火の可能性があるほか、Xの言動に不自然・不合理はないと主張した。

事案の概要のケースについて、どのように認定されることになるであろうか。

8）東京高判平成21年11月25日判時2065号156頁。

(2) 控訴審判決の事実認定

(1) 本件事実関係の下においては、①Xには、保険金取得目的で本件火災を故意に発生させる十分な動機があること、②住宅ローンの返済が困難となり、土地建物の任意売却も進まず、A銀行から根抵当権実行方針の通知を受け、その競売開始決定を原因とする差押登記がされた11日後に本件放火が行われていること、③本件放火の特質から想定される犯人像に合致する第三者が想定し難いこと、④本件放火犯は本件建物の構造をよく知る者とみられること、⑤Xには本件火災後に不自然・不合理な言動がみられることなどの間接事実を総合すると、本件火災は、XまたはXと意を通じた者が故意に発生させたものと強く推認されるというべきである。したがって、X自らが本件放火を実行することが困難であり、また、Xと意を通じた者を具体的に特定することができないことは、結論を左右しない。

(2) 火災にり災したことにより土地の経済的価値が毀損される可能性があるとしても、それを補って余りある多額の保険金という経済的利益を得ることができる以上、本件放火に関与する動機を否定することはできない。

(3) Xと家族が退去し任意売却中の本件建物に対し、Xとはまったく無関係の第三者が放火する可能性は、完全に排除することはできないとしても、極めて乏しい。

(4) Xの言動には、遺留品の存否や本件火災直後の来訪の有無等、客観的事実に反するものや、説明内容それ自体や当該説明をするに至った経緯が不自然であるものが少なくない。これらの言動は、本件放火の被害者として、放火犯について思い当たる人物に関する情報提供の意図に基づくものとも、火災被害により困窮状態に陥ったことから早期の保険金の支払いを求める意図に基づくものとも解することはできず、放火に関する自らの関与から目を逸らさせるためのものではないかとの疑問符が付く。

(3) まとめ

本判決は、建物の火災保険金請求につき、本件火災が被保険者またはその意を通じた者の故意により発生したものと推認されるとして、保険会社の免責を認め請求棄却とした一審判決を維持した[9)]。火災保険金請求における間接事実

9）東京高判平成25年12月18日判時2217号117頁。

を積み重ねて故意を推認し免責を肯定したものである[10)]。

このような類型において故意を推認する方向で活きる間接事実としては、①出火原因・状況の不自然性、②保険契約締結の不自然性（実情に見合わない高額の保険料支払い等）、③保険契約の始期と火災発生日との近接性、④保険事故前後の被保険者ら関係者の態度、アリバイ等の不自然性、⑤被保険者ら関係者の経済的困窮度、⑥被保険者ら関係者の保険金請求歴、⑦損害額の不実の申告などの事実である[11)]。

本判決も、一審判決と同様に、①・④・⑤などの間接事実に着目している。本件で特徴的であるのは、Ｘが取引銀行の支店長と行員が火災現場に現れたとして、銀行が放火により債権回収を企図した可能性があるかのように語っていることであろう（上記⑷にいう説明内容それ自体が不自然であるもの）。Ｘのこうした言動は、放火に関する自らの関与から目を逸らさせるためのものと評価される余地がある。

7　火災原因の事実認定

【ケース11－6　火災の原因は何か】

阪神淡路大震災の２日後に、倉庫会社Ｙ保有の倉庫から火災が発生し、Ａの貨物が全焼した。Ａは、損害保険会社Ｘとの間で貨物海上保険契約を締結していた。

Ｘは、Ａに保険金を支払い、ＡのＹに対する貨物保管義務違反の過失による不法行為に基づく損害賠償請求権を保険代位により取得した。

そこで、Ｘは、Ｙに対して、損害賠償請求をした。

事実に関する争点は、本件火災の原因とそのメカニズムであった。

10）火災保険金請求につき故意免責を認めた裁判例として、横浜地判平成21年９月18日判時2099号141頁、仙台高判平成21年10月23日判時2073号121頁、横浜地横須賀支判平成23年４月25日判時2117号124頁、さいたま地熊谷支判平成23年９月26日判時2130号125頁、福岡高判平成24年２月24日判時2145号108頁などがみられる。

11）大阪民事実務研究会編「保険金請求訴訟の研究」判タ1161号24頁（2004）、さいたま民事実務研究会「保険金請求訴訟における事実認定及び訴訟運営上の諸問題」判タ1229号49頁（2007）。

このケースにおいて、どのような手法で事実認定をしていくことが相当か[12)]。

本件火災事故は、目撃者がいるわけではないから、直接証拠はない。このような事故訴訟においては、間接証拠、間接事実に基づき、科学的経験則を駆使して、火災の原因とそのメカニズムを認定していくことが相当である。

このケースのモデルである裁判例においては、火災の原因とそのメカニズムについて、次のような間接事実を総合して、倉庫内の化学薬品が荷崩れにより漏出し、他の貨物から流出した水分と化合して発火したものと推認することができると判示した[13)]。

① 本件火災発生当時、水分と接すると高熱を発して化合する性質をもつナトリウム・メチラート・パウダー（NMP）の貨物があった。

② NMPの保管状況からすると、大震災の揺れを契機として、水分を含有する貨物と接する可能性があった。

③ 本件倉庫内の他の貨物の内容・性状、倉庫内の立入りの状況等からすると、本件火災の原因として、NMP以外のものを想定することは困難である。

8 異性関係の事実認定

【ケース11－7 キャリアウーマン不倫事件】

数年間内縁関係にあった男女Ｘ・Ｙが内縁を解消することになった。それは、女性Ｙが職業上の関係者であるＡと男女関係を生じたことが原因であったとして、男性Ｘが、ＹとＡに対して不法行為に基づく損害賠償請求訴訟を提起した。

Ｘは、Ｙ・Ａの男女関係をＹの手帳の記載によって認識したとして、そのコピーを書証として提出した。

このケースにおいて、どのような手法で事実認定をしていくことが

12) 筆者の経験した案件をモディファイしたものである。

13) 東京地判平成11年６月22日判タ1008号288頁、加藤・認定論193頁。

相当か[14]。

このケースについても、間接事実と経験則とを駆使して事実認定をするのが相当である。

このケースのモデルである事案において、関係証拠から事実として認定できる事項は、次のとおりであった[15]。

① Ｘは定職に就いていない期間が長いのに対して、Ｙは外資系の金融機関を転職してキャリアアップを図るなど積極的なキャリーウーマン（現在は、外債のディーラー）である。

② Ａは独身の商社マンであり、Ｙの販売する金融商品の顧客であり、為替レートの変動に関連して売買をするため一日のうちでも何回も連絡を取ることが必要とされる業務の形態であった。

③ Ｙ・Ａの連絡方法は、電話が主であるが、ＹがＡを接待する経費も会社から支出され、レストランその他で複数回にわたり夕食をご馳走したこともあった。

④ Ｙはそのレシートを精算用に保存していたし、手帳にも接待予定を記入しており、Ａとの接触をＸに隠していたとはみられない。

⑤ Ｘは、Ａに面接しており、Ｙとの交際について苦情を述べたところ、Ａは、「現在は、仕事の上での関係であるが、結婚を前提に付き合いたいと考えている」と答えた。

⑥ Ａは、その後、外国に赴任し、Ｙとの関係はないように見受けられる。

⑦ Ｘは、本人尋問において、「Ｙに未練があり、内縁関係破綻で精神的にダメージを受けた。ＹはＡと休日の昼間にホテルで会ったことがあるが、別の用事で出掛けると言って家を出た。自分は、Ａと談判しているが、ラチがあかなかった」と供述した。

これに対し、Ｙは、本人尋問において、「自分の実家の反対があり、Ｘとは入籍しなかったが、結婚式を挙げてはいる。家計の負担が自分にかかってきており、さらにＸの両親の扶養まで現実の問題になってきて、いず

14）筆者の経験した案件をモディファイしたものである。

15）加藤・認定論233頁。

れXと別れることは時間の問題であった。Aとは仕事の上での付き合いで、男女関係はない」と供述した。

本件では、Yが別の用件を口実に外出していた日にAとホテルで会っていたことが判明した。

上記①ないし⑦の間接事実の中では、⑦の重要性が突出している。これは、ある意味では決定的ともいえるもので、⑤の点も併せ考えると、事実としては、YとAとの間には一時期、男女関係があったとみるのが相当と思われる。

上記①ないし④からは、YとAとの関係は仕事を契機に形成されたことが認められるが、これは男女関係があることとは矛盾しない。YがAとの接触をXに隠していたとはみられないこと（④）は、異性関係の存在の推認を妨げる要素ではあるが、本件の経過に中では、⑦と⑤の間接事実の方が優位に立つと位置づけられるであろう。

●コラム11 ／ 傷害に至った機序と医学鑑定

被害者の武田和夫さん（仮名）は下半身不随の後遺障害のある40代の男性である。その主張によると、中島徹さん（仮名）の運転するボックス型自動車が人と車の混在する狭い道を低速で走行中にそのミラーが通行人である武田さんの延髄の部位に当たった事故が原因で負傷し、後遺症が残ったというものだ。確かに、車高と武田さんの身長からいうとその部位に当たる可能性があった。

武田さんは生粋の大阪人で、気が短く腹を立てて運転者に「降りてこいや」と怒鳴り、停車して降りてきた中島さんと口論になった。舌鋒鋭く責め立てられ、その上小突かれた中島さんは、反撃に出て武田さんにアッパーカットを食らわせた。それが見事に決まり、武田さんはダウンし車のフェンダー部分に頭を打って気絶した。そこで、救急車を呼び、救急病院に入院して治療したが、下半身不随の後遺症が残る状態になってしまったのである。

このような事実関係であると、①車のミラーが武田さんの延髄部分に当たったことが傷害・後遺症の原因なのか、②中島さんに殴打され倒れた武田さんが車のフェンダーで頭を打撲したことが傷害・後遺症の原因なのかが問題となる。①の事故である場合には、自動車損害賠償責任保険や任意保険が適用される。当該自動車は松本工務店（仮名）が所有者で、従業員の中島さんが使用していたが、運行供用者である松本工務店の民事責任（自賠法3条）も生じる。これに対して、②の喧嘩による場合は、中島さんの暴行による不法行為責任（民法709条）の成否の問題になるのである。

武田さんは、①の主張をして、松本工務店と中島さんを共同被告として損害賠償請求をしたが、被告側は、②の主張をした。中島さんは、①・②のいずれであっても民事責任は免れないが、資力もないので弁護士を依頼することなく本人訴訟で訴訟に臨んだ。松本工務店には弁護士が訴訟代理をしたが、中島さんの訴訟代理人になることは利益相反に当たるからできない。人証調べをしてもミラーが武田さんの延髄部分に当たったかについては、水掛け論に終わった。

動かぬものとして、武田さんが中島さんに「降りてこいや」と怒鳴って喧嘩になった事実がある。この点は、武田さんが実際に車に当てられてはいないのに通常そうした行動に出ることはないと思われる。しかし、武田さんが歩行者に接触するくらいの危険な運転をした中島さんに抗議をしたにすぎないとみる余地がないわけでもない。

この案件は合議事件であったので、裁判官の間で合議を重ねたが、①・②いずれの事実認定をするにしても、今一つ腑に落ちないところが残った。そこで、裁判所は鑑定申請を採用した。鑑定の結果は、「医学的にはこうした事実経過、すなわち、頭部の延髄部分に車体のミラー部分が当たった場合でもすぐ気を失うことなく一定の時間文句を言い合うようなやり取りをした後、気を失うという経過は十分あり得る」というものであった。裁判所は、この医学鑑定をもとに、①の事実認定をして請求認容の判決をする心証を固めた。

中島さんは、暴行を働いた事実は認め反省しており、資力も乏しいこともあって、和解してこの訴訟から抜けることを希望していた。原告の武田さんの意向も確認した上、弁論を分離して、それほど多額でない慰謝料を支払う内容の和解をして終結させた。訴訟上の和解をした後に、中島さんの帰り際に、私は、何気なさを装って、「本当はミラーに頭部が当たったのでしょう」と聞いてみた。しかし、その段階でも、なお中島さんは「いや、ほんまに当たってはおまへんのや」と言うのであった。

中島さんのこの言葉をどのように考えたらよいものか。論理的には、㈠実際には武田さんにミラーが当たったが、中島さんは通行人である武田さんの動静を見ていなかったから、当たっていないと思い込んでいる、㈡実は本当にミラーは当たっていない、という2つの可能性がある。私としては、正直に言って、事実として㈠㈡のいずれかはよく分からなかった。しかし、医学鑑定の結論が出ていることから、①の認定をして請求認容の判決をするという方針は変えなかった。

このケースは、控訴審において一審判決ベースで和解がされて終了した。

@加藤新太郎「交通事故の因果関係判断のカギは」会社法務A2Z（2017年9月号）60頁

第12章 事故型訴訟の事実認定（その2）

1 判例にみる事故型訴訟・不法行為型訴訟の事実認定

本章は、最高裁判例にあらわれた事故型訴訟・不法行為型訴訟の事実認定に参考となるケースを取り上げて、実務にどのように活かすべきかを考察する。

事故型訴訟・不法行為型訴訟の事実認定については、第11章で取り上げたケースのほかにも、第２章の**【ケース2－2　製造物責任訴訟における発火源の認定】**、**【ケース2－8　ルンバール事件判決】**、第５章の**【ケース5－4　京阪電車置石列車脱線転覆事件】**、**【ケース5－5　忘年会カラオケ膝蹴り事件】**、**【ケース5－6　離婚請求訴訟における婚姻中の暴力】**を考察してきた。これらのうち、**【ケース5－4】**は、レール置石の共同認識に関するもの（最判昭和62年１月22日民集41巻１号17頁）、**【ケース2－2】**は、冷凍庫発火事件訴訟判決（東京地判平成11年８月31日判時1687号39頁）、**【ケース2－8】**は、最判昭和50年10月24日民集29巻９号1417頁を、それぞれ素材にした。**【ケース5－5】**、**【ケース5－6】**、**【ケース2－2】**などは、加害行為の有無が争点となった。また、**【ケース5－4】**は、不作為の過失の前提となる認識が、**【ケース2－8】**は、加害行為と損害との間の因果関係の存否が争点となったものである。

本章では、①捜査段階の自白（最判平成12年２年７日民集54巻２号255頁）、②工場騒音による被害の認定（最判平成６年３月24日判時1501号96頁）、③断定的判断の提供と株式購入との因果関係（最判平成９年９月４日民集51巻８号3619頁）、④デモ行進参加者に対する傷害（最判平成３年１月18日判時1378号67頁）を考察する。争点は、①加害行為の有無、②・④被害の有無、③因果関係の有無である。

2 捜査段階の自白

(1)総説

加害行為は不法行為の要件であるが、不法行為訴訟の被告が加害行為の有無に関する事実を供述している場合、その信用性の判断は、刑事事件における被告人の自白の信用性に関する判断の構造に類似している。捜査段階の自白に関する評価は、まさにそうである。人証の評価は、本人・証人の適格性、誠実性、供述の自然性、合理性、他の証拠との整合性などが考慮される。

第5章で叙述したように、人証の証拠評価のための5つのテストがある。供述者の信用性・信頼性を検討するためには、適格性テスト・誠実性テストがあり、供述内容の信用性・信頼性を検討するためには、自然性テスト・合理性テスト・整合性テストがある。適格性テストは、供述者がその適格性を備えているか、誠実性テストは、証人・本人が真実を述べようとする主観的な誠実さを有しているか、を判定するものである。

(2) 草加事件の概要

最判平成12年2月7日民集54巻2号255頁は、いわゆる草加事件として著名な事件である。

昭和50年7月に埼玉県草加市内の残土置場に女子中学生の絞殺死体が放置されているのが発見された。事件発生のころ自動車2台を盗んで乗り回しており、被害者とも面識のあった13歳から15歳までの前歴のある少年らが犯行に関係するのではないかと疑われた。13歳の少年は既に家庭裁判所に係属していたぐ犯事件で教護院に送致され、この件での処分はない。5人の少年が逮捕され、最終的には全員が犯行を自白した。

家庭裁判所の少年審判で、5人全員が否認に転じたが、3人が強姦、殺人等、1人が強姦等、1人が強制わいせつ等の非行事実で少年院送致の決定を受けた。少年らは東京高等裁判所に抗告をしたが、昭和51年5月に棄却され、最高裁判所に再抗告をしたが、平成元年7月にこれも棄却され、少年院送致の保護処分決定が確定した。ただし、抗告審では、強姦の点は既遂ではなく未遂と認定が変更された。

被害者の両親Xらは、抗告審決定後に、殺害行為にかかわったとされる少年4人の親権者Yらに対し、監督義務違反があったとして不法行為に基づく損害賠償請求訴訟を提起した。これに対し、Yらは、息子達は無実であると主張し、少年事件には保護処分終了後には再審に相当する手続が存在しないことから、本件を実質的な再審と位置づけて争った。

【ケース12－1　捜査段階の自白の評価】

本件の中心的争点は、まさに加害行為の有無（少年らの自白に信用性があるか）であった。すなわち、本件では、事件と少年らとを結び付ける直接証拠としては、少年らの自白があるだけであり、少年らが事件の真犯人と認められるかどうか、ひいては本件請求が認容されるかどうかは、少年らの自白が信用し得るものであるかどうかにかかっていた。

このような場合には、どのように自白の信用性を評価し、事実認定していくのが相当か。

(3) 本判決までの経過

一審判決（浦和地判平成５年３月31日判時1461号18頁）は、Ｙらの主張を容れ、少年らの自白は信用できず、少年らが強姦・殺人の犯人であるとは認められないとして請求を棄却した。

控訴審判決（東京高判平成６年11月30日判時1516号40頁）は、一審判決を変更し、少年保護事件での認定どおり、少年らの自白に基づき、少年らが強姦未遂・殺人の犯人であるとして請求を一部認容した。

Ｙらは、少年らが被害者に対する強姦未遂・殺人の犯人であるとした原判決の事実認定には経験則違反がある等として上告した。

(4) 本判決の概要

本判決は、少年らの自白に依拠して少年らを強姦未遂・殺人の犯人であると認定した原判決には経験則違反の違法があるとして、これを破棄し、本件を原審に差し戻した[1)]。

1）本判決の評釈として、椎橋隆幸「草加事件民事最高裁判決を契機に考える」法教241号53頁（2000）、後藤勇「判批」民商123巻２号94頁（2000）、守屋克彦「草加事件によせて」刑事弁護22号10頁（2000）、荒木伸怡「草加事件最高裁判決の意義」法セ554号50頁（2001）、後藤弘子「少年事件と自白の信用性」平成12年度重要判例解説185頁（2001）、尾島明「時の判例」ジュリ1195号105頁（2001）、同『最判解民事篇平成12年度(上)』54頁（法曹会・2003）、山室恵『刑事訴訟法判例百選〔第８版〕』174頁（2005）、今崎幸彦『刑事事実認定重要判決50選(下)』302頁（2005）、古谷恭一郎「捜査段階の自白」伊藤＝加藤編・判例から学ぶ232頁、中川武隆『刑事訴訟法判例百選〔第９版〕』158頁（2011）など。

その理路は、次のようなものであった。

【A】 原審が指摘するように、①少年らの最終的自白は、極めて詳細かつ具体的であるばかりでなく、②その自白内容は各少年とも大筋において一致し、互いに補強し、補完し合うものである。しかし、③少年らの自白は客観的証拠の裏付けに乏しく、④自白内容には変遷がみられ、⑤一部とはいえ虚偽供述が含まれていることは原審の認定判断するところでもあって、その信用性には疑いを入れる余地があり、慎重に検討されなければならない。

【B】 このような場合、信用性の判断は、(i)自白を裏付ける客観的証拠があるかどうか、(ii)自白と客観的証拠との間に整合性があるかどうかを精査し、さらには、(iii)自白がどのような経過でされたか、その過程に捜査官による誤導の介在やその他虚偽供述が混入する事情がないかどうか、(iv)自白の内容自体に不自然、不合理とすべき点はないかどうかなどを吟味し、これらを総合考慮して行うべきである。

【C】 原審は、少年らの最終的自白については、任意性を失わせる事情が認められず、重大な犯罪事実について少年ら5人がそろって任意に虚偽の自白をするとは考え難いから、特段の事情がない限り、その自白は真実を述べたものと認めるのが相当であるという。しかし、そうした場合であっても、重大な犯罪事実について共犯者がそろって虚偽の自白をすることは、必ずしもあり得ないことではなく、少なからぬ疑念のある少年らの自白の信用性の判断手法として相当ではない。

【D】 少年らの自白には、①いわゆる秘密の暴露があるわけではなく、②自白を裏付ける客観的証拠もほとんどみられず、かえって③自白が真実を述べたものであればあってしかるべきと思われる証拠が発見されていない上、④一部とはいえ捜査官の誤導による可能性の高い明らかな虚偽の部分が含まれ、しかも⑤犯行事実の中核的な部分について変遷がみられるという幾多の問題点があるのに、漫然とその信用性を肯定した原審の判断過程には経験則に反する違法がある。

(5) 検討

本判決の示した自白の信用性の判断枠組みは、次のとおりである。

(i) 自白を裏付ける客観的証拠の有無

(ii)　自白と客観的証拠との整合性の有無

(iii)　自白の過程に捜査官による誤導の介在等の他虚偽供述が混入する事情の有無

(iv)　自白の内容自体の自然性、合理性（不自然性、不合理性）の有無

【草加事件における自白の信用性評価】

■原審判決

＊信用性を肯定するのにプラスの考慮要素

①　少年らの最終的自白は、極めて詳細かつ具体的であったこと

②　自白内容が大筋において一致し、互いに補強・補完し合うものであったこと

③　任意性を失わせる事情が認められないこと

＊信用性を肯定するのにマイナスの要素

④　自白に客観的証拠の裏付けが乏しいこと

⑤　自白に変遷がみられること

⑥　自白の一部に虚偽供述が含まれていること

■本判決

＊信用性を肯定するのにマイナスの要素

⑦　いわゆる秘密の暴露はないこと

④　自白に客観的証拠の裏付けが乏しいこと

⑧　自白と整合する証拠が発見されていないこと

⑨　自白の一部に捜査官の誤導による可能性の高い明らかな虚偽の部分があること（⑥）

⑩　犯行事実の中核的な部分について変遷が見られること（⑤）

原審は、自白の信用性判断の分岐は、「重大な犯罪事実につき少年全員が任意に虚偽の自白をしたこと」の評価にかかると考えた。そして、自白の信用性を肯定するのにマイナスの要素（④～⑥）も認識していたが、上記②を重視し、「重大な犯罪事実につき少年全員が任意に虚偽の自白」をするとは考え難いから、特段の事情がない限り、その自白は真実と認めるのが相当であると判断したのである。

これに対して、本判決は、自白の信用性の判断枠組みの(ⅰ)ないし(ⅳ)を意識した検討を加え、⑦ないし⑩の問題点を指摘し、自白の信用性を肯定することは経験則に反すると判断した。

そこで、まず、「重大な犯罪事実につき少年全員が任意に虚偽の自白をしたこと」の評価についてコメントすると、捜査官の誘導や少年らに取調べに迎合する姿勢があったとすれば、「重大な犯罪事実につき少年全員が任意に虚偽の自白」をすることはあり得る。④⑤は、このことを推測する事情とみることもできる。

また、秘密の暴露(①)とは、自白中のあらかじめ捜査官の知り得なかった事項で、捜査の結果、客観的事実であると確認されたものである[2)]。秘密の暴露は犯行との関連性を前提にしたもので、慎重に関連性の有無、程度を判断する必要があるとされている[3)]。本判決でも、一般論として、要証事実と関連性のあるもののみを秘密の暴露と呼ぶ旨明示しているが、本件では、そうした秘密の暴露が見当たらなかったことが、自白の信用性判断を消極に傾かせる要素となっているのである。

原審の理路に従えば、本判決は、①から⑤までの、特段の事情がある以上、自白の信用性を肯定するには難があるとしたものとも解される。

なお、刑事訴訟において自白の信用性を判断する際に検討すべきファクターとして、(ⅰ)自白の経過(自白の時期、自白と否認の交錯、自白の誘引・契機)、(ⅱ)自白内容の変動・合理性(供述の変遷・動揺、動機の合理性、自白内容の合理性)、(ⅲ)体験供述、(ⅳ)秘密の暴露、(ⅴ)自白と客観的証拠との符合性、(ⅵ)裏付けとなるべき物的証拠の不存在、(ⅶ)犯行前後の捜査官以外の者に対する言動、(ⅷ)弁解内容の合理性、(ⅸ)状況証拠との関係などがあるといわれる[4)]。これらは、民事事実認定における人証の評価でも参考になるが、自然性テスト、合理性テスト、整合性テストとも通底するものがうかがわれるように思う。

---

2) 最判昭和57年1月28日刑集36巻1号67頁。

3) 司法研修所編『自白の信用性—被告人と犯行の結び付きが争われた事例を中心として』(昭和59年度司法研究報告書)48頁(法曹会・1991)〔田崎文夫=龍岡資晃=田尾健二郎〕。

4) 司法研修所編・前掲注3)9頁[田崎ほか]。

3　工場騒音による被害の認定

(1) 総説

騒音公害などについては、違法な権利・利益侵害になるかどうかの判断枠組みとして受忍限度論の議論がある。

受忍限度論は、「侵害行為の態様、侵害の程度、被侵害利益の性質と内容、騒音発生場所の地域環境、侵害行為の開始・継続の経過・状況、被害防止のため取られた措置の有無・内容、その効果など諸般の事情を総合的に考察して、被害が一般社会生活上受忍すべき程度を超えるものかどうかについて判定すべし」という規範である。ここでは、その評価の基礎となる事実の認定が重要となる。

(2) 事案の概要

最判平成６年３月24日判時1501号96頁の事実関係は、次のとおりである。

Ｙは、砂利、砂、セメント等の土木建築材料の販売業者であるが、昭和44年11月頃からは、セメントサイロを設け、コンクリートミキサー車によるレディーミクストコンクリートの製造、販売も行うようになった。同所は商業地域に属するが、東側は交通の激しい幅員約20mの道路に面し、所在地前にはバス停留所があり、北東角は信号機のある交差点である。裏側（西側）約30mの所には首都高速道路が存在し、付近では相当の交通騒音が存在する。

Ｘは、Ｙのレディーミクストコンクリート製造工場（本件工作物）の隣接地住民であるが、その操業に起因する騒音等により被害を受けているとして、Ｙに対し、操業の差止めおよび慰謝料の支払いを請求した。

(3) 控訴審判決の概要

原審は、Ｘの人格権に基づく本件工作物の操業の差止請求を認容し、不法行為を理由とする損害賠償として200万円の支払いを認めた。

その理路は、次のようなものである。

ア　本件工作物の操業によって発生する騒音は、不快音であって、軽度ではなく、Ｘの生活上の利益を違法に侵害し、身体的、精神的損害を被らせている。粉じん被害も、Ｘの健康または生活上、無視し得る程度のものとはいえず、本件工作物の操業をやめなければ、Ｘの被害は避けられない。

イ　Yは、虚偽の建築申請をして建築確認を得、区長からの工事施工停止命令を無視して工事を完成させ、都知事の是正措置命令も無視して本件工作物を操業し続け、また、本件工作物の設置について条例に基づく都知事の認可も受けず、区長の操業停止命令も無視している。Yが違法操業を継続している期間は約8年にも及ぶのであって、その行為は極めて悪質であり、その違法性は極めて高い。

ウ　Yの違法操業の態様がこのように著しく悪質で違法性の高い本件においては、生活上の利益侵害が社会生活上受忍すべき限度内であるときは当該利益侵害に違法性がないとする基準に従うことは適切でなく、被害が極めて軽微であるにもかかわらずあえて差止請求をする場合には、これを権利濫用として排斥すれば足りると解すべきであるところ、Xの請求は権利濫用に当たるものとはいえない。

エ　Xは、心身の健全性の保持という人格的利益に基づいて、現に行われている侵害行為を排除し、または将来生ずべき侵害を予防するため、侵害行為の差止めを求めることができる。また、Xは、Yの本件工作物の違法な設置および操業による騒音、粉じんのために人格的利益を侵害されており、これによって被った精神的苦痛に対する賠償を求めることができる。

【ケース12－2　工場騒音の差止請求等の可否】

本件工作物の操業に伴い、ダンプカー、コンクリートミキサー車等の車両の出入り、ダンプカーからの砂利の投下、セメントサイロへのセメントの圧送、ベルトコンベアーによる骨材の搬送、コンクリートミキサー車のミキサーの回転、機械に付着したコンクリートかすをかき落とす作業などにより騒音が発生し、ダンプカーからの砂利や砂の投下の際に粉じんが巻き上がったりする。

このケースにおいて、騒音、粉じん発生等の侵害行為の差止請求は認められるか。

(4) 本判決の概要

本判決は、次のような理路により、原判決を破棄し、差し戻した。

【A】　工場等の操業に伴う騒音、粉じんによる被害が、第三者に対する関係において、違法な権利侵害ないし利益侵害になるかどうかは、侵害行為の態様、侵害の程度、被侵害利益の性質と内容、当該工場等の所在地の地域環境、侵害行為の開始とその後の継続の経過および状況、その間に採られた被害の防止に関する措置の有無およびその内容、効果等の諸般の事情を総合的に考察して、被害が一般社会生活上受忍すべき程度を超えるものかどうかによって決すべきである。

【B】 工場等の操業が法令等に違反するものであるかどうかは、受忍すべき程度を超えるかどうかを判断するに際し、諸般の事情の１つとして考慮されるべきであるとしても、それらに違反していることのみをもって、第三者との関係において、その権利ないし利益を違法に侵害していると断定することはできない。

【C】 Ｘの住居は、旧建物の２、３階から、同地上に建て替えられた新建物の10階西側部分に替わっており、新建物は本件工作物に面した南側には窓などの閉口部がほとんどないというのであるから、原審認定のように粉じんの流入がなくなっただけではなく、騒音についても、住居に流入する音量等が変化し、Ｘが本件工作物の操業に伴う騒音によって被っている被害の質、程度が変化していることは、経験則上明らかである。したがって、Ｘの現在の住居に流入する騒音の音量、程度等、ひいてはそれによる被害の程度の変化について審理し、これをも考慮に入れて本件工作物の操業に伴う騒音、粉じんによるＸの被害が社会生活上の受忍すべき程度を超えるものであるかどうかを判断すべきものである。

【D】 原審は、Ｘの現在の住居に流入する騒音の程度等について審理せず、漫然と被害が続いていると認定した上、前記のような各判断要素を総合的に考察することなく、Ｙの違法操業の態様が著しく悪質で違法性が高いことを主たる理由に、本件工作物の操業に伴う騒音、粉じんによってＸの権利ないし利益を違法に侵害していると判断したものであるから、原審の判断には、法令の解釈適用の誤り、ひいては審理不尽、理由不備の違法があり、上記違法が原判決の結論に影響を及ぼすことは明らかである。

(5) 検討

本判決は、工場等の操業に伴う騒音、粉じんによる被害が、第三者に対する関係において、違法な権利侵害ないし利益侵害になるかどうかは、諸般の事情を総合的に考察して、被害が社会一般生活上受忍すべき程度を超えるものかどうかによって決すべきであるという受任限度論を前提とする（【A】）。

本件の特色は、工場等の操業が法令等に違反するものであることである。この点について、本判決は、これも考慮要素であるが、これのみをもって、第三者との関係において、その権利ないし利益を違法に侵害していると断定することはできないと考える（【B】）。そして、現在の住居に流入する騒音の程度、相当の交通騒音が存在する地域であること、砂利投下音を別にすると環境騒音とほぼ同じレベルであること、騒音、粉じんに対する各種の対策を講じ、それが相応の効果をあげていることなどの事実なども考慮しなければならないとする（【C】）。また、原審は、①X住所地は、相当の交通騒音が存在する地域に属すること、②本件工作物の操業に伴う騒音は、瞬間的な砂利投下音を別にすると環境騒音とほぼ同じレベルであり、しかも、窓を閉めることによって室内に流入する騒音は相当低下すること、③Yが講じた騒音、粉じんに対する各種の対策が相応の効果をあげていることなどの事実を認定しているが、本判決は、これらも総合判断に当たり考慮すべきであるという[5)]。

本判決は、受任限度論における総合判断という枠組みと考慮要素を規範の前提としつつ、本件事実関係に当てはめをしている。その際に、原審は、Yが約８年にわたり違法操業を継続している事実から、行為の悪質性は顕著であり、その違法性は極めて高いと評価したのに対し、本判決は、侵害行為の開始とその後の継続の経過および状況、その間に採られた被害の防止に関する措置の有無およびその内容、効果に対する考慮が足りないと解したものである。しかし、事実審裁判官の立場からすると、Yは、①虚偽の建築申請をして建築確認を得たこと、②区長からの工事施工停止命令を無視して工事を完成させたこと、③都知事の是正措置命令も無視して本件工作物を操業し続けていること、④本件工作物の設置について条例に基づく都知事の認可も受けていないこと、⑤区長の操業停止命令も無視していること、その上で、約８年も違法操業をしているのであるから、原審の判断は十分あり得るところである[6)]。

５）森純子「工場騒音による被害の認定」伊藤＝加藤編・判例から学ぶ237頁。

６）加藤新太郎「違法操業中の生コン工場の騒音被害にも受忍限度論を適用すべきか」NBL1163号77頁（2020）。

もとより、事実認定と評価という観点からは、受任限度論における総合判断の内実を理解することは重要であるが、本判決は事例判決であり、その射程は限定的に解するのが相当と考えられる。

4　断定的判断の提供と株式購入との因果関係

(1)総説

因果関係についても、事実的因果関係に加えて、相当性という評価をする。相当性は、一種の規範的な判断であるが、事実認定には、当事者がそれを導くためにプラスとなる事実を経験則も含めて主張立証していくことが前提となる。

判例（最判平成９年９月４日民集51巻８号3619頁）は、証券会社による株式買付の勧誘の過程において、断定的判断の提供による勧誘をし、顧客の求めで損失保証の合意がされた場合には、特別の事情のない限り、断定的判断の提供と株式購入との因果関係があるという経験則を肯定し、事実関係に当てはめるという判断をしている。

(2)事案の概要

Ｘは、①主位的請求として、平成２年８月、Ｙ証券△△支店のＡ支店長との間で、株式売買取引につきいわゆる損失保証契約を締結したと主張して、株価下落等により生じた損失について、損失保証契約の履行を求めた。また、②予備的請求として、Ａ支店長において、Ｘに株式買付けを勧誘した際、株価が必ず上がるとの断定的判断を提供したため、が株式買付けを行って損失を被ったものであり、Ａ支店長の違法勧誘行為はＹの事業の執行に関する行為であると主張して、使用者責任に基づく損害賠償を求めた。

原審は、①につき、損失保証契約は、平成３年法律95号による証券取引法改正前である本件当時においても、公序良俗に反し無効であるとして、請求を棄却し、②につき、Ａ支店長の断定的判断の提供とＸの株式買付けとの間には因果関係がないとして、請求を棄却した。

(3)本判決の概要

本判決は、要旨次のとおり判示して、②の請求の原審判断につき破棄差戻しをした。

第１に、平成３年法律95号による改正前の証券取引法の下においては、損失保証は違法な行為とされていたものの、行政処分を科せられていたにすぎず、学説の多くも損失保証契約は私法上有効であると解していたことからすれば、従前は、損失保証が反社会性の強い行為であると明確に認識されてはいなかった。平成元年12月には、大蔵省証券局長通達が発せられ、また、日本証券業協会も通達を受けて同協会の規則を改正し、事後的な損失補てんを慎むよう求めるとともに、損失保証が法令上の禁止行為であることにつき改めて注意が喚起されたなどの経過からすれば、この過程を通じて、次第に、損失保証が証券取引の公正を害し、社会的に強い非難に値する行為であることの認識が形成されていったものというべきである。そして、遅くとも、平成２年８月当時においては、既に、損失保証が証券取引秩序において許容されない反社会性の強い行為であるとの社会的認識が存在していたものとみるのが相当であるから、平成２年８月当時に締結された本件損失保証契約は、公序に反し無効である。

第２に、証券会社側が断定的判断の提供による勧誘をし、勧誘を受けた顧客において証券会社側に対し損失が生じた場合にこれを補てんすることを求め、両者の間に損失保証の合意が成立したような場合には、特別の事情の存しない限り、損失保証の合意と株式買付けとの間にも、断定的判断の提供と株式買付けとの間にも因果関係が存するというべきである。

【ケース12－3　断定的判断の提供と株式購入との因果関係】

本判決が上記第２のように判断した理路は、次のようなものであった。

【A】　証券会社側が特定の株式の価格が騰貴する旨の断定的判断を提供することと、証券会社側と顧客とが株式の価格が下落した場合には損失を補てんする旨の損失保証の合意をすることとは、株式買付けの動機を形成する面において相互に排斥し合う関係にはない。

【B】　証券会社側の顧客に対する一連の株式買付けの勧誘の過程において、証券会社側が断定的判断の提供による勧誘をし、勧誘を受けた顧客において、その担保ないし保証を求める趣旨で、証券会社側に対し損失が生じた場合にこれを補てんすることを求め、両者の間に損失保証の合意が成立したような場合には、特別の事情の存しない限り、断定的判断の提供と損失保証の双方が顧客の株式買付けの意思決定に影響を及ぼしたものと推認するのが相当であり、損失保証の合意と株式買付けとの間にはもとより、断定的判断の提供と株式買付けとの間にも因果関係が存するものというべきである。

【C】 Ｘの供述全般を通じてみれば、Ａ支店長の提供した断定的判断を全面的に信用することには躊躇を覚えたため、その判断に誤りがあった場合に備えて損失保証を求めた旨を述べているにすぎず、独自に入手していた情報等の客観的な裏付けに基づいて断定的判断を信用しなかった旨を述べているものではない。

【D】 本件において、他に首肯するに足りる特別の事情の存することについて認定説示することなく、Ｘの供述部分のみをもって、直ちにＡ支店長の断定的判断の提供と本件買付けとの間に因果関係が存しないとした原審の認定判断には、経験則違反ないし採証法則違反の違法があり、この違法は原判決の結論に影響を及ぼすことが明らかである。

(4) 検討

断定的判断の提供による勧誘を理由とする不法行為が成立するためには、断定的判断の提供と株式購入との因果関係が主張立証されることを要する。

本判決は、①証券会社側が断定的判断の提供による勧誘をし、②顧客において、その担保ないし保証を求める趣旨で損失が生じた場合にこれを補てんすることを求め、③両者の間で損失保証の合意が成立した場合には、特別の事情の存しない限り、損失保証の合意と株式購入との間の因果関係、断定的判断の提供と株式購入との間の因果関係があるという経験則を明示した（【B】）。特別の事情がある場合とは、例えば、顧客が独自に入手していた情報等の客観的な裏付けに基づいて断定的判断を信用しなかったが、それでも株式購入をしたような場合である（【C】）。

証券会社の担当者が株式購入勧誘時に顧客に対しどのような物言いをすると、断定的判断の提供に当たるかについては、当てはめの問題がある。不確実な事項（例えば、株式の騰落）に関して、「必ず値上がり（値下がり）します」というのが典型であるが、「必ず」「きっと」という表現を使わないでも、「100％とはいえませんが、値上がりが期待できます」という言い方でも、その具体的根拠を示すなど前後の文脈、説明時の状況からみて、顧客に値上がりは間違いないと誤認させるものであれば、断定的判断の提供に当たると解される。しかし、差戻し後の控訴審判決（大阪高判平成10年11月13日金法1536号35頁）は、A支店長がXに断定的判断を提供して株式購入の勧誘をした事実は認められないとして、不法行為の成立を否定し、請求を棄却している。断定的判断の提供の事実が認定されない以上、株式購入との因果関係を論じる余地はない。しかし、本判決の明示した【B】の法命題は、実務的には、上記①ないし③の事実を前提とする限り、断定的判断の提供と株式購入との間の因果関係を推認することができるという経験則と受け止めることが相当であろう[7)]。

5　デモ行進参加者に対する傷害

(1)総説

最判平成３年１月18日判時1378号67頁は、デモ行進参加者に対する傷害の有無が争点になったケースである。具体的には、「デモ行進の参加者が機動隊員に、手拳で顔面を１回殴打され、左上口唇部を約40針縫合する傷害を負った」事実の認定の可否が問題となったものである。

(2)事案の概要と経過

昭和55年５月22日午後７時50分頃、東京都心部で行われた約500名規模の「日韓連帯デモ」と称するデモ行進の参加者Xは、デモを規制していた機動隊員に右手拳で左口唇部を殴打され、左肘から路上に落ちて仰向けに転倒し、左肘部挫傷、左下口唇部挫傷、約40針の縫合を要する左上口唇部を裂傷等の傷害を負ったとして、Y（東京都）に対し、国家賠償法１条に基づき損害賠償請

７）遠藤賢治「断定的判断の提供と株式購入との因果関係」伊藤＝加藤編・判例から学ぶ245頁、河邉義典『最判解民事篇平成９年度(下)』1058頁（法曹会・2000）。

求をした。

原審（東京高判昭和62年２月26日公刊物未登載）は、Ｘを殴打した機動隊員は、公権力の行使に当たる公務員であって、本件デモに対する警備活動がその職務に該当するところ、本件加害行為は、警備活動を担当していた機動隊員によって警備活動に伴って故意にされたもので、これを正当化する特段の理由があるとも認められないから、違法であり、Ｘは国家賠償法１条１項に基づき機動隊員の暴力行為の結果生じた損害を賠償する責任を負うとした（請求一部認容）一審判決（東京地判昭和61年２月14日判時1207号81頁）を維持した。すなわち、当該傷害は機動隊員に右手拳で左口唇部を殴打されたことで生じたという事実を認定したものである。

Ｙは、当該傷害は、Ｘがデモ参加者に背後から突き飛ばされ前のめりに路上に転倒した際に生じたものである旨主張（積極否認）したが、原審は、「前のめりに転倒したとしたら、通常反射的に手・腕で顔面部を防護するはずであり、そのようにせずに上記負傷をしたのは不自然であり、また顔面の他の部分や手を何ら負傷しないですむことは考え難い」として、これを排斥した。

【ケース12－4　デモ行進参加者に対する傷害】

本件の争点は、「①手拳で顔面を１回殴打することにより、左上口唇部を約40針縫合する傷害を負うか、②前のめりに転倒して路上に衝突した場合に、手・腕で顔面部を防護しないまま、上記負傷をすることがあり得るか」である。

本件において、上記の点は、どのような事実認定をすることが相当であろうか。

(3) 本判決の概要

本判決は、「本件傷害が機動隊員の殴打行為に因って生じたとの点については、にわかに首肯することができない」として原判決を破棄し、差し戻した。

その理路は、次のとおりである。

まず、争点①「手拳で顔面を１回殴打することにより、左上口唇部を約40針縫合する傷害を負うか」について。

【A】　原審の認定によれば、Ｘは、機動隊員の殴打行為により、左後方に飛ばされ、左肘から路上に落ちて同所に仰向けに転倒したというのであるから、Xの顔面部分の本件傷害は、機動隊員の１回の手拳による殴打行為に起因したことになる。

【B】 しかし、本件現場付近を撮影した写真によれば、先頭誘導員たる機動隊員は手袋を着用していたことがうかがわれるため、手袋着用の手拳による１回の殴打行為により、本件傷害、特に約40針縫合するほどの左上口唇裂傷が生じたとの認定判断については、経験則上、合理的な疑いを抱かざるを得ないし、少なくとも、着用した手袋の厚さいかんによっては、そうした傷害の発生が否定される蓋然性は高くなるものと思われる。したがって、機動隊員がどの程度の厚さの手袋を着用していたのか、その手袋を着用した手拳による殴打行為と本件傷害の部位、程度との因果関係の整合性等について十分審理、判断を加えなければ、殴打行為と本件傷害発生とを直ちに結び付けることができないはずであるから、手袋が着用されていたかどうかさえ判断せず、単にその殴打行為に起因して本件傷害が生じたと即断した原審の判断には、著しく合理性を欠くものがある。

次に、争点②「前のめりに転倒して路上に衝突した場合に、手・腕で顔面部を防護しないまま、上記負傷をすることがあり得るか」について。

【C】 Yの本件傷害の原因についての主張（Xがデモ参加者に背後から突き飛ばされ前のめりに路上に転倒した際に生じたもの）について原審は、「前のめりに転倒したとしたら、通常反射的に手または腕で顔面部を防護するはずであって、何ら顔面を防護せず、前記の如き上記負傷をしたのは不自然であり、また顔面の他の部分や手を何ら負傷していない事実も被害の主張とは符号しない」と説示して、Y主張のような機動隊員の規制および解除の事実の有無について判断を加えないまま、転倒による負傷の可能性を否定している。

【D】 しかし、およそ全く予知しないときに、他人から背後を強い力で押されて前のめりに転倒したような場合には、その力の大きさいかんによっては、反射的に手または腕で顔面部を防護する暇もなく、顔面部を直接路上ないしは突起物に激突させることもあり得ることは、経験則上、容易に想定できるところであるから、特段の事情もなく、そうした事態発生の可能性を全く否定してしまうことは、むしろ経験則に違反する不合理な判断というべきである。

(4)検討

まず、Xに「左上口唇部40針縫合する傷害」が生じたことは、証拠上認められる事実である。

次に、上記傷害は、「(i)機動隊員の手拳による顔面の1回殴打で生じたものか、(ii)前のめりに路上に転倒した際に生じたものか」が問題となる。

本判決は、(i)について、機動隊員の手袋着用の事実に着目すると、手袋着用の手拳1回の殴打行為により、本件傷害（約40針縫合するほどの左上口唇裂傷）が生じたとの認定は、経験則上、合理的な疑いがあるという。この点については、手袋着用の手拳1回の殴打行為により、本件傷害が生じることは、特段の事情のない限り、経験則上あり得ないというべきであろうとして、本判決の判断に賛成する見解[8)]がある。

これに対して、「手袋をしていたから、そんな傷害にはなるまい」と言い切れるかどうか首を捻りたくなると批判する倉田卓次博士の見解[9)]もみられる。この点は、手袋の厚さはどの程度のものかに加え、殴打行為と本件傷害の部位との因果関係の整合性、殴打行為と本件傷害の程度（約40針縫合）との因果関係の整合性などが事案解明のポイントとなるといえよう。

倉田博士は、本判決について、手袋着用という原審の確定していない事実を用いて非難すること（【B】）は問題であるとも指摘し、「写真に手袋が写っているから用いうる」とみたのかもしれないが、それが許されるなら、原審認定事実の非難はいくらでもできることになり、経験則違反の論拠とするのは疑問が残るという[10)]。確かに、事実審裁判所と法律審裁判所の役割分担の観点からすると、本判決の認定判断のスタンスを一般化することには慎重であるべきであろう。

また、倉田博士は、争点②の顔面防護の点（【C】【D】）についても、【C】

8）後藤勇『続・民事裁判における経験則―その実証的研究』382頁（判例タイムズ社・2003）。

9）倉田卓次「〈判批〉原審の事実認定につき経験則違反の認められた事例」『民事裁判論集』171頁（判例タイムズ社・2007）。

10）倉田・前掲注9）172頁。

は、原審がＹ主張を排斥する理由として判示したこと、すなわち、ある事実を認定しなかった（証拠を採用しなかった）理由付けであるから、その点に問題があるからといって、それを直ちに原審認定自体の経験則違反のようにいうことも疑問なしとしないと論評する[11)]。この指摘にももっともな面はあるが、本件では、「左上口唇部40針縫合する傷害」が、「①手拳で顔面を１回殴打することにより生じたか、②前のめりに転倒して路上に衝突することにより生じたか」という争点に絞られていることを考えると、②の事実を認定しなかった原審の理路と論拠を検討することは上告審として当然なことであり、その限りで、本判決の【C】【D】の認定判断は正当化できるように思われる。

事故型訴訟には、本件のように決定的な証拠を欠き、周辺の間接事実から経験則を活用して主要事実を推認する手法をとることになるケースは相当数みられるが、本判決は、その類型の事実認定の参考になるものとして受けとめたい[12)]。なお、差戻し後の控訴審判決（東京高判平成５年５月31日判時1463号66頁）は、本件傷害が機動隊員の手拳による顔面の殴打によって生じたものとすると客観的な状況と矛盾するというべきであり、むしろ本件傷害は、作用面積が極めて小さい角のある硬い表面を持つ鈍体（例えば、ガードレール接合部のボルトの留め金、縁石の損傷部分など）によって形成されたとみるのが自然であるとして、Ｘの主張を棄却している。その意味では、本判決の示した事実認定の見通しのとおりの結論になったものということができる。

●コラム12／そんなことが起こるのか——内部通報者による立証

事実は小説よりも奇なりという。現実の民事訴訟には、「そんなことが起こるのか」と裁判官も驚かされる案件がある。訴訟代理人である弁護士の手腕にかかるところ大であるが、ある融資に謀略が仕組まれていたケースの顚末をみてみよう。筆者が関与した東京高判平成25年５月22日判時

11）倉田・前掲注９）172頁。
12）足立謙三「デモ行進参加者に対する傷害」伊藤＝加藤編・判例から学ぶ247頁。

2201号54頁がこれである（一審判決は、東京地判平成24年４月13日判時2201号60頁）。

●事実の概要

登場するのは、霊苑建設を考えている広範囲の一帯の不動産（多くは借地）を所有する寺院のA、その依頼を受けたデベロッパーであるB社、その子会社である建築設計施工請負業者X社、ノンバンクのC社、担保権の実行としての競売手続により本件不動産を買い受けたY_1社、Y_1が分筆した不動産の一部を購入したY_2社（投資業等を目的とする会社）、Y_2からさらにその一部を購入した不動産業者のD社である。

B社とX社は、A寺院から、霊苑開発の依頼を受け、不動産の一部にマンションを建設・分譲して開発資金を捻出する計画を立案し、多数の借地権者との明渡交渉を行っていた。B社は、事業をスタートする資金として、C社から４億5000円を借り受けた。その際、X社は、B社の債務を担保するため、A寺院からX社に不動産所有権を移転した上、C社との間で、抵当権設定契約を締結し、C社を抵当権者とする抵当権設定登記をした。

事業は思わしく進まずX社は貸金が返済できなかったため、C社の申立てに基づき、不動産競売が開始され、Y_1社が競売手続により本件不動産を買い受けた。Y_1社は土地を分筆し、Y_2社は本件不動産の一部を購入し、D社がY_2社からさらにその一部を買い受けた。

X社は、本件抵当権設定契約は公序良俗に反して無効であると主張した。X社の主張によれば、C社の謀略の内容と手順は、次のようなものであった。

(ｱ)　まず、C社の不動産担当部長の甲と暴力団関係者乙は、本件抵当権設定契約の手続に紛れて印章を冒用して白紙委任状を作成した。

(ｲ)　さらに、甲と乙は、偽造した印章により売買契約書を捏造して、本件各土地と一帯としてマンション建設用地とする予定の土地の所有権をX社から移転した。これは、それ自体詐欺であるが、結果としてX社は所有不動産を利用した資金調達ができなくなった。

(ｳ)　このように、甲と乙は、X社に対しC社からの融資を弁済できないように仕掛けをした上で、本件不動産を競売手続に付し、関係者に買い受けさせるという、マンション建設用地の乗っ取り計画（本件謀略）を企て、実行した。

(エ)　本件抵当権設定契約は、この違法な謀略の手段の１つとして締結されたものである。

(オ)　Y_1社は、この計画を知った上、Ｃ社の傀儡として本件不動産を競落したのであるから、本件各不動産の所有権を取得しない。

(カ)　Y_1社から本件土地の一部を買い受けたY_2社、さらにその一部を買い受けたＤ社は、無権利者から譲り受けたにすぎず（Ｄ社はその後破産手続開始決定を受け破産管財人Y_3が受継）、また、事情を知りまたは事情を知り得たのにこれを譲り受けたものであるから、本件各不動産について、その権利を取得することができない。

Ｘは、以上のように主張して、所有権に基づき、Ｙらに対し、Ｙら名義の所有権移転登記等の抹消登記手続を求め、Y_3に対し、土地の明渡しを求めたのである。

●本件抵当権設定契約は公序良俗に反して無効か

本判決は、(ア)から(エ)の事実を認定した上、本件抵当権設定契約は公序良俗に反して無効であると判断した。その理路は、「【1】本件消費貸借契約は、現実に金員・預金小切手が交付され、これに基づく抵当権設定契約も、それ自体は問題のないものであるから、これを公序良俗により無効というためには、Ｘの主張する謀略なるものが存在し、Ｃ社の甲がこれを認識し、加担していたことを要する。【2】本件事実関係においては、甲は本件抵当権設定契約の当初から本件謀略を認識・荷担していたと推認される。【3】そうすると、本件抵当権設定契約は、本件謀略のための手段として締結されたもので公序良俗に反し無効」というものであった。

つまり、本判決は、ノンバンクのＣ社が会社ぐるみで、抵当権設定契約手続の際に印章を冒用してＸ社が所有する他の土地の売買契約書を偽造して土地所有権を移転して資金調達を封じて競売手続に持ち込むという企みをしたと事実認定したのである（一審判決も同様）。

これは、驚くべき犯罪であり、その意味で特異な事実関係である。例えば、印章の冒用は、司法書士が立会いをした抵当権設定の決済の場で、関係書類に押印する際に、白紙委任状を紛れ込ませておいて、Ｘ社関係者や司法書士の目を盗んで押印したというものである。司法書士が同席する場でそうしたことができるかは疑問で、X社側の立証は困難と思われたが、本件では、内部通報者が出てきて立証することができた。さらに、X社は、他の土地の売買の契約書にX代表者の偽造された印章が用いられていることを理由に売買契約が虚偽と認定判断している別件民事訴訟の確定判決を獲得していた。これらの関係証拠から、本判決は驚くべき謀略の事実を認定したのであるが、これはX社にとってはまさに僥倖であった。

X社は、こうして融資とそれに引く続く抵当権設定契約締結がマンション建設用地の乗っ取りという謀略の手段であることの立証に成功し、抵当権設定契約が公序良俗に反して無効と判断してもらうことができた。この証明困難な主張を立証することができたのは、内部通報者の出現という特殊な事情があったことが大きいが、X社所有の他の土地の売買契約の効力を問題とする別件訴訟を積み上げてきたことも有益に作用している。訴訟代理人のお手柄であろう。

●本件の結末

しかし、その先の問題である買受人に対する請求については、「公序良俗に反して無効な抵当権設定契約に基づき競売手続により買受人が不動産を競落した場合であっても、買受人Y_1は抵当権者C社と実質的に同一とはいえず、無効となる事由を了知して買受申し出をしたともいえないから、買受人の不動産所有権の取得を否定することはできない」という理由で、登記請求と明渡請求は棄却された。もちろん、本件事実関係を前提にすればC社や甲・乙に対して不法行為による損害賠償責任を追及することはできるが、それは別の話である。

本件では、X社は不動産担保権の実行として競売手続が開始された時点で、担保権不存在を理由として、開始決定に対して執行抗告や、手続の停止を申し立てて争い（民執法182条・183条）、自己の権利を確保することができたはずである。X社がそうしなかった理由は不明であるが、実に惜しまれる。

@加藤新太郎「ある融資における謀略の立証」金法2035号4頁（2016）

第4部

民事事実認定の応用

第13章 規範的要件の事実認定

1　規範的要件の意義

本章は、契約型訴訟にも事故型訴訟・不法行為型訴訟にも登場する規範的要件の事実認定について考察する。

規範的要件とは、「信義誠実」（民法1条2項）、権利濫用（同法1条3項）、「公序良俗」（同法90条）、第三者が代理人の権限があると信ずべき「正当な理由」（同法110条）、「過失」（同法709条）、「正当事由」（借地借家法6条・28条）などの一般条項をもって定められるものである。不特定概念、抽象的概念といわれることもある。もっとも、それぞれの意義は微妙に異なるので、ここで整理しておくことにしよう。

一般条項とは、不特定的または抽象的な概念を用いて法律要件を定めた規定をいう。すなわち、一般条項は、規定の性質に着目した用語である。

不特定概念、抽象的概念とは、それらの条項の法律要件として用いられている概念が、不特定性や抽象性が高いものであることをいう。つまり、不特定概念、抽象的概念は、法律要件の用いられた概念の性質に着目した用語である。

それでは、規範的要件はというと、その法律要件が、通常の法律要件のように「事実」概念を用いるのではなく、規範的な意味における「評価」概念を用いたものをいう。規範的要件は、その意味で、法律要件の規範的な性質に着目した用語である。

以上を一言で説明すると、不特定概念、抽象的概念を用いて規範的要件を法律要件として定めた実体法上の規定が一般条項ということになる[1)]。

本章では、規範的要件の事実認定における判断枠組みを明らかにするために、規範的要件の主要事実は何かという基本問題を押さえた上で、いくつかの

1）三木浩一「規範的要件をめぐる民事訴訟法上の諸問題」石川明＝三木浩一編『民事手続法の現代的機能』7頁（信山社・2014）。

最高裁判例を考察する。

考察の対象とするのは、①表見代理における正当の理由に関する最判昭和49年10月24日民集28巻7号1512頁、②未熟児網膜症と医師の過失に関する最判昭和60年3月26日民集39巻2号124頁、最判平成4年6月8日判時1450号70頁、③過失の一応の推定に関する最判昭和43年12月24日民集22巻13号3428頁、④概括的認定・択一的認定に関する最判昭和32年5月10日民集11巻5号715頁、最判昭和39年7月28日民集18巻6号1241頁である。

2 規範的要件の主要事実

(1) 問題の所在と従来の通説

規範的要件については、規範的評価ありと認定判断するためには、その評価を根拠付ける具体的事実が証明されることが必要であるが、そのような具体的事実は「評価根拠事実」と呼ばれる。

規範的要件については、「評価根拠事実」をどのように位置づけるかという観点を軸として、何を主要事実(要件事実)とみるかについて、次のとおり見解が分かれている。

従来の通説は、規範的要件の主要事実(要件事実)を過失、正当な理由などの規範的評価そのものであると解する[2)]。この見解は、規範的評価を基礎付ける評価根拠事実を間接事実とみることから、「間接事実説」と呼ばれる。この説は、規範的要件それ自体(例えば、過失)を主要事実とし、評価根拠事実(例えば、交通事故訴訟であれば、前方不注視・脇見運転、スピード違反、酩酊運転、整備不良など)を間接事実とするものである。この説は、法文上に過失、正当な理由などの用語が要件事実を示すものとして用いられていることを根拠とする。

しかし、この説によれば、原告は、「被告に過失がある」と主張すれば足りることになり、裁判所は、当事者の主張していない個々の具体的事実を認定して判決の基礎とすることができることになる。例えば、当事者がスピード違

2) 兼子一『新修民事訴訟法体系〔増補版〕』199頁(酒井書店・1965)、三ケ月章『民事訴訟法(法律学全集)』159頁(有斐閣・1959)。近時において間接事実説に回帰すべきであるとする見解として、大島眞一「規範的要件の要件事実」判タ1387号24頁(2013)。

反の有無を争っている場合に、裁判所は、証拠調べをして前方不注視・脇見運転の事実を認定して判決することも論理的には許容されることになる。すなわち、「間接事実説」には、弁論主義の下で、主要事実が果たすべき相手方の防御の機会の保障という面からみて問題があり、不意打ちを防止できないおそれがある（もっとも、裁判所が適切な釈明をすることにより実際には不意打ちを回避することは少なくないであろう）。さらに、主要事実は直接証拠によってその存在を証明できる性質のものでなければならないが、規範的評価自体を証拠によって直接証明する方法がないことは、間接事実説の難点である。

そこで、従来の通説は、現実の訴訟における間接事実の重要性を見落としていると批判し、間接事実説の難点を克服するための解釈論的な工夫をした学説があらわれた。これには、①訴訟の勝敗に直接影響するような重要な主要事実・間接事実については、当事者の主張が必要であり、重要でない主要事実・間接事実については、当事者の主張を要しないとする説[3)]のほか、②主要事実であると間接事実であるとを問わず、判決の基礎として認定・判断するためには原則として当事者の主張を要するが、その主張は、事実の細部にわたる必要はないとする説、③主要事実は、その法条の立法趣旨、当事者の攻撃防御の目標として不意打ちのおそれのない程度に明確かどうか、審理の整理・促進という観点からみて適度の具体性をもっているか等を考慮して、事案の類型ごとに帰納的に定めるとする説、④裁判所が判決で当事者の主張なくして斟酌できる事実は、当該訴訟におけるその事実の重要性、当事者にとって不意打ちにならないか、証拠の提出や反対尋問によって当事者間で実質的に攻撃防御が尽くされたかどうかという観点が重要であるとする説などがみられる[4)]。

(2)新たな通説

間接事実説の難点をなくすには、端的に、規範的要件の要件事実は規範的評価自体ではなく（規範的評価は法的判断にすぎない）、その判断を基礎づける評価根拠事実が主要事実であると解すればよい。これが、「主要事実説」である[5)]。

3）田尾桃二「主要事実と間接事実にかんする二・三の疑問」兼子一博士還暦記念『裁判法の諸問題㈥』269頁（有斐閣・1969）。

4）加藤新太郎「主要事実と間接事実の区別」『民事訴訟法の争点〔第３版〕』183頁（有斐閣・1998）。

なお、具体的事実の法律要件への当てはめ（法律要件該当性があるかどうかの判断）の点で、規範的要件は通常の法律要件と異なっているとして、評価根拠事実を「準主要事実」と呼ぶ見解（準主要事実説）もみられる[6]。これは、規範的要件の評価を基礎づける具体的事実を準主要事実（主要事実であるが構成要件への当てはめが普通の条文と異なる）であるとするが、実質的には主要事実説とほぼ同じといってよいであろう。

(3) 検討

近時は、主要事実説が通説的見解となっているが、以上のような学説のうち、どの説が実務的に相当と考えられるか。その理由はどこに求められるか。

上記の②説（主要事実も間接事実も、判決の基礎として認定・判断するためには原則として当事者の主張を要するという説）は、実務に相当にドラステックな変化をもたらすことになるが、すべてのケースで履践するとなると煩雑であり、かえって予期した効果が生じないおそれがある。③説（主要事実を事案の類型ごとに帰納的に定めるとする説）、④説（不意打ち防止を重視する説）も実質的ではあるが、アドホックであり、実用に耐えることができるか疑問である。この点は、①説（訴訟の勝敗に直接影響する重要な主要事実・間接事実には、当事者の主張が必要という説）にも同様の危惧がないわけではない。しかし、争点中心審理を採用する現行民事訴訟法の下では、審理の中での間接事実の比重が増すことは否定できず、重要な間接事実を主要事実と同様に位置づける①説は、その先見性が評価される。争点整理を適切に実施して、重要な間接事実についての認識を裁判所・当事者が共有する訴訟運営がされるという前提ができれば、①説の実質部分は支持できるように思われる（主要事実は重要性の有無を問わず、主張すべきであろう）。

問題は規範的要件が問題とされる場合であるが、これは、主要事実説が相当であろう。準主要事実説は説明ぶりの違いとみてよい。その場合、当事者とし

5）青山善充「主要事実・間接事実の区別と主張責任」新堂幸司ほか編『講座民事訴訟④』398頁（弘文堂・1985）、司法研修所編『増補民事訴訟における要件事実（第1巻）』30頁（法曹会・1986）、高橋宏志『重点講義民事訴訟法(上)〔第2版補訂版〕』425頁（有斐閣・2013）。

6）倉田卓次『民事実務と証明論』259頁（日本評論社・1987）、三井哲夫『要件事実の再構成〔増補新版〕』88頁（信山社・1993）。

ては「一定の事実が、その規範的要件を基礎づけることになる」という評価を前提として一定の事実（評価根拠事実）を主張し、立証することが必要になる。規範的要件を基礎づける具体的事実が主要事実であると解する立場は、主張する事実から争点とされる規範的要件の存在ありと評価することができるか否かなど主張の適否レベルでの吟味が容易となる上、事実の立証についてもその対象が明確になるという利点がある[7)]。

(4)評価のスタンス

主要事実説に立つ場合において、評価根拠事実Ａ・Ｂ・Ｃ、評価障害事実Ｄ・Ｅが主張されたときには、どのように認定評価していくことになるのか。

第１は、通常の請求原因と抗弁のように、評価根拠事実を認定できるかどうかを判断し、Ａ・Ｂ・Ｃのいずれも事実として認定できない場合には、評価障害事実の事実認定をするまでもないというスタンスである。この立場では、評価根拠事実Ｂが認定されたときには、評価障害事実Ｄ・Ｅを認定できるかどうかを判断する。そして、Ｅが事実認定できたときに、規範的要件の評価ができるかについて判断することになる。民法709条における「過失」の認定判断などは、こうしたスタンスでよいように思われる。

第２は、評価根拠事実Ａ・Ｂ・Ｃ、評価障害事実Ｄ・Ｅを同一平面で事実認定できるか判断し、認定できたＢ・Ｃの事実とＤ・Ｅの事実を総合的に評価判断すべきであるというスタンスである。例えば、借地借家法における「正当事由」の認定判断などは、このスタンスが相当である。

このようなスタンスの違いは、一般条項の性質に由来する。この点について、過失は、選択型一般条項であり、正当事由は、総合判断型一般条項であると説明する学説がみられる[8)]。そして、この見解によれば、総合判断型一般条

7）加藤・前掲注４）183頁。

8）山本和彦「総合判断型一般条項と要件事実」伊藤滋夫先生喜寿記念『要件事実・事実認定論と基礎法学の新たな展開』65頁（青林書院・2009）。山本説は、規範的要件の条項によって選択型一般条項と総合判断型一般条項とに分ける。これに対して、規範的要件の判断には、択一判断型と総合判断型とがあるが、それは条項により画一的に決まるのではなく、個別具体的な事実関係や当事者の主張の立て方によって定まるという見解として、三木・前掲注１）11頁がみられる。両者の見解に対する筆者の見立て（評価）については、加藤新太郎「民事訴訟における論証責任」春日偉知郎先生古稀祝賀『現代民事手続法の課題』46頁（信山社・2019）。

項については評価根拠事実・評価障害事実は必ずしも真偽を確定する必要はなく、その限りで、証明責任を観念する必要はないとも解されている。確かに、借地借家法における「正当事由」は、原告側の事情と被告側の事情とを総合考慮した上で、評価・判断しなければならないから、総合判断型一般条項と呼ぶことは相当であろう。しかし、評価根拠事実・評価障害事実は、主張事実が証拠により認定することができるか判定することは必要であり、真偽を確定する必要がないとするのは問題があろう。

いずれにしても、規範的要件の評価根拠事実・評価障害事実の認定のスタンスとしては、選択型一般条項と総合判断型一般条項とで違いがあることは承認すべきであろう。

3　表見代理

【ケース13－1　表見代理における正当の理由】

表見代理における正当の理由に関する最判昭和49年10月24日民集28巻7号1512頁は、「信用組合に対する債務の連帯保証人が、組合の支店長代理と支店内で債務の弁済に関して合意した場合において、表見代理の成立を否定した原判決を破棄差戻した事例」である。

本判決は、どのような理由で原判決を破棄差し戻したのであろうか。

本判決は、民法110条（権限外の行為の表見代理）の正当な理由についての原審の判断には、同条の解釈・適用を誤った違法があるとした。

明示した規範は、「①金融機関の支店長代理という名称を有する者と、②その所属の支店店舗内において、③金融機関に対する債務につき、④折衝をし、⑤弁済充当の合意をする相手方は、特別の事情のない限り、支店長代理に代理権があると信ずるにつき正当理由がある」というものである[9]。

これを敷衍すると、①は、代理権を示す外観に関する事情である。すなわち、支店長代理という名称が代理権を伴わない職制上の名称として用いられていたとしても、支店長代理という名称は、言葉の意味からすれば支店長の代理

9）山田明「表見代理」伊藤＝加藤編・判例から学ぶ131頁。

人であることを表示するものであるから、金融機関内部の権限を知ることのできない部外者としては、代理権があると信じても無理からぬものという理解に基づく正当な理由の評価根拠事実である。

上記②は、当該法律行為の態様に関する事情である。当該支店の店舗内でされた法律行為であることから支店長の了解の下で折衝していることを推認することができる正当な理由の評価根拠事実となる。

上記③と⑤は、代理行為の対象となる法律行為の内容に関する事情である。これは、金融機関に対する債務の弁済に関する法律行為であることから、貸付けなど金融機関が新たなリスクを負うものではなく、支店長代理に代理権を授与しやすい内容であるという意味合いにおいて、正当な理由の評価根拠事実となる。

上記④は、経緯に関する事情である。金融機関の求めに応じ、保証人として債務の弁済について折衝してきたことから、代理権があると信じることが相当であるという意味合いにおいて、正当な理由の評価根拠事実となる。

本件は、①から⑤の評価根拠事実が認定される状況であるから、相手方は、支店長代理にその代理権がないことを知るべき特別の事情のない限り代理権があると信ずるにつき正当理由があると評価できると解したものである。特別の事情は、正当な理由の評価障害事実と位置づけられるものである。

民法110条（権限外の行為の表見代理）における正当な理由の評価根拠事実を主張する場合には、代理権を示す外観に関する事情、法律行為の態様に関する事情、代理行為の対象となる法律行為の内容に関する事情、経緯に関する事情などから適切な事実を拾い上げることが相当である。

4　未熟児網膜症

(1)昭和60年最判

【ケース13－2　医師の過失①】

未熟児網膜症に対応する医師の過失に関する最判昭和60年３月26日民集39巻２号124頁は、「①昭和51年当時、未熟児の定期的眼底検査を担当した眼科医が、その所見に異常がみられたにもかかわらず、未熟児網膜症を疑っての頻回検査あるいは経験豊かな他の専門医への転送を怠ったことは過失である、②未熟児網膜症による失明について医療機関の責任を肯定する場合にあって、未熟児網膜症に関する諸々の不確定要素は損害額を減額すべき事由とはいえない」旨判示した。

本判決は、次のような理路で医師の過失があると評価した。

【A】 甲医師は、第2回眼底検査の結果、第2回所見を得て、第1回の眼底検査から僅か1週間を経過したにすぎないわりには、患者の眼底に著しく高度の症状の進行を認めたのであるから、未熟児網膜症II型の疑いの診断をし、頻回検査を実施すべきであった。

【B】 甲医師は、未熟児網膜症の患者2、3名の眼底検査をした程度の経験を有するにすぎなかったのであるから、直ちに経験豊かな他の専門医の診察を仰ぎ、時期を失せず適切な治療を施し、失明等の危険の発生を未然に防止すべき注意義務を負うに至った。

【C】 甲医師は、患者の症状の急変に驚き、おかしいと感じながらも十分に未熟児網膜症の病態の把握ができなかったため、頻回検査の必要性にも気づかず、1週間の経過観察として、次週に乙医師の診断を求めたのにとどまったが、かかる処置は、患者が未熟児網膜症の激症型であったことに照らすと、不適切なものであった。

【D】 このため患者は光凝固等の外科的手術の適期を逸し失明するに至ったものであるから、甲医師には医師としての注意義務違反の過失があったものというべきであり、上記処置と患者の失明との間には相当因果関係がある。

人の生命および健康を管理する業務に従事する者は、その業務の性質に照らし、危険防止のため必要とされる最善の注意義務を尽くすことを要求されるが（最判昭和36年2月16日民集15巻2号244頁参照）、注意義務の基準となるべきものは、一般的には診療当時のいわゆる臨床医学の実践における医療水準であり（最判昭和57年3月30日判時1039号66頁参照）、医師は、患者との特別の合意がない限り、医療水準を超えた医療行為を前提とした緻密で真摯かつ誠実な医療を尽くすべき注意義務まで負うものではなく、その違反を理由とする債務不履行責任、不法行為責任を負うことはないと解されている。このように、医師の過失判断の基準は、医療水準であるところ、本判決は、昭和51年当時の医療水準に依拠して、医師の注意義務を措定しているのである[10)]。

(2)平成4年最判

【ケース13－3　医師の過失②】

未熟児網膜症に対応する医師の過失に関する最判平成4年6月8日判時1450号70頁は、「①光凝固法は、昭和47年当時の医療水準として未熟児網膜症の治療法としての有効性が確立され、その知見が普及定着してはいなかったし、本症には他に有効な治療法もなく、治療に対する特別な合意もなかった以上、医師には、本症に対する有効な治療法の存在を前提とする緻密で真摯かつ誠実な医療を尽くすべき注意義務はなかった、②医師が本症に対する正確な診断と経過観察の機会を失わせたこと、患児の眼症を白内障と誤信したことなどを指摘して、著しくずさんで不誠実な医療行為をしたと評価し、唯一の可能性であったかもしれない光凝固法受療の機会をとらえる余地さえ与えなかったとして、患児の慰謝料請求権を肯認した原判決は、医療水準を超えた注意義務を医師に課したものであるから、破棄を免れない」旨判示した。

本判決は、次のような理路で医師の過失があるとはいえないと判断した。

【A】 昭和47年当時、未熟児網膜症に対する光凝固法はいまだ当該専門領域における追試、検討の段階にあり、一般臨床眼科医（総合病院の眼科医を含む）の医療水準として、その治療法としての有効性が確立され、その知見が普及定着してはいなかった。冷凍凝固法も同様の状態にあり、また本症に適切な他の治療法もなかった。

【B】 医師は、臨床眼科等の専門雑誌によって本症についての一応の知識を有し、その発症は生後3、4か月からときには5か月くらいまでの間であることを認識していたし、数例の臨床経験も有していた。そして、医師は、患者の来院受診の趣旨が本症の発症を

10）白井幸夫「未熟児網膜症と医師の過失」伊藤＝加藤編・判例から学ぶ255頁。

憂慮し、そのり患の有無の診断にあったことは十分に了知していた。

【C】 当時の医療水準は【A】のとおりであり、治療についての特別な合意をしたとの主張立証もないのであるから、医師には、本症に対する有効な治療法の存在を前提とする緻密で真摯かつ誠実な医療を尽くすべき注意義務はなかった。

原判決（名古屋高判昭和61年12月26日判時1234号45頁）は、「（医師は）医療水準のいかんにかかわらず緻密で真摯かつ誠実な医療を尽くすべき注意義務を負うものと解するのが相当であり、その義務に反して著しく粗雑、ずさんで不誠実な医療をした場合において、疾病によって生じた結果が重大で患者側に医療に対する心残りやあきらめ切れない感情が残存することが無理からぬと思われる事情が認められるときは、医師の作為・不作為と結果との間に相当因果関係が認められなくても、その不誠実な医療対応自体につき、これによって患者側に与えた精神的苦痛の慰謝に任ずる責任があるというべきである」という規範を定立し、医師に民事責任を認めた。

しかし、本判決は、医療水準を超えた注意義務を医師に課すことはできないとして、原判決を破棄し、請求を棄却した。すなわち、昭和47年当時の医療水準では、未熟児網膜症に対する光凝固法は治療法としての有効性が確立していなかったという認定判断が基礎となっているのである。その限りで、昭和51年当時の医療水準に依拠して、医師の注意義務違反を肯定した昭和60年最判とは共通の理解に立つものである[11)]。そして、医療水準それ自体も規範的評価の問題であるから、診療当時にある治療法（例えば、光凝固法）の実施成功例、これを積極的に評価する研究成果が発表されていることは、光凝固法が診療当時の医療水準であることの評価根拠事実となり、失敗例や消極的に評価する研究成果が発表されていることは、評価障害事実となる[12)]。

11）未熟児網膜症の診断・治療における一般的基準は、昭和50年３月に発表された、慶應義塾大学医学部植村恭夫教授ら厚生省研究班による「未熟児網膜症の診断ならびに治療基準に関する研究報告」により明らかにされた。この報告書が未熟児網膜症の診断・治療医療水準の形成に寄与したものと受け止められている。この点に関し、柴田保幸『最判解民事篇昭和60年度』69頁参照。

12）白井・前掲注10）255頁。

ところで、本件では、医師がカルテを改ざんした事実があり、これは見逃せない特色である。原判決も、この事実を認定している。しかし、本判決は、カルテ改ざんの事実は、「一般人の医師に対する信頼を著しく裏切るものであるし、強く非難されるべきではあるけれども、本件請求の原因とされている医師の医療行為に係る法的責任とは、別個の問題である」と判断した。正論ではあるが、事実審裁判所としては、カルテ改ざんをする医師の訴訟行為は著しく信義に反するものであり、そうした当事者の主張の信頼性も減殺されるものであるから、この点を重視することはある意味では当然であった。ただ、過失による失明の認定判断にストレートにつなげてよいか否かについては、本判決の説くとおり別物というほかないであろう。

5　過失の一応の推定

(1) 本件の概要

過失の一応の推定に関する最判昭和43年12月24日民集22巻13号3428頁は、次のような事案である。

不動産売買および仲介周旋等を目的とする会社Ｘの代表取締役Ａほか２名の役員は、本件係争土地を含む約2500坪の土地の宅地化、分譲を計画し、整地工事に着手した。これに対し、隣地所有者Ｙは、本件係争土地の所有権を主張し、Ｘ会社を相手方として、執行官保管、立入禁止、埋立て工事禁止等を内容とする仮処分を申し立て、仮処分命令を得て、その執行をした。その後、仮処分事件の異議申立手続において、工事施行者がＸであることの疎明がないとして仮処分は取り消され、本案事件でもＹは敗訴した。

Ｘは、整地工事はＡほか２名の役員が個人として行っていたもので、Ｘとは関係ないものであったのに、十分な調査をすることなくＸを相手方として不当な仮処分を執行し、Ｘに損害を与えたとして、Ｙに対し謝罪広告と損害賠償請求をした。

一審判決は、Ｘの請求を棄却したが、原判決は、Ｙの過失を認め、請求を一部認容した。

そこで、Ｙが上告したのである。

(2) 本判決の概要

【ケース13－4　過失の一応の推定】

前掲最判昭和43年12月24日は、「仮処分命令につき、異議もしくは上訴手続でこれを取り消す判決、または本案訴訟での原告敗訴の判決が言い渡され、その判決が確定した場合には、特段の事情のない限り申請人に過失があったものと推定すべきである」という規範を明示しつつ、原判決を破棄し、差し戻す判決をした。

本判決は、どのような理路で、こうした判断をしたのであろうか。

本判決は、まず、次のような規範を明示した。

【A】　仮処分命令が、その被保全権利が存在しないために当初から不当であるとして取り消された場合において、当該命令を得てこれを執行した仮処分申請人がこの点について故意または過失のあったときは、申請人は民法709条により、被申請人がその執行によって受けた損害を賠償すべき義務があるものというべく、一般に、仮処分命令が異議もしくは上訴手続において取り消され、あるいは本案訴訟において原告敗訴の判決が言い渡され、その判決が確定した場合には、他に特段の事情のない限り、申請人において過失があったものと推認するのが相当である。

【B】　しかし、申請人において、その挙に出るについて相当の事由があった場合には、取消の一事によって同人に当然過失があったということはできない。特に、仮処分の相手方とすべき者が、会社かその代表者個人かが、相手側の事情その他諸般の事情により、極めてまぎらわしいため、申請人においてその一方を被申請人として仮処分の申請をし、これが認容されかつその執行がされた後になって、他方が本来は相手方とされるべきであったことが判明したような場合には、相当な事由があったものというべく、仮処分命令取消しの一事によって、直ちに申請人に過失があるものと断ずることはできない。

本判決は、その上で、本件における事実関係を押さえ、経験則に照らして評価を加え、次のような当てはめをした。

【C】　Yは、X会社代表取締役Aから工事の施行者がX会社であると聞かされていたわけではないが、①その前年中Aから周辺の土地の分譲事業をする旨の挨拶を受け、X会社取締役社長の肩書きが付された名刺を渡され、②X会社差出しの年賀状が届いたことなどから、本件土地を含む附近一帯の土地を買い受け現に本件各土地の附近まで整地工事を施行しているのはX会社であると判断し、X会社を相手方として本件仮処分申請に及んだという事情があった。

【D】 会社の取締役が会社の営業と競合するような事業を個人として営む場合には、その事業が会社の事業であるか取締役個人の事業であるかがまぎらわしいこと、その他上記【C】の事情に照らせば、Yとして工事の施行者がX会社であると判断し、これを相手方として仮処分の申請をし、かつ、その執行手続をしたことについては、まことに無理からぬものがあり、他に工事執行者がX会社ではないことを容易に了知せしめるような特段の事情のない限り、Yに過失があるとすることはできない。

【E】 原審は、相手方や関係人について調査することにより事業主体が判明し得たものとの前提に立って、Yに過失があると判断したが、これは、違法仮処分による不法行為の過失に関し法令の解釈適用を誤ったものである。

(3)検討

【A】は経験則を定式化して、過失の推定を明示したものである。本件では、債務者を誤って補捉したことが過失と推定される。仮処分の不服申立手続で取り消されたこと、本案訴訟での原告敗訴の判決が言い渡され確定したことが、過失の評価根拠事実である。

しかし、経験則には例外随伴性があるところから、【B】において、過失の推定を覆すに足りる相当の事由があった場合には、推定はされないとの規範を定立した。過失の推定を覆すに足りる相当の事由は、評価障害事実と位置づけられる。

そして、【C】は、本件における事実関係を整理したものであり、【D】は経験則を述べ事実に当てはめをしたものである。【E】は原審判断についての法的評価である。

【C】ないし【E】は、「会社を被申請人とする仮処分命令が、同会社に対しては被保全権利が存在しないとして取り消された場合においても、会社の取締役が会社の営業と競合する事業を個人として営んでいたため、仮処分申請人が被申請人を取締役個人とすべきであるにもかかわらず、これを会社と誤認した等の事実関係の下においては、仮処分命令を取り消す判決が確認しても、この一事をもって、直ちに申請人に過失があったものとすることはできない」と要約することができる。すなわち、本件は、過失の推定を揺るがす相当の事由があったと評価された事例ということができる。

過失の一応の推定が問題となる場面における事実認定は、仮処分債権者の調査義務の具体的内容を考えて行われることが要請される[13]。なぜなら、債権者の調査義務の具体的内容が過失の推定を揺るがす相当の事由の内実と関連するからである。

ところで、一応の推定という概念は、わが国の判例において形成されたものであるが、その性質については、①高度の蓋然性をもつ経験則に基づく事実上の推定であるとする説、②証明責任を加害者・被害者に分担させるものとする説、③証明度の軽減とみる説が想定される。①の事実上の推定の一場合と解するのが通説である[14]が、一応の推定は、経験則を定式化したものであるから、①のように解してよいと考える。

(4)表見証明との関係

一応の推定と同様の機能を有する概念に、表見証明がある[15]。これは、もともとドイツの判例・学説によって形成された考え方である。すなわち表見証明とは、高度の蓋然性をもつ経験則を用いて、ある客観的事態（例えば、自動車が歩道に乗り上げて人をはねたとか、医者の開復手術後に手術用メスが腹腔内に残っていたなど）を不法行為における過失や因果関係の評価根拠事実と把握して、規範的要件を認定させる一種の間接証明である。そこでは、当該客観的事態が「定型的事象経過」と評価できるかどうかが問題となる。ここでいう「定型的事象経過」とは、一般的な生活経験上これ以上詳細な解明を行わなくてもその存在を認められ、その定型的性格のゆえに個別事実の具体的事情を差し当

13）高田裕成「過失の一応の推定」伊藤＝加藤編・判例から学ぶ65頁。

14）高橋・前掲注５）566頁。

15）中野貞一郎「過失の『一応の推定』について」『過失の推認〔増補版〕』１頁（弘文堂・1987）、太田勝造『裁判における証明論の基礎』175頁・191頁（弘文堂・1982）、藤原弘道「一応の推定と証明責任の転換」『民事裁判と証明』61頁（有信堂高文社・2001）。

たり度外視して差し支えない事象の推移のことである。

一応の推定と表見証明との関係について、次のケースを素材にして考えてみよう[16)]。

【ケース13－5　鍼灸師による折損鍼の体内残置】

鍼灸師に施術された患者が後日身体の不具合を感じ、外科医を受診したところ、体内に折損した鍼が残置していることが発見された。患者は、折損鍼を外科手術で除去することを余儀なくされた。そこで、患者は、鍼灸師に対し、損害賠償請求訴訟を提起した。

このケースは、どのように分析することができるか。

このケースの事実関係を前提とすると、鍼灸の施術中に、鍼が患者の身体から抜けず折損した場合には、鍼灸師としては当然それを認識できるから、直ちに患者に告げて所要の措置（外科医に受診など）をとってもらうことが必要となる。しかし、鍼灸師が自己の失敗を責められることをおそれて、何も告げずに患者を帰宅させたとすれば、そのこと自体が、先行行為（鍼の折損）に基づく作為義務違反としての過失と評価される。法的構成の仕方によっては、故意責任を追及することもできるであろう。

このような事態が、表見証明における「定型的事象経過」である。もっとも、このケースは、一応の推定（過失・因果関係）が成り立つことも明らかであろう。

そのように考えると、一応の推定の判例法理があれば、表見証明の概念を持ち出す必要は乏しいということができる。もっとも、ドイツの表見証明の判例には、必ずしも高度の蓋然性があるとはいえないにもかかわらず表見証明を認めるものがあり、他方では、高度の蓋然性があるにもかかわらず表見証明を認めないものがあることを指摘する学説がある[17)]。そうであるとすると、一応の推定と表見証明とは重なり合わない部分があり、表見証明には独自の意義があるということになる。

16）筆者が経験したケースをモディファイしたものである。

17）高橋・前掲注５）566頁参照。

「一応の推定」が事実を対象として経験則の適用である限りは、これを肯定することに格別の問題はない。しかし、「過失の一応の推定」については、過失が規範的要件であり、主要事実は評価根拠事実と解する以上、事実ではない過失を「推定」するというのは措辞不適切であるばかりか、その前提を立証負担軽減のために変更していることになる[18)]。その限りで、筆者は、「過失の一応の推定」に関する従前の議論は見直される必要があると考えている[19)]が、ここでは通説的な理解により説明している。

6　概括的認定・択一的認定

(1)注射液不良か注射器消毒の不完全かの択一的認定

【ケース13－6　択一的認定】

⑴　医療過誤訴訟における医療側の過失の評価根拠事実としては、どの程度の具体的な事実認定が必要か。

⑵　その注射に際して、「注射液が不良であったか、または注射器の消毒が不完全であったかのいずれかの過誤があった」との認定は、過失の評価根拠事実として十分なものか。

最判昭和32年５月10日民集11巻５号715頁は、次のように判示している。

【A】　原審は、挙示の証拠により「Ｘの心臓性脚気の治療のため注射した際にその注射液が不良であったか、または注射器の消毒が不完全であったかのいずれかの過誤があった」と認定したけれども、注射液の不良、注射器の消毒不完全はともに診療行為の過失となすに足るものであるから、そのいずれかの過失であると推断しても、過失の認定事実として、不明または未確定というべきでない。

【B】　Ｘの疾患をＹが注射をした際、注射液が不良であったか、また

18）伊藤眞『民事訴訟法〔第７版〕』393頁（有斐閣・2020）、加藤・前掲注８）43頁。

19）この点については、論証責任を観念することにより、「過失の一応の推定」は「過失の一応の論証」として再構成することが必要と考えている。加藤・前掲注８）44頁。

は注射器の消毒不完全であったかの、いずれかの過誤に基いて発生したものであるとの、原審の判示は、挙示の証拠によりこれを肯認できないことはない。

これは、択一的認定といわれる手法である。本判決は、「甲事実（注射液が不良であったこと）および乙事実（注射器の消毒が不完全であったこと）が共に診療行為上の過失となすに足るものである以上、裁判所が甲または乙のいずれかについて過誤があったものと推断しても、過失の事実認定として不明または未確定というべきではない」と要約することができる。

(2) 消毒の不完全の概括的認定

【ケース13－7　概括的認定】

「注射に際し注射器具、施術者の手指あるいは患者の注射部位の消毒が不完全（消毒後の汚染を含めて）であった」との認定は、過失の評価根拠事実として十分なものか。

最判昭和39年7月28日民集18巻6号1241頁は、次のように判示している。

【A】 原判決によれば、原審において、ブドウ状球菌の繁殖によるXの硬膜外膿瘍および圧迫性脊髄炎は、Yのした麻酔注射に起因する旨認定した上、この場合、ブドウ状球菌の伝染経路としては、①注射器具、施術者の手指、患者の注射部位等の消毒の不完全（消毒後の汚染を含む）、②注射薬の不良ないし汚染、③空気中のブドウ状球菌が注射に際し、たまたま附着侵入すること（話し中のつばに混じって汚染する場合も含む）および④保菌者である患者自身の抵抗力の弱まった際血行によって注射部位に病菌が運ばれることを考えられるけれども、結局、本件においては、②ないし④による伝染を否定して、①の場合即ち、注射器具、施術者の手指、患者の注射部位等の消毒の不完全（消毒後の汚染を含む）により、注射器具、施術者の手指、患者の注射部位等に附着していたブドウ状球菌が被上告人の体内に侵入したため生じた病気である旨認定している。

Ｙの麻酔注射に起因して患者Ｘが前記のごとく罹患した場合において、病気の伝染につきＹの過失の有無を判断するに当たり、可能性のある伝染経路として①ないし④を想定し、個々の具体的事実を検討して②ないし④につき伝染の経路であることを否定し、伝染の最も可能性ある①の経路に基づきこれを原因としてＸに病気が伝染したものと認定することは、診療行為の特殊性にかんがみるも、十分是認し得るところであり、原判決挙示の証拠によるも、①の伝染経路に基づきこれを原因としてＸが罹患するに至った旨の原審の認定判断は正当である。

【B】 しかして、①のごとき経路の伝染については、Ｙにおいて完全な消毒をしていたならば、患者Ｘが病気に罹患することのなかったことは原判決の判文上から十分うかがい知ることができ、したがって、診療に従事する医師Ｙとしては、ブドウ状球菌を患者に対し伝染せしめないために万全の注意を払い、診療用具などについて消毒を完全にすべき注意義務のあることはいうまでもなく、かかる消毒を不完全な状態のままで麻酔注射をすることは医師として当然なすべき注意義務を怠っていることは明らかというべきである。

【C】 原判決は、注射に際し注射器具、施術者の手指あるいは患者の注射部位の消毒が不完全（消毒後の汚染を含めて）であり、このような不完全な状態で麻酔注射をしたのは上告人（被告）の過失である旨判示するのみで、具体的にそのいずれについて消毒が不完全であったかを明示していないことは、所論のとおりである。

しかしながら、これらの消毒の不完全は、いずれも、診療行為である麻酔注射に際しての過失とするに足るものであり、かつ、医師の診療行為としての特殊性にかんがみれば、具体的にそのいずれの消毒が不完全であったかを確定しなくても、過失の認定事実として不完全とはいえないと解すべきである（最判昭和32年５月10日民集11巻５号715頁参照）。

本判決は、注射の際の医師による消毒の不完全を理由とする損害賠償請求を認容する手法を論じるものであるが、【A】で、原判決の事実認定を是認し、【B】で、医師の注意義務を措定し、【C】で、「消毒の不完全が注射器具、施術者の手指もしくは患者の注射部位のいずれに存するかを確定しないで過失を認定しても、違法とはいえない」と述べたものである。これは、概括的認定という手法である。

(3) 検討

一応の推定と概括的認定・択一的認定の関係は、どのように整理すべきであろうか。

一応の推定では、事態の外形的経過、例えば、仮処分命令につき、不服申立手続でこれが取り消された事実、または本案訴訟で言い渡された原告敗訴の判決が確定した事実（評価根拠事実）の証明だけで、過失の評価がされることになり、特段の事情（評価障害事実）は、相手方の主張証明によることになる。

択一的認定は、注射液不良か注射器消毒の不完全かを確定しない過失認定を許容するものである。さらに、概括的認定は、消毒の不完全が注射器具、施術者の手指もしくは患者の注射部位のいずれに存するかを確定しない過失認定を許容するものであり、「何らかの過失に当たる事実」の認定を認めるものである。その限りで、択一的認定は、概括的認定を常に前提としている[20)]。

一応の推定、概括的認定、択一的認定はいずれも過失・因果関係の認定判断に用いられる経験則が高度の蓋然性を有していることがその正当化根拠である[21)]。すなわち、これらの概念は、経験則の定式化という意味合いにおいて共通の基盤をもつものである。

●コラム13　介護業者の養子縁組は公序良俗違反か——規範的要件の判断枠組みの一例

●事案の概要

子のない高齢者A（預貯金3000万円、自宅土地建物所有）が介護を受けて

20) 垣内秀介「概括的・択一的認定」伊藤＝加藤編・判例から学ぶ69頁。
21) 高橋・前掲注5）565頁。

いた業者（女性）Ｙと養子縁組をした。そして、Ｙは夫とともに、Ａの自宅に入り込み、自宅を改装し、Ａの介護が楽になる構造にするとともに、夫の仕事に都合のよい仕様にした。費用は、もちろんＡの預貯金から支出されている。甲は養子としてＡを介護する身分となったからという言い分であるが、自宅にＡを囲い込んで他から文句を言わせないという図であり、いかにも胡散臭い。

しかし、Ａには、妹や甥・姪など親戚がいて、決して疎遠な仲ではなかった。Ａ宅の改装とＹらの同居から、養子縁組に気づき驚いた親戚らが相談し、Ａの甥Ｘが養子縁組をした。そうしたところ、Ｙはその養子縁組は無効であるという確認請求訴訟を提起した。請求原因は、ＡにはＸとの養子縁組当時、意思能力はないというものであった。Ｙは自分とＡとの養子縁組の時点では意思能力はあったとしながら、Ｘとの養子縁組時には意思能力を失っていたというのであるから、虫のよい話である。しかし、高齢者は時の経過により老いていき意思能力も減弱するものであるから、論理的には通る可能性がある。

これに対し、Ｘも介護業者Ｙに対し、養子縁組無効確認請求訴訟を提起して対抗した。Ｘは、どのような主張をしていくべきか。それには、介護事業者と被介護者との間の養子縁組の意味合いを考えてみることが必要となる。

●問題の所在

介護事業者と被介護者とが養子縁組をするのは、もともとの関係性から不自然である。そこで、Ｘは、介護事業者と被介護者との間の養子縁組の公序良俗に違反して無効であると主張した。

養子縁組は、身分行為であり、身分行為は原則として自由である。確かに、ＡとＹとの関係性からすると不自然であるが、天涯孤独の高齢者であれば、親身でよく尽くしてくれる介護事業者を気に入り、養子にしたいと考えることはあり得る。高齢者が資産家であって、養子になる介護事業者にとって濡れ手に粟、棚からボタ餅の遺産を得たとしても、それを不当ということはできないから、Ａが真意で養女にしたいというのであれば、制限されるいわれはない。しかし、公序良俗（民法90条）に違反する場合には、例外として無効となる。

そこで、本件には、Xの真意（養子縁組意思）という主観的問題と介護事業者・被介護者間の養子縁組の可否という客観的問題（公序良俗違反該当性）が存在することになる。

客観的問題については、その関係性から自然とはいえない養子縁組は、養子となる介護事業者に何らかの意図（利得目的）があると推認することができる。養子の側に利得目的があってはいけないかといえば、一般的には、養親が納得していれば、問題視されることはない。それにしても、介護事業者が被介護者の養子になることを有効視するのは抵抗がある。というのは、介護事業者の対価の確保は、財産上の契約で保護されるのが原則であり、それに身分上の契約である養子縁組が利用されているような違和感があるからであろう。換言すると、介護事業者の対価確保は、財産上の契約で保護されるのが原則であり、特別の例外ケースがあることは留保すべきであろうが、こうした縁組は倫理的にも問題があり不相当という見方がされるのである。

本件は、高齢社会に移行する時期に生ずる事態であり、これに対し司法でルールを形成すべき問題であるといえよう。

●判断枠組み（当事者の主張立証のポイント）

これは、類型論と個別論とに分けて議論する必要がある。

第１に、類型論としては、(ア)介護事業者と被介護者との間の養子縁組を許容した場合に考えられる弊害、(イ)逆に許容しないことの不都合、(ウ)倫理的に問題であることの含意を考えることになる。(ア)は、①業務上の関係を利用して不当な対価・利益獲得を意図した業者の思惑を実現させることになること、②介護保険給付の適正を損なう可能性があること（養子縁組後は介護事業者としての介護とはいえないのに、なお介護保険からの給付金を受けているとすれば、違法な介護保険給付ではないかとの疑いもある）等を、(イ)は、Aの意思を無視することになるかを考慮すべきである。(ウ)は、①業界団体のルールはあるか、②その規律方法はどのようになっているか、③その規律は実効的であるか等を考慮することになる。

第２に、個別論としては、本件の固有の事情を考慮していくことになる。具体的には、①養子縁組のいきさつ（カモを引っかけたという要素の有無。高齢の養親から介護事業者が是非にと乞われた場合には、公序良俗違反性は薄くなる。もっとも、認知症とまではいえないものの幼児化した高齢者に働きかけ、そのようにもっていくことは、札付きの介護事業者の手練手管をもってすれば容易なことかもしれない）、②養子縁組時の公明正大性（関係者に秘密にしていなかったか）、③養子縁組後の生活の実際（（本件では、ＹがＡの自宅に入り込み同居）、介護の態様、生活費の負担状況（生活費には養親の預貯金等を使い放題で充て、養子は一銭も負担しないというのは問題であるし、格別の必要もないのに養親の所有不動産を売却し始めたというのも同様）、④ＡはＹの夫との関係で養子になる必然性はなかったこと（もっとも、夫婦養子縁組という制度的問題とも関連する）、⑤養親が亡くなった後の祭祀をどのような形で行っていくというつもりであったのか（Ｙには子がある）、⑥その他に、Ｘに対して提訴していること（これは、利得目的推認させるものである）などが考慮要素となる。

本件では、「Ａ・Ｙ間の養子縁組には問題があったという認識を前提として離縁をし、養子縁組中に使ったＡの預金は戻さない」旨の訴訟上の和解で終了した。Ａの意思能力にも疑義がないわけでもなかったが、Ｘは、Ａの養子縁組の後に自分が養子縁組をしていることから、これを争点化しなかった。裁判所としては、上記のような類型論と個別論との考慮すべき要素を検討し、本件の介護事業者と被介護者との間の養子縁組は公序良俗に違反して無効であるとの心証を形成していた。

@加藤新太郎「高齢社会における民事訴訟の諸相」新井誠先生古稀記念『高齢社会における民法・信託法の展開』493頁（日本評論社・2021）

第14章 権利の推定

1　権利の推定の意義

本章は、権利の推定について考察する。

権利は、観念的な存在であるから、直接認識する手段はない。したがって、ある人が権利を主張する場合には、権利の発生・障害・消滅の法律効果を生じさせる事実を証明する方法により権利を導くことになる。例えば、特定物が自分の所有である（自分に所有権がある）ことをいうためには、原始取得者から自分までの所有権取得原因事実を主張立証することが必要になる。これが原則である。

その例外としては、①法律上の権利推定が認められる場合（占有者が占有物について行使する権利は適法に有するものと推定する民法188条、境界線上に設けた境界標、囲障、障壁、溝、堀は相隣者の共有に属する物と推定する同229条）、②相手方が、当該権利の存在および帰属を認める場合である[1)]。①は、「法が、前提事実があるときには、一定の権利または法律効果があると推定する」旨定める場合であり、前提事実（民法188条については、ある物を占有していること、占有物につき一定の行使をする事実。同299条については、境界標等が境界線上に設けられている事実）を主張立証すれば足り、推定される権利・適法性については、主張立証いずれの負担も免れる[2)]。また、②の場合には、権利自白として、証明を要しないことになる[3)]。

これに対して、推定を争う相手方は、①・②の場合いずれも、(i)前提事実の

1）司法研修所編『増補民事訴訟における要件事実（第１巻）』26頁（法曹会・1986）。

2）もっとも、当事者は、民法188条の推定規定を使うことなく、権利の発生要件事実（取得原因事実）を主張証明することも自由である。また、民法229条にいう共有は、互有と呼ばれるもので、共有者は分割請求権を持たないと解されている。川島武宜編『注釈民法⑺物権⑵』259頁〔野村好弘〕（有斐閣・1968）。

3）権利自白の成否については、学説上、積極説・消極説・中間説の争いがあるが、実務上は、いわゆる「もと所有」について権利自白を肯定する。

存否を不明にすることによって推定規定の適用を妨げることができ、(ii)推定規定が働く場合であっても、権利発生原因の不存在または消滅原因事実を証明することによって、その効果を覆すことができる。民法188条・229条のような権利の推定は、法律上の権利推定と呼ばれる[4)]。

不動産登記がある場合についても、権利の推定が問題となり、判例・学説においてその性質論等が論じられている。本章では、この登記の推定が問題とされた判例（最判昭和34年１月８日民集13巻１号１頁、最判昭和38年10月15日民集17巻11号1497頁、最判昭和39年１月23日判時365号62頁、最判昭和46年６月29日判時635号110頁、東京高判昭和52年８月３日判時870号74頁、東京高判昭和54年５月28日判タ389号90頁）を考察することを通じて、法律上の権利推定と事実上の権利推定を明らかにする。

また、株式の所有権（株式権）について権利の帰属が争われた事案で、「一定の間接事実によって経験則上直接に所有権の存在を推認してよいか」という論点が前提問題とされたケース（東京高判平成24年12月12日判時2182号140頁）がある。これは、「事実上の権利推定を一般法理として肯定することができるか」という事実認定論上の基本問題であるが、これを考察する。

2　登記の推定（その１）

(1)事案の概要

Ｘらは、本件山林３筆は、Ｘらの先代が甲から買い受けたものでＸらの所有であるが、譲渡をした事実がないにもかかわらず、Ｙの所有名義に移転登記されていると主張して、所有権登記の抹消登記手続を求めた。

一審判決（岡山地津山支判年月日不詳民集13巻１号11頁）は、Ｘらの請求を認容した。これに対して、Ｙは控訴した。

原審判決（広島高岡山支判昭和32年12月25日民集13巻１号13頁）は、①本件山林については、Ｙの所有名義と登記されていることから、同人の所有に属するものと推定した上、②甲から中間省略により直接Ｙに所有権移転登記がなされるに

4）司法研修所編・前掲注１）26頁、加藤新太郎編『要件事実の考え方と実務〔第４版〕』12頁（民事法研究会・2019）。

至った経緯を認定し、Ｘらの立証によっては、本件山林がＹの所有に属することの推定を覆すことはできないとして、一審判決を取り消し、Ｘの請求を棄却した。これに対して、Ｘらが上告した。

(2) 本判決の概要

【ケース14－1　登記の推定（その１）】

最判昭和34年１月８日民集13巻１号１頁は、次のような理路により上告を棄却した。

【A】 本件山林３筆がＹの所有名義に登記せられていることは、当事者間に争いがない。したがって、一応その山林は控訴人の所有に属するものと推定される。されば、原判決は、所論のように、結局物権変動並びにその原因となった債権行為が有効に存在することを推定したものでないことは明白である。

【B】 原判決が争いなき事実から前記控訴人の所有を推定したことの正当であることはいうまでもないところであるから、上告人（被控訴人）の本訴請求を理由あらしめるには、Ｘらにおいて、自己の主張事実を立証して推定を覆す責任を負担することこれまた論を俟たない。しかるに、原判決の判示によれば、Ｘらは、本件山林を含む約20町歩の山林は、Ｘらの先代が昭和22年７月28日甲から買い受けて所有していたものであるが、その不知の間にほしいままに本件３筆の山林がＹ名義に登記されているものであると主張するけれども、Ｘの全立証によるも未だ同主張を肯認することができないのみならず、かえって挙示の証拠を総合すれば原「判示事実」を認定することができる。故に、Ｘらの全立証によってはＹの所有に属するとの推定を覆すことはできないというのであって、その判示は、原審の証拠関係に照らしこれを是認することができる。

本判決は、「不動産が登記簿上ある者の所有名義に登記されているときは、反証のない限りその者の所有に属するものと推定される」旨判示し、このケースでは、反証が足りず、推定を覆すことはできないと判断したのである。

(3) 本判決の意義

本判決にいう「不動産が登記簿上ある者の所有名義に登記されているときは、反証のない限りその者の所有に属するものと推定される」旨の命題を登記の推定力という。本判決は、登記の推定力を認めた最高裁判例のリーディング・ケースである[5)]。もっとも、大審院時代の判例にも、登記の推定力を肯定しているものがある。これは、登記はその手続（保存登記に関する手続）が適法になされたものと推定され（大判明治40年6月18日民録13輯672頁）、登記簿上の権利者として表示された者を真正の権利者と信じたとしても、過失なきものと推定される（大判昭和元年12月25日民集5巻897頁）としたものである[6)]。

(4) 登記の推定力の意味合い

この登記の推定力は、法律上の推定を意味するものか、事実上の推定を意味するものか。

学説をみると、法律上の推定説と事実上の推定説とに分かれている[7)]。

法律上の推定説は、登記された権利が登記された権利者に帰属していることが法律上推定されるとする見解である[8)]。この見解は、民法188条（占有物について行使する権利の適法の推定）の定めを類推して、不動産については、登記を公示方法として占有の代わりに登記に推定力を認めるべきであるという。推定される内容は、権利の存在および帰属である。登記された権利の存在を争う者は、推定を覆すために、推定される権利の不存在または消滅を主張し、本証をもって証明することを要する。

これに対して、事実上の推定説は、登記に記載された事項は実体に符合している蓋然性が高いという経験則を根拠として事実上の推定力を肯定する見解である[9)]。法律上の推定説に対しては、登記について法律上の推定を認める明文

5）北川清「登記簿による認定」伊藤＝加藤編・判例から学ぶ133頁。

6）三淵乾太郎「登記と事実上の推定」『最判解民事篇昭和34年度』2頁（法曹会・1964）。

7）舟橋諄一＝徳本鎮編『新版注釈民法(6) 物権(1)〔補訂版〕』722頁〔川島一郎＝清水響〕（有斐閣・2009）。

8）法律上の権利推定説は、我妻栄＝有泉亨補訂『新訂 物権法（民法講義 II）』245頁（岩波書店・1983）、兼子一「推定の本質及び効力について」『民事法研究 I』326頁（酒井書店・1950）など。

9）事実上の権利推定説は、星野英一「判批」法協77巻1号77頁（1960）、阿部徹「登記の推定力」幾代通ほか編『不動産登記講座 I』220頁（日本評論社・1976）など。

の定めがなく、推定を争う側の当事者に過大な負担を負わせる結果になり相当でないと批判する。

推定される内容については、この説の中でも分かれていて、①権利の存在および帰属が推定されるとする見解、②登記原因だけが推定されるとする見解（この見解では、「事実上の事実推定」ということになる）、③権利の存在、帰属、登記原因が推定されるとする見解、がみられる[10)]。このうち、権利の存在および帰属を推定される内容から除外する②説は相当とはいえないであろう。そうすると、①説か③説かをとることになるが、経験則の観点から、登記原因も実体に符合しているとみてよいか、真実な贈与であるのに売買を仮装するものなど実体に符合していないものも少なからずあるとみるかという点が、分岐点であろう。

平成16年不動産登記法改正前には、中間省略登記を一定の要件の下に許容する判例（最判昭和35年4月21日民集14巻6号946頁、最判昭和40年9月21日民集19巻6号1560頁）もあり、不動産取引において中間省略登記が行われることもみられた。これは実体に符合しない公示といわざるを得なかったが、現行不動産登記法においては所有権変動を記載した登記原因証明情報を提供することとされ、権利の実体と相違する登記がされることがない制度基盤が形成されている[11)]。このような背景事情を考慮すれば、学説分布も、①説から②説へ移行していくことになるであろう。登記された権利の存在・帰属等を争う者は、推定を覆すために、権利の存在・帰属等について疑問を生じさせる事実を主張し、反証によりその存否を不明とする程度の立証をすることを要する。

本判決においては、登記の推定力が、法律上の推定か事実上の推定かは、明確とはいえなかった。これを明らかにしたものが、次の判例である。

3　登記の推定（その2）

(1)事案の概要

Xは、本件係争地が神戸市兵庫区△町180番の1の宅地184坪余の一部であ

10）北川・前掲注5）134頁、上田賀代「登記の推定力」奥田隆文＝難波孝一編『民事事実認定重要判決50選』103頁（立花書房・2015）。

11）加藤新太郎『司法書士の専門家責任』287頁（弘文堂・2013）。

るところ、Yらが本件係争地に建物を所有して占有していると主張して、Yらに対し、本件係争地の明渡しを求める訴訟を提起した。Yらは、本件係争地は149番または146番の1の土地に含まれ、所有者Aから借りていると否認した。

一審判決（神戸地判昭和44年4月25日金判274号7頁）は、本件係争地がXの所有する180番の1の宅地に属することを認定し、Xの請求を認容した。これに対し、Yらが控訴した。

原判決（大阪高判昭和45年9月11日金判274号5頁）は、本件係争地がXの所有であることの立証責任はXにあるところ、本件係争地が149番または146番の1の土地に含まれるとは断定できないにしても、X所有の180番の1の宅地に属するという証明も不十分である以上、Xの請求を認容することはできないと判示して、一審判決を取り消し、Xの請求を棄却した。そこで、Xが上告した。

(2)本判決の概要と意義

【ケース14－2　登記の推定（その2）】

最判昭和46年6月29日判時635号110頁は、次のような理路により、原判決を破棄し、原審に差し戻した。

【A】 登記はその記載事項につき事実上の推定力を有するから、登記事項は反証のない限り真実であると推定すべきである。

【B】 Yらの居住しているところが神戸市兵庫区△町180番の1であることは、上記地番の登記簿の附属図面に記載されているところであり、これに基づいて登記簿は180番の1の面積を当時120坪から388.64坪に更正したものであることは、原審の適法に確定した事実である。そうすれば、反証のない限り、Yらの占有する本件係争地は180番の1に属し、Xの所有に属すると推定すべきである。

【C】 したがつて、反証のない限り、係争地がXの所有に属するとして所有権に基づきYらに対し各占有する土地部分の明渡を求めるXの本訴請求は理由があることになるので、上記反証についてさらに審理すべきものといわなければならない。

本判決は、「登記はその記載事項につき事実上の推定力を有するから、登記事項は反証のない限り、真実であると推定すべきである」と判示した。すなわち、登記の推定につき事実上の推定説を採用する旨を明示したのである[12)]。

4　登記の推定に関する判例

(1)登記の推定力の援用

【ケース14－3　登記の推定力の援用】

■事案

本件の係争土地は、ＸからＹに対して売買を原因として所有権移転登記手続がされていた。Ｘは、登記原因である売買は自己の関知しないところであるとして、Ｙに対し、所有権移転登記の抹消登記手続を求めた。これに対し、Ｙは、登記はＸ・Ｙ間の真正な売買によったものであると主張して、ＸがＹに対し本件土地を売り渡した旨の記載ある売渡証書（登記原因証書）を書証として提出した。

■訴訟経過

原審は、売渡証書が真正に成立したことを認めるに足りる証拠はないから、これをもってＹ主張の売買の存在を認定することはできず、Ｙの主張に沿うＹ本人の供述も措信できず、その他Ｙの提出援用した証拠ではその主張する売買の成立を認定するに足るものがないから、Ｙの所有権取得の主張は採用できないとして、Ｘの登記抹消請求を認容した。

そこで、Ｙが上告した。

■判旨

最判昭和38年10月15日民集17巻11号1497頁は、「一般の場合には、登記簿上の不動産所有名義人は反証のない限りその不動産を所有するものと推定すべきではあるけれども、登記簿上の直接の前所有名義人が現所有名義人に対し当該所有権の移転を争う場合においては上記の推定をなすべき限りでなく、現所有名義人が前所有名義人から所有権

12）北川・前掲注５）134頁。

第4部　民事事実認定の応用

を取得したことを立証すべき責任を有するものと解するのが相当である」旨判示して、上告を棄却した。

本判決は、登記の推定力は、本件のように登記簿上の現所有名義人と前所有名義人との間に不動産所有権移転の有無をめぐって争いがあるような場合には、現所有名義人は、現に登記名義を有するからといって、登記の推定力を援用することはできず、一般原則に従い、不動産所有権取得原因事実を立証しなければならないことを明示したものである[13]。

(2)登記の推定が覆ったケース

【ケース14－4　登記の推定が覆ったケース】

登記の推定が反証により覆ったケースには、【ア】最判昭和39年1月23日判時365号62頁、【イ】東京高判昭和52年8月3日判時870号74頁、【ウ】東京高判昭和54年5月28日判タ389号90頁などがみられる。これらは、どのようなケースで、推定を覆すためには、どのような事実を主張することが相当か。

【ア】　最判昭和39年1月23日は、次のような案件である。

もと国有地であった山林が、明治36年にXおよびYらの先々代6人の共同名義で払い下げられ、昭和27年にXおよびYら6人共有の所有権保存登記がされた。そうしたところ、Xが自分がこの山林の払下げを受け、単独で所有していると主張して、その所有権の確認を求めた。このケースでは、所有権保存登記がされているから、XおよびYら6人共有と推定されることになる。したがって、Xが推定を覆すことができるかが問題となる。

このケースでは、推定を揺るがすような事実として、次のようなものがみられた。

①　Xは払下げ代金を納入し、その領収書もXの手元にある。

②　係争山林の税金をXが納入し、その納入書の一部がXの手元にある。

前掲最判昭和39年1月23日は、①・②の事実が認められると、保存登記の

13）北川・前掲注5）134頁。

存在はあるとしても、山林の所有権は一応Xにあると認めるのが相当で、登記は別に理由があってそうしたと解されると判示して、Xの請求を棄却した原判決を破棄して原審に差し戻した。

登記の推定を覆すには、登記原因事実が存在しないことを反証することが必要となるが、本件では、払戻しの当事者は誰かという観点を問題としたものである。

【イ】 東京高判昭和52年８月３日は、次のような案件である。

本件建物（Ｙ名義）は、A名義で昭和27〜28年頃建築の建物を取り壊した後に、Ａが昭和43年に新築したものである。Ａは昭和46年に死亡し、子のXが３分の２、妻のＹが３分の１の法定相続分（当時）によりＡを承継したと主張して、XがＹに持分の所有権移転登記手続等を請求した。これに対し、Ｙは本件建物の建築費用を全額負担したと主張して、Xの主張を争った。本件建物にはＹ名義の保存登記があるから、Ｙの所有が推定されるところ、Xが推定を覆すことができるかが問題となる。

このケースでは、推定を揺るがすような事実として、次のようなものがみられた。

① 保存登記はＡの死亡後にＹが単独で行った。

② 昭和46年まで固定資産税がＡ名義で納付されていたのは、従前のＡ名義の建物について滅失の届出がされていなかったため、Ａ名義で課税されていたものである。

③ Ａは手持資金100万円に加え、勤務先から50万円を借用し、50万円をＡが返済している。

④ 増改築予定で開始した工事は、新築工事に変更され、300万の費用を要した。

⑤ Ｙは当時収入があり、100万円の預金もあったところ、建築費用の半額を負担した。

前掲東京高判昭和52年８月３日は、①ないし⑤の事実から、本件建物はＡとＹとが負担した建築資金に応じた各２分の１の割合で共有するものであったと認定した。

登記の推定は、登記手続が適正に行われたことを前提とするから、①はそれを問題としたものである。

【ウ】 東京高判昭和54年５月28日は、次のような案件である。

本件土地を含む23番の宅地はＡからＢに売買を原因とする所有権移転登記がされ、その後、ＢからＸに相続を原因とする所有権移転登記がされている。Ｘは、本件土地上に建物を有するＹに対し、建物収去土地明渡しを請求した。これに対し、Ｙは、Ａ・Ｂ間の23番の宅地の売買に当たり、Ａは本件土地を分離して自己所有地として留保しており、Ｂは本件土地所有権を取得していないとして、Ｘの主張を争った。本件土地はＸの所有名義になっているから、Ｘの所有が推定されるところ、その推定を覆すことができるかが問題となる。

前掲東京高判昭和54年５月28日は、①Ａ・Ｂ間の23番の宅地の売買の経緯、その後のＡ・Ｂ・Ｙらの交渉の推移によると、Ａは本件土地を分離して自己所有地として留保したと認定し、②本件土地を含む23番の宅地の固定資産税をＸが負担していることは、23番の宅地の大部分をＸが所有していることから、①の判断を覆すには足りず、③売買契約書には23番の宅地全部が売買の対象とされているが、これはＢの使用人が用意し、登記手続をしたものであることから、本件土地がＸの所有であることの推定は覆ると判示した。

以上の【ア】【イ】【ウ】の判例のように、登記の推定を覆したケースが少なからずみられるのも、事実上の推定であることに由来する。これを争う当事者としては、登記の推定を揺るがす事実を丹念に主張立証することを心がけるべきであろう。

5　株主権の認定

(1) 本件の概要

Ｘは、亡Ａ（大企業Ｓグループ創業者）の法定相続人である。鉄道・ホテル経営をメインとする大企業Ｓグループは、一連の組織再編を実施した。

Ｘは、Ｓグループの事実上の持株会社であった株式会社Ｂの株式の大半はその株主名簿記載の株主ではなく、Ａの未分割遺産としてＸを含むＡの相続人およびその承継人に帰属しているとの主張を前提とし、それにもかかわらず、Ｙらが、実質株主であるＸを無視し、名義人を株主と扱い、創業家を排除する形で、Ｓグループの一連の組織再編を強行したと主張して、Ｙらに対し、Ｓグループの組織再編に関する一連の行為の株主総会の決議不存在確認または決議取消し等を請求した。

争点は、①株式会社Bの株式はその名義人ではなく、Xを含むAの承継人の所有であるといえるか、②Aが借用名義株を所有していたといえるかであった。具体的には、Aの死亡時にA以外の名義であった株式について、B社設立時にAが第三者名義で引き受けたもの、その後にAが第三者名義で買い受けたもの、増資時に第三者名義で引き受けたもの（借用名義株）といえるか等が問題となった。しかし、本件では、そのような権利取得原因事実を明らかにする証拠方法がないという特殊性がみられた。そこで、「事実上の権利推定」の可否が論点となった。

一審判決（東京地判平成23年7月7日判時2123号134頁）は、Xが上記請求の前提となる株主であるとは認められず、確認の利益または原告適格を有しないとして訴えを却下した。

(2)一般法理としての「事実上の権利推定」

【ケース14－5　一般法理としての「事実上の権利推定」】

一定の間接事実によって経験則上直接にある権利の存在が推認することができる場合には、権利推定の法律効果として権利の存在そのものが推定される結果、その権利の取得原因事実の主張立証の必要がなくなるか。

すなわち、「事実上の権利推定」を一般法理として肯定することができるか。

ア 「事実上の権利推定」を、一般法理として肯定することができるかについては、「事実上の権利推定」を登記以外にも肯定する立場に立てば積極的に解される。これに対して、判例法上認められている登記の推定力以外には事実上の権利推定を認めないとする立場に立つと、この問題につき消極に解さざるを得ず、主張自体失当ということになる。しかし、一般法理として「事実上の権利推定」を否定する理由はないように思われる。所有権についても、実務上それについて権利自白が成立すると解されていることを勘案すると、これを事実と同列に取り扱うことに必ずしも不都合がないと考えられる。

イ　これに対して、一般法理としての「事実上の権利推定」を否定する見解もみられる[14)]。しかし、一般法理としての「事実上の権利推定」というと大げさに聞こえるかもしれないが、具体的には、権利の取得原因事実は証明できないが、経験則上権利の存在を推認するに足りる十分な間接事実を証明することができるケースがあるとすれば、そのような主張証明の方法を許容しようという考え方である。このようなケースは極めて例外的であり、相応の主張立証が必要不可欠となるが、そのような主張証明の方法それ自体を否定する必要はないし、また、相当とも思われない。

一般法理としての事実上の権利推定については、これを肯定してよいであろう。ただ、その先の当てはめの問題が、事実認定としては重要である。

(3) 本判決の概要

控訴審判決（東京高判平成24年12月12日判時2182号140頁）は、一般法理としての「事実上の権利推定」について肯定した上で、当てはめをし、Xの控訴を棄却した。

【A　判断枠組み】一定の間接事実によって経験則上直接にある権利の存在を推認することができる場合には、権利推定の法律効果として権利の存在そのものが推定される結果、その権利の取得原因事実の主張立証の必要がなくなると解される。このように「事実上の権利推定」を一般法理として肯定する場合には、経験則上権利の存在を推認するに足りる十分な間接事実が認定されることが与件となるから、相応の主張立証が必要不可欠となる。

【B　立証主題】本件におけるXの立証主題は、「Aが死亡した時点（昭和39年4月26日）で同人が他人名義でB社株を所有していたこと」であり、AのB社株の所有権を直接推認するに足りる間接事実を立証することが必要となる。

【C　推定の可否】「事実上の権利推定」という判断枠組みにより、Xの主

14）一般法理としての「事実上の権利推定」否定説は、実務上認められる所有権の権利自白のアナロジーで事実上の権利推定を肯定することは、権利自白が権利の取得原因事実を争点から排除するものであるのに対し、事実上の権利推定は、争いあるに権利につき取得原因事実の主張証明することなしに別の事実から当該権利を推定するもので機能が異なるから無理があるという。二羽和彦「判批」リマークス48号（2014(上)）125頁（2014）。

張する間接事実からＡのＢ社株の権利推定ができるかについて、(ア)ＡのＢ社（Ｓグループ）支配の意思が強固であったこと、(イ)昭和15年公正証書の存在、(ウ)Ｓ鉄道の管理株の存在、(エ)自認名義人の存在、(オ)Ａの自己資金のほか、その他の証拠を検討するに、間接事実の中には、自認名義人の存在など有力なものもみられるが、それはＡのＢ社株の権利推定をするには十分なものとはいえない。その他の間接事実を含めて検討しても、経験則上直接にＡのＢ社株の権利推定をするにはなお十分とはいえない。

(4) 本判決の位置づけ

本判決は、一般法理としての「事実上の権利推定」を肯定し、この判断枠組みにより、株主名義を有しない者が株主であるとして主張立証した経験則上権利の存在を推認し得る間接事実を個別的に、かつ、これらを全体的に考察して事実上の権利推定をするには十分とはいえないとした[15)]。

借用名義株であることが主張された場合における株式の権利者の認定には、一般的に、①取得資金の拠出者、②名義の貸与者と借用者との関係、その間の合意内容、③取得の目的、④名義の貸与者および借用者と会社との関係、⑤名義借用の理由の合理性、⑥取得後の利益配当や新株等の帰属状況、⑦株主総会における議決権の行使状況などの間接事実が重要である[16)]。本件において俎上に上った間接事実は、(ア)〜(オ)であった。

以下では、本判決の間接事実の評価についてみていくことにしよう。

(5) 間接事実の評価

(ア)ＡのＢ社（Ｓグループ）支配の意思が強固であったこと

Ｂ社およびＳグループを創業家であるＡ家が支配してきたことは公知の事実とはいえないまでも、世上いわば常識であるかのように語られてきたことは事実である。そのことを、Ａの強い意思を継いできた結果とみることは誤りとはいえない。しかし、Ｂ社支配の方法としては、①Ａ所有株を借用名義株とすること、②Ｂ社所有株を借用名義株とすること、③ＡないしＢ社所有株を信託的譲渡し、意思決定をコントロールすることなどが想定されるから、ＡのＢ社支配の意思が強固であった事実によっては、ＡのＢ社株の権利推定をするには十

15）加藤新太郎「株式の所有権（株主権）について事実上の権利推定はできるか」NBL1083号88頁（2016）。

16）目黒大輔「株主権の認定」奥田＝難波編・前掲注10）469頁。

分といえない。

(イ)昭和15年公正証書の存在

本件公正証書の記載によれば、Ａは、昭和15年６月３日の時点において、第三者名義の株を所有している旨の認識を有していたことは認定することができる。しかし、問題は、その当時Aが上記の株を所有していたという認識が実体を伴う正しいものかどうかである。この点については、客観的な裏付けを欠き、不明であるというほかない。そうすると、公正証書が一般的には信用性の高いものとして扱われる書類であることを考慮しても、Ａの認識をもってＡのＢ社株の権利推定をするには十分であるとは解されない。

(ウ)Ｓ鉄道の管理株の存在

Ｓ鉄道に借用名義株があったのと同様にＢ社においても借用名義株があった可能性はある。しかし、Ｂ社株については、名義書換請求書、新株券引受請求書および住所変更届の書類が提出されていること、株主総会の招集通知が名義人に送付され、株主総会への出席の機会が与えられ、議決権の行使がされていたこと、新株を引き受ける手続が実際に行われていたこと、名義人に利益配当がされていたことが認められＳ鉄道の管理株の管理の仕方とは大きく異なっている。このことは、Xが主張するように、①Ｂ社はＳグループの持株会社であったのに対し、Ｓ鉄道はそうでなかったこと、②Ｓ鉄道は上場会社であったのに対しＢ社は非上場会社であったこと、③Ｓ鉄道とＢ社では借用名義株制度の目的が異なっていたことによると解することはできないわけではない。しかし、同じ企業グループ内においてこれほど態様の異なる株主の管理が行われた理由としては、十分とは思われない。また、Ｂ社を支配する方法としては複数の選択肢があることを考えると、Ｓ鉄道の管理株の存在をもってＡのＢ社株の借用名義株の存在を推認することはなお十分ではない。

(エ)自認名義人の存在

自己名義のＢ社株が借用名義株であることを自認する自認名義人が複数存在することは有力な間接事実である。ただ、自認名義人は株主としての行動をしており、その限りで株の所有者でないとの認識との間に整合性がないところ、Ａが名義を借りる対価として配当金を受領していたとすれば矛盾はないがそうした合意は認められず、Ｂ社株の信託的譲渡によっても説明は可能であるがそれでは借用名義株とはいえない。さらに、一部の自認名義人の認識は、自己名義の株がＢ社あるいはＡら創業家からの預り物というものであるから、結局のところ、ＡのＢ社株の権利推定をするには十分とはいえない。

(オ)Ａの自己資金

Ａが、昭和35年頃までに、Ｂ社株を買い集めた可能性はある。しかし、それが自己資金によるものであったことについては、伝聞であるから、本件においては、これにより証明ありとすることは相当とはいえない。

(6)考察

本件では、Ｂ社・Ｓグループを従前創業家が支配してきたという事実（その背景としての、ＡのＢ社（Ｓグループ）支配意思の強固性）は、いわば動かない事実である。その重みからすると、ＡがＢ社株の相当割合のものを借用名義株として実質的に所有していた可能性はないとはいえない。ただ、本判決もいうように、Ｂ社支配の方法としては、論理的には、①Ａの所有株を借用名義株とすること、②Ｂ社の所有株を借用名義株とすること、③ＡないしＢ社所有株を信託的譲渡し、意思決定をコントロールすることが考えられる。そうすると、直ちに①を推認することはできず、他の間接事実を参照することが必要になるのである。

また、自己名義のＢ社株が借用名義株であることを自認する名義人が複数存在することは、自己名義（であった）株式についてあえて自己のものではないというものであるから、相応の証拠価値がある。しかし、自認名義人21人中17人は、Ａの死亡後にＢ社株を取得しているから、上記の①であるとは限らず、②・③の可能性もある。Ａの死亡前にＢ社株を取得している４人についても、③の可能性がある以上、決定的なものとはいえない。

本件では、他の間接事実を併せて判断しても、結局、「Ａが死亡した時点（昭和39年４月26日）で同人が他人名義でＢ社株を所有していたこと」が高度の蓋然性があるという証明はできていないことになる[17)]。

もっとも、これも本判決がいうように、借用名義株を利用して支配をしようとする場合には、事柄の性質上証拠を残さないようにするものと考えられる。したがって、ＡのＢ社株の所有権を直接推認するに足りる間接事実を立証することも至難の業となる。しかし、権利の取得原因事実は証明できないが、経験

17）目黒・前掲注16）473頁。

則上権利の存在を推認するに足りる十分な間接事実を証明することができるケースに関して、そのような主張証明の方法を許容する、「事実上の権利推定」という判断枠組みの下においては、証明度を軽減すること[18]は相当とはいえないであろう。

以上については、これまでの通説・実務の考え方で説明したが、筆者は、その後、論証責任という考え方を採用し、「権利の存在は取得原因事実を証明して論証する方法と、それ以外の事実を証明して論証する方法がある」と整理すべきではないかと考えている[19]。つまり、所有権の存否は規範的評価そのものということもできるから、取得原因事実の主張立証（証明）のほかに、他の論拠（事実・証拠・論理則）から論証する方法を許容することを正面から認めてよいと考えるのであるが、実務書という性格に配慮して付言するにとどめる。

●コラム14　重要証拠提出のタイミング

●事案の概要

幼稚園の園長を務める75歳の女性Ａが、Ｙ証券会社の担当者Ｂにより保有する株式・投資信託を無断で売却されたとして、Ｙに対して損害賠償請求訴訟を提起した。

このケースでは、株式等の売却金で別の投資信託が買われており、提訴の時点では、その投資信託は売却金を超える価値を有していた。Ａは、自己名義になっている投資信託を売れば、従前の株式等を持ち続けていた状態よりも利益を得られた。しかし、それにもかかわらず、Ａは、あくまで株式等の売却は自分の意思に基づかない無断売買であり、株式等の売却時の時価相当額の損害を被ったと主張したのである。

株式等の売却と別の投資信託の購入があったことにしておいた方が、金銭的には得であるのに、あえて弁護士に委任し、その報酬を払ってまで提訴するのであるから、Ａには相応の覚悟がみられる。つまり、本件は、経

18）証明度の軽減については、加藤・認定論58頁。
19）加藤新太郎「民事訴訟における論証責任」春日偉知郎先生古稀祝賀『現代民事手続法の課題』42頁（信山社・2019）。

済的利益を問題とする通常の商業訴訟ではなく、当事者として筋を通したいという人格訴訟ということができる。Aは、提訴後死亡し、息子Xが訴訟を承継した。

本件では、「株式等の売却と別の投資信託の購入」に関する注文書が残っていた。この取引では不足金が生じ、Aの顧客口座のある銀行支店からY証券会社に振り込まれていた。取引・取引残高報告書が送られたが、A側は速やかにYに抗議をしなかった。こうした中で、裁判所は、どのように事実認定をしていったか。

●審理の経過と一審判決

本件注文書は、いつ、誰が、どこで作成したものかが、最大のポイントになる。注文書の日時欄には、「平成○年1月7日15時20分」との記載があり、Bは、その日時にAが自宅で記入したものと証言した。これに対し、Aは、同日同時刻には幼稚園の園長室において来客甲と会っていたから、自宅で注文書に記入することは不可能であると供述した。Yは、自宅は幼稚園と近接しており、Aが一時自宅に帰っていた可能性があると反論した。

一審判決は、甲の証言・陳述書、甲の電子メール、幼稚園の日誌の記載、幼稚園教諭の陳述書などの関係証拠から、①Aは、同日同時刻には幼稚園の園長室にいた、②BはAとの間で具体的な訪問時間を約束していなかったから、Aが、職員会議が続行中に、来客甲を残して帰宅することは不自然であると認定した。Bの証言は、営業日誌、運転日報など、同日同時刻にBがAを訪問したことを客観的に裏付ける証拠がなく、Bの説明に変遷がみられることから、信用できないと評価した。

注文書の記載をみると、Aの役職名は園長であるのに、「副園長」となっていたが、これはおかしい。筆跡に関する私鑑定では、口座開設時の申込書と本件注文書との筆跡は異なっている可能性があると報告されている。

不足金をYに振り込むことは、Aも、Bやその意を受けた協力者もできた。無断売買であるなら不足金を発生させないように仕組むことができたとのYの主張は、当時の株価動向から不足金の発生をBが予測していなかった可能性があるから、主張の前提を欠く。取引・取引残高報告書が送られた後、速やかにＹに抗議がされなかったのは、その確認が遅れたためというＡの供述に不自然・不合理はない。

Ｂには、当時別の投資信託を販売する強い動機があり、発覚したときのリスクが甚大であるからといって無断売買をしないとはいいきれない。

一審判決は、以上のような事実と評価を総合し、本件取引はＡの意思に基づかない無断売買であるとして、Ｘの請求を認容した。

●控訴審の経過

Ｙは、控訴したが、この時点でも、購入された投資信託を清算すれば、認容額を上回っていた。つまり、Ｙにとっても、本件は、経済的利害の問題ではなく、「無断売却などするはずがないし、現にしていない」という言い分を何としても裁判所に認めてもらわなければ自らの存立基盤に関わるという人格訴訟になっていたのである。

Ｙは、控訴審の第２回口頭弁論期日において、新たに、平成○年１月７日当日の営業日誌、運転日報を証拠として提出した。一審判決が、同日同時刻にＢがＡを訪問したことの客観的な裏付け証拠がないと指摘したことを、リカバーするものである。とりわけ、契約当日の運転日報には、当日の午前11時20分と午後３時20分の２回にわたってＡの自宅を訪問した旨の記載があり、一気に形勢を逆転する最重要証拠とみられる。

●契約当日の運転日報提出のタイミング

それではどうして、このように重要な契約当日の営業日誌、運転日報が一審で提出されなかったのか。しかも、一審では、弁論準備手続に付されて争点および証拠の整理がされているのであるから、最良証拠である契約当日の運転日報等を提出しないのは奇妙である。

そこで、控訴審裁判官（筆者）は、控訴審段階でこれらの証拠が提出されたことの理由の説明を求めた。Ｙの訴訟代理人は、依頼者である証券会社の内部資料は極力証拠提出を控えたいという方針に従ったため、一審では提出しなかったと説明した。

確かに、一般論として会社の内部資料を証拠とすることを控えたいという意向は分からないではない。しかし、まさしく当日の取引の成否が争点となっている案件で、枢要な証拠の提出を控えるのは本末転倒というべきである。しかも、一審段階でも、別の日の運転日報は証拠として提出されていたのであるから、その点からも、Ｙ訴訟代理人の説明は納得しがたい。

控訴審裁判官は、そのように告げて、一審判決を前提とする和解を勧告した。和解手続に入る前に、Ｙは控訴を取り下げた。控訴を取り下げたのは、ＹがＢに対する内部調査を再開し、本件に勝機はないと考えたことに由来するように見受けられた。

@加藤新太郎「重要証拠提出のタイミング」会社法務A2Z（2013年９月号）62頁

第15章　民事事実認定のポイント

1　民事事実認定とは

民事事実認定は、①当事者の攻撃防御の構造を要件事実的思考に基づき把握したうえで、規範適用において意味ある事実に関する不一致である争点を認識し、当該争点を立証命題（要証命題）として押さえ、②証拠調べの結果および弁論の全趣旨から得られた心証と事実の存否の基準である証明度とを対比して行う。このうち、①が争点整理であり、②が事実認定である。また、事実の証明の性質は、歴史的証明であり、自然科学的証明ではないが、裁判官に争点事実について高度の蓋然性ありと認識させるレベルの証明度が必要になる[1)]。

民事事実認定は、争点となった要証事実について、証拠の整合性・背反性を主張・反論を踏まえて合理的に評価し、経験則を活用しつつ事柄の自然な流れの中に位置づけ、それでも残る空白部分を推認・洞察していくという作業である。

本章では、具体的事例として、事故遭遇者の記憶欠如ケース、眼科医の母に対する説明ケース、組抜け希望の暴力団組員に対する警察の対応ケース、毎月分配型投資信託販売における説明ケース、市役所職員の介護者運賃割引説明ケースの５つの事例を考察した上、これまでの考察を前提として、実務のあるべき民事事実認定の手法のまとめをする。

2　事故遭遇者の記憶欠如と動かし難い事実

(1) 事案の概要

Ｘは、Ｙとの間で自動車共済契約を締結している。Ｘは、被共済車両に搭乗

1）ルンバール事件判決（最判昭和50年10月24日民集29巻９号1417頁）、長崎原爆被爆者事件判決（最判平成12年７月18日判時1724号29頁）、加藤・認定論34頁。

中、急激かつ偶然な外来の事故により頭部骨折および頭蓋内の内出血もしくは血腫の傷害を負ったと主張として、Yに対し、同契約に基づき共済金および遅延損害金を請求した。

本件自動車共済契約の特約は、被共済者が被共済車両に搭乗中に急激かつ外来の事故により身体の傷害を負った場合に共済金を支払う旨規定しており、共済金の請求者は、①被共済者が被共済車両に搭乗中に事故に遭い、②その事故と被共済者が身体に被った傷害との間に相当因果関係のあることを主張立証する必要がある（最判平成19年7月6日民集61巻5号1955頁、最判平成19年10月19日判時1990号144頁）。これに対し、Yは①・②の事実を争った。したがって、これらの事実の有無が争点となった。

一審判決は、Xの請求を認容したが、Yは控訴した。

【ケース15－1　事故遭遇者の記憶欠如ケース】

本件では、Xが事故に遭遇した記憶を有していないという事情があった。このような場合には、どのような方法により事実認定をしていくことになるか。

筆者が控訴審において関与したケースである[2)]。

(2) Xが受傷するに至った経緯

ア　Xは、神社の神主である。Xは、平成△年12月6日、A市の自宅から自動車を運転してB市に所在する神社に赴き、務めを果たした後、自宅に帰宅するため、一人で本件自動車を運転していた。しかし、Xは、途中で自宅へ向かう道路とは異なり、国道△号線に入り、A市の中心部方面に向かい、さらにC市方向へ本件自動車を進行させていた。

イ　同日、午後8時58分、甲警察署に「国道△号線を、前輪がパンクした状態の軽自動車が走っており危険である」との110番通報がされた。これを受けて、甲署警察署前交差点で交通検問を実施した。午後9時11分頃、前輪をパンクさせたまま軽自動車が走行してきたので、これを停止さ

2）一審判決は、新潟地長岡支判平成25年3月7日、控訴審判決は、東京高判平成25年7月10日であり、いずれも公刊物未登載である。

せたところ、Xが運転している本件自動車であった。

自動車の破損状況は、左前輪がパンクしており、タイヤのゴムは破損して大半が脱落し、左前角のアンダーミラーおよび左ドアミラーが破損、脱落し、フロントバンパー左側から左ドアにかけて擦過痕があるという状態であった。

Xの左こめかみに擦過傷が認められた。Xは、事情聴取に際し、「自宅に帰る途中、道に迷ってしまった、パンクは分からなかった、どこかのブロックに乗り上げたような気がするが、場所は分からない」と答えた。警察官は、事故の発生場所を特定すべく、管内の国道△号線を当たったが、脱落した本件自動車の部品（左前角のアンダーミラーおよび左ドアミラー）を発見することはできなかった。また、経路を管轄する６つの警察署に対し、関連する交通事故等の有無を照会したが、事故の発生場所を特定することはできなかった。

ウ　Xは、事情聴取終了後、本件自動車を甲警察署駐車場に置いた上で、親戚に車で迎えに来てもらい、同夜は姉の家に泊まった。

Xは、翌７日、傷害の手当をしてもらうため、乙医院を受診し、頭部を打っているから検査をしてもらった方がよいとの意見に従い、丙クリニックで診療中に気を失い、救急車で丁綜合病院に搬送され、緊急入院した。その後、Xは、丁綜合病院において頭蓋骨骨折、急性硬膜下血腫の診断を受け、同日から翌年の１月６日年まで入院した。丁総合病院の診断書には、Xから聴取したものとうかがわれる病状の経過等として、「12／6　交通事故　受傷」と記載されている。

(3)争点についての事実認定

Xが受傷するに至った経緯についての事実を整理すると、次のようになる。

【A】 Xは、平成△年12月６日の日中は、平素のとおり自らが神主をしている本件神社で務めを果たしており、帰宅するため本件自動車を運転する以前の時点において、頭蓋骨骨折、急性硬膜下血腫のような重篤な傷害を既に負っていたことをうかがわせる事情はない。

【B】 Xは、自宅に戻る際、道を間違え、本件自動車の左前輪がパンクして大破し、左側のドアミラー等を脱落させたままの危険な状態で帰路とは異なる道路を走行するといった異常な運転を続け、甲警察署で事情聴取を受けた際には、左こめかみに擦過傷が認められ、パンクした事実や自損事故の場所すら認識していなかった。

以上の【A】【B】の事実からすると、

【C】 Xは帰宅するため自動車運転中に自損事故を起こしたことがうかがわれる。

そして、

【D】 Xは、翌7日、2つの医院の診療を経て、丁綜合病院へ緊急入院し、頭蓋骨骨折、急性硬膜下血腫の診断を受けたが、甲警察署で事情聴取を受けた後、丁綜合病院で診断を受けるまでの間に、頭蓋骨骨折、急性硬膜下血腫を受傷するような事態に遭遇したことをうかがわせる証拠はない。

以上の【C】【D】の間接事実を総合すると、次の事実を推認することができる。

【E】 Xは、経験則上、特段の事情がない限り、本件神社から自宅に帰宅すべく本件自動車を運転していた時間帯に、日時、場所は特定できないものの、自動車の前輪のタイヤを大破させるような強い衝撃を伴う自損事故を起こし、その衝撃で頭蓋骨骨折を伴う傷害を負い、意識が明瞭でないままの状態で本件自動車の運転を続け、甲警察署前交差点で検問により運転を停止させられ、翌7日までの間に急性硬膜下血腫を引き起こすに至った。

(4)事実認定の点検

上記のように事実を推認したが、推認を妨げるに足りる特段の事情がある場合には、そのように考えることはできない。Yは、本件につき特段の事情があると主張した。

第1に、Yは、Xの傷害の発症機序が、左こめかみ（擦過傷があった部分）付近に外力が加わり、その打撃部位に骨折が生じ、対撃損傷により反対側の右側の脳の部位に脳挫傷が生じ、その脳挫傷部の脳表血管損傷または脳挫傷そのものから出血して急性硬膜下血腫を生じさせたものと考えられるとの前提に立った上で、Xは、右の運転席に座って運転していたのであるから、左こめかみを負傷するような事態を想定することができないと主張した。

この点について考えるに当たり、丁綜合病院の診断書または診療報酬明細書が重要である。これらからは、Xの傷病は、頭蓋骨骨折、急性硬膜下血腫であり、脳挫傷や頭蓋内に達する開放創があると診断されたことが分かる。しかし、その具体的な位置まで特定されているものではない。そうすると、Ｙが主張する頭部の傷害の機序の前提に立つことは困難である。

なお、甲警察署においてＸの左こめかみに擦過傷が認められたにすぎないことは、頭蓋骨骨折を伴う傷害を負ったことに疑問符を付けるものではある。しかし、医療の専門家ではない警察官が外観からＸの頭部の傷害の状況を把握することには限界があり、Ｘは左こめかみ擦過傷以外にも傷害を負っていた可能性を否定することができない。したがって、推認を妨げるに足りる特段の事情とはいえない。

第２に、Ｙは、Ｘが本人尋問において、「本件自動車を運転中、シートベルトをしており、看板を擦った後に小石の山に乗り上げたが、車両は止まらずに通過し、乗り上げた衝撃で体が左右に揺られたものの、頭を打った記憶や感覚はなく、車両のハンドルから手が離れたこともない」旨供述したことを捉えて、事故があったとしても、その衝撃は頭部に骨折等を来たすような強い衝撃であったとはいえないと主張した。

確かに、Ｘの本人尋問の結果からは、そもそも事故を起こしたかどうかも明らかではない。「看板を擦った後に小石の山に乗り上げた」のが本件事故であるとしても、頭を打った記憶がないというのであるから、頭蓋骨骨折をするような事故とは解されない。しかし、本件全体を観察すると、Ｘは、①自動車の左前輪のタイヤが大破している危険な状況であるにもかかわらず、帰路とは全く異なる場所で本件自動車の運行を続けていたし、②警察での事情聴取の際には、通常であれば容易に認識できるパンクの事実や事故の場所についても、「パンクはわからなかった、事故の場所も分からない」と答えている。これは、経験則上異常な事態である。どうして、Ｘはこのような状態になったのであろうか。これは、Ｘの頭部に、認知能力の一時的な減退や記憶の混濁などの異変を生じさせる強い外力が加わったためと考えれば、合理的に説明することが可能である。

つまり、12月６日当夜のＸの運転に関する記憶は、自損事故の際に頭部に加わった打撃の影響により、既にあいまいなものとなっていたと解されるのである。このことを考慮すると、事故の経緯に関する限り、それから１年以上が経過した後に実施されたＸの本人尋問の結果を重視するのは相当ではない。

以上によれば、Ｙが主張する事情は、Ｘが、平成△年12月６日、本件自動車を運転中、左前輪タイヤの大破等をもたらした自損事故を起こし、その事故によって頭蓋骨骨折、急性硬膜下血腫の傷害を負ったとの事実を推認するのを妨げるに足りる特段の事情に当たるものではない。

したがって、本件では、被共済者であるＸが被共済車両に搭乗中に事故に遭い、その事故とＸが身体に被った頭蓋骨骨折、急性硬膜下血腫の傷害との間に相当因果関係を認めるのが相当であるということになる。

(5)考察

本件は、Ｘが事故に遭遇した記憶を有していない場合に、動かし難い事実をつなぎ、全体を見通しつつ、経験則により要証事実である事故による受傷を推認したものである。

事実認定手法の基本として、動かし難い事実を押さえるべきことは、本書でも繰り返し触れてきた。動かし難い事実は、当事者間に争いのない事実および客観的な証拠によって確実に認定し得る事実である。これを基にして事案の事実経過（大きな枠組み）を把握し、その枠組みの中に個々の動かし難い事実を位置づけた上で、証拠関係を吟味し、空白部分の事実を推認していく手法は有用である。本件の事実認定では、時系列で証拠・間接事実を整理しており、証拠評価においては、経験則に合致する自然な流れと整合するか否かを検討している点でも、基本を押さえているといえよう。

本件において動かし難い事実は、次のようなものである。

ア　Ｘは、自動車の左前輪のタイヤがパンクして大破し、左側のドアミラー等を脱落させたままの危険な状態であるのに、帰路とは全く異なる場所で本件自動車の運行を続けていた。

イ　Ｘは、警察署で事情聴取を受けた際には、左こめかみに擦過傷が認められたものの、パンクした事実を認識していなかった。

ウ　Ｘは、翌日、綜合病院へ緊急入院し、頭蓋骨骨折、急性硬膜下血腫と診断され、１か月間入院治療を受けた。

本判決は、これらの事実から、経験則により、次の要証事実を推認した。

【A】　Ｘは、本件自動車を運転していた時間帯に、日時、場所は特定できないものの、自動車の前輪のタイヤを大破させるような強い衝撃を伴う自損事故を起こした。

【B】 Xは、その衝撃で頭蓋骨骨折を伴う傷害を負い、意識が明瞭でないままの状態で本件自動車の運転を続けた。

【C】 Xは、自損事故の結果、翌7日までの間に急性硬膜下血腫を引き起こすに至った。

Xが事故に遭遇した記憶を有していないことは、マイナス評価を受ける。しかし、これも、Xの頭部に認知能力の一時的な減退や記憶の混濁などの異変を生じさせる強い外力が加わったためと解されている。このような判断は合理的なものであるが、Xの属性から、本件は保険金を不正請求するモラルリスク案件ではないと評価されるケースであった。すなわち、Xは神主という近隣の人から一定の信頼を受ける職業を持っていた。さらに、Xは、本人尋問においても、自らの記憶を歪めることなく主観的認識のとおり供述していることが、かえって人物としての信頼性を獲得する結果になった。この点は、Xの訴訟代理人が、勝訴を狙うために供述を操作・汚染しなかったことを意味する。愚直な正直者と廉潔な弁護士が勝訴したのである。

3 眼科医の母親に対する合併症の説明

(1)事案の概要

Xは、板橋区の実施する平成△年度後期高齢者医療健康診査のため指定医療機関であるA医院を受診し、検査項目の1つである精密眼底検査をA医院で紹介された眼科医Yの眼科診療所を受診した。Xは、Yの診療所において後発白内障の手術（YAGレーザー後嚢切開術）を受けたが、Yの注意義務違反および説明義務違反を主張して、Yに対し、不法行為または債務不履行に基づき損害賠償請求をした。なお、Xは長男甲が眼科医であり、甲医院において白内障手術を受け、遠近両用の高価な眼内レンズを挿入しているという事情があった。

一審判決は、上記手術の実施に関し、Yに注意義務違反・説明義務違反があったといえないとして、請求を棄却した。そこで、Xが控訴した。

【ケース15－2　眼科医の母親に対する説明ケース】

このケースでは、一審判決と控訴審判決とで、医療側が患者に説明義務を尽くしたかという判断を異にしている。医療側は説明したと主張し、患者は聞いていないと反論する。本件では、どのような理由で、説明がされていないという事実認定がされたのであろうか。

筆者が控訴審において関与したケースである[3)]。

(2)争点と判断

控訴審では、Ｙの説明義務違反の有無が争点となった。

本件における説明義務の範囲は、後発白内障という病名、本件手術の適応があること、合併症（眼圧上昇、飛蚊症、網膜剝離や眼内レンズが破損する可能性があること）である。

この点について、本判決は、次のとおり判断した。

ア　ＹはＸに対し、後発白内障という病名は告げていないが、後発白内障の病態については必要な説明をしており、看護師Ｂにおいて、重ねて後発白内障の病態について説明する際に後発白内障という病名を告げ、レーザー治療が手術に当たると説明した。病名、本件手術の適応についての説明義務違反があるとはいえない。

イ　合併症に関する説明として、手術後一時的に眼圧上昇や飛蚊症が出ることについては、Ｂにおいて、説明されたと認めることができる。

ウ　ＢはＸに対し、網膜剝離や眼内レンズが破損することがあることについて説明をした旨の陳述書を提出している。これに対し、Ｘは、そうした説明はなかったと本人尋問で供述する。そこで、両者の信用性を判断する必要が生じるが、これについては、Ｘの側に軍配が上がる。なぜなら、Ｘの長男甲が眼科医であり、Ｘは甲医院で白内障手術を受けており、遠近両用の高価な眼内レンズを挿入していることにかんがみると、ＸにおいてＢから、眼内レンズが破損する合併症がある旨の説明を受け、そのことを十分に理解したのであれば、その日に本件手術を受けることは回避し、甲に

3）一審判決は、東京地判平成26年１月31日判時2255号77頁、控訴審判決は、東京高判平成26年９月18日判時2255号70頁である。

相談するのが自然であると解されるところ、BがXに対し、眼内レンズの破損の合併症があることについてXに理解できるような説明をしたと認めることは困難であるからである。

(3)考察

本件は、「眼科医の長男の医院で白内障手術を受け遠近両用の高価な眼内レンズを挿入していた患者が区の実施する後期高齢者医療健康診査のため眼科診療所を受診した当日に後発白内障のレーザー後嚢切開術を受けたが、眼科医側において合併症である眼内レンズの破損のおそれの説明義務違反があり自己決定権侵害が認められた事例」である。

控訴判決は、一審判決を変更し、Xの請求を一部認容した。

一審判決と控訴審判決とで結論を異にしたのは、事実認定の差異に由来する。控訴審判決の**ウ**の部分について詳しくみていこう。

本件の間接事実としては、次のものが重要である。

【A】 Xの長男甲は眼科医であり、Xは、甲医院において、勤務医によって白内障手術を受けていること。

【B】 白内障手術によりXの両眼に挿入された眼内レンズは遠近両用の眼内レンズであり、保険が適用されず、手術費を含め、両眼で100万円程度したものであること。

【C】 Xは、その後甲医院に通院し、現在は通院していなかったが、甲は、月に4回くらいはX宅を訪問していたこと。

【D】 甲は、Xが本件手術を受けた週の週末にもX宅を訪問したこと。

以上のうち、【A】【B】の事実から、「Xにおいて、Bから眼内レンズ破損の合併症がある旨の説明を受け十分に理解したのであれば、その日に本件手術を受けることは回避し、甲に相談するのが自然である」という経験則を考慮すれば、BがXに対し合併症の説明をしたと認めることは困難であろう。もっとも、患者の身内に医師がいたとしても、その関係性から常に相談するとは限らない。つまり、患者と身内の医師とが疎遠であるといった事情があれば別であろうが、本件では、【C】【D】の事実からそのような事情はないと考えられる。

なお、本件では、区の実施する後期高齢者医療健康診査のため眼科診療所を受診した当日に手術を実施していることは（注意義務違反でないとしても）、患者を囲い込もうとする雰囲気が感じられなくもない。また、医師Yが説明するのでなく看護師Ｂに説明させている事項が多いことは（医療側の説明として両者をカウントできるとしても）、診療のあり方として疑問符の付きかねないところもある。そのような背景事情は、上記の事実認定に直接影響するものではないが、事案の見方（事件のスジ）として考慮されるものといえよう[4]。

4　指定暴力団から脱退を試みていた組員に対する警察官の対応

(1)事案の概要

Ｘは、暴力団員による不当な行為の防止等に関する法律（暴対法）に基づく指定を受けた暴力団Ａから脱退しようとしていた。そうしたところ、Ｘは、△市内で自分名義の車両を運転していた際にＡの組員が運転する車両に衝突されるなど、脱退に対する妨害を受けたため、Ｂ警察署の警察官に保護を求めた。

Ｂ署警察官は、交通事故と暴力団脱退をめぐるトラブルがあることを認識して対応した。Ｘは、Ｂ署警察官において、Ａの組員に対して暴対法に基づく中止命令を発出するなどの必要な保護をせず、Ａの組長Ｃや事務局長Ｄとの面会をＸに強要したほか、Ｘの承諾なく本件車両をＡの組員に引き渡し、ＸがＢ署で休憩する際もＡの組員が接触できないようにするための必要な措置を取らず、その結果、ＸはＣやＤから暴行や脅迫を受けて暴力団からの脱退を妨害されたり、本件車両内のＸ所有動産を前記暴力団の組員に窃取されたりするなどの損害を被った旨主張し、Ｙ（県）に対し、国家賠償法１条１項に基づき、損害賠償請求（113万円余）をした。

一審判決は、①の一部につきＸの主張を認め、警察官がＡの組員をＸに面会させた行為は違法であり精神的損害を賠償すべき義務を負うとして一部認容した（25万円）。これに対し、Ｘが控訴した。

4）本件は、事実認定・証拠評価の段階において、事件のスジが考慮され得るケースであるとみることができる。なお、事件のスジは、法規範解釈の段階、事実認定・証拠評価の段階、主張・反論の読み解きの段階において、裁判官が、事件を構成する要素と当面予測される結論とを比較して整合していないと感じられる場合に問題とされるものである。この点について、加藤新太郎「事件のスジの構造と実務」伊藤眞先生古稀祝賀『民事手続の現代的使命』234頁（有斐閣・2015）。

【ケース15－3　組抜け希望の暴力団組員に対する警察の対応ケース】

このケースでは、一審判決と控訴審判決は同様に、警察の対応に違法性があったという判断をしている。どのような事実が認定されて、そうした判断がされたのであろうか。

筆者が控訴審において関与したケースである[5)]。

(2)控訴審判決の概要

控訴審判決は、次のとおり判示して、原判決の事実認定・判断を維持し、控訴を棄却した。

ア　B署警察官の主観的な意図は、交通事故の相手方を特定し、物損事故か人身事故かの見通しを立てる端緒とするものであったとしても、Xの暴力団脱退を阻止しようとして本件事故を発生させた被疑者側の人物と考えていたA組員のDと、Dから危害を加えられることをおそれて面会を拒んでいたXを面会させることは、事柄の性質上、それ自体著しく不相当である。

イ　B署警察官が、暴力団からの保護を求めるXがDと対面した場合には、A組の威力を背景とした威迫行為により脱退を妨害されることを予見できたのに、20分程度にもわたり執拗に説得し、Xの了解を得たものとしてDを事情聴取室に招き入れ面会をさせ、Xの意思決定の自由・身体の安全等が害されまたは脅かされたものであり、Xが最終的には面会を受け入れた経過は認められるものの違法性を否定できない。

ウ　その後、Xは組長Cと面会しているが、XはCと脱退問題について話し合いの上で解決したいと考え、会う約束をしていた事情があり、今回の面会でXはCから脱退許可を得たという事実関係からみると、本件面会の不適切性の評価は減殺される面もないとはいえず、強要されたと認めることはできない。

エ　さらに、XはDと署内で面接しているが、強要されたと認めることはできない。

5）一審判決は、東京地判平成26年３月24日判時2253号33頁、控訴審判決は、東京高判平成26年10月20日判時2253号26頁である。

(3)考察

本件は、「指定暴力団から脱退を試みていた組員が自動車運転中脱退妨害をしようとする幹部の車両に衝突され、警察官に保護を求めた場合において、警察官として暴力団の威力を背景とした威迫行為による脱退妨害を予見できたのに、事情聴取室で幹部と面会をさせたことを違法として損害賠償を認めた原判決が控訴審判決で維持された事例」である。指定暴力団からの脱退を試みている組員に対する対応・措置の適否が争点になったものであり、警察の活動に対する国家賠償としては特色のあるケースである。

暴対法16条1項は、指定暴力団が人を威迫して暴力団からの脱退を妨害してはならず、同18条1項は中止命令を発することができる旨の定めがある。当該状況についての事実認定が決め手となる案件であり、原判決も本判決もともに、XとY側の警察官らの供述・証言の相反する部分、整合する部分を対比して丹念に事実認定している。

本判決の事実認定を整理すると、次の点を指摘することができる。

動かし難い事実としては、①Xは暴力団から脱退をしようとしていたこと、②Xは自動車運転中他のA組員が運転する車両に衝突されていること、③警察官はXと暴力団幹部Dを面会させたことである。これに対して、Xが承諾したか(警察官はXの了解を得たか)という事実の問題があり、両者の言い分は対立しているが、Xが最終的には面会を受け入れた事実を認定している。しかし、当該状況からすると幹部Dとを面会させたこと自体適切でないと解される。そうすると、Xが最終的には面会を受け入れた事実があったとしても、警察官の対応は強要したという評価は免れない。ここでは、強要という評価判断に当たり、警察官の有していた「主観的な交通事故の相手方を特定し物損事故か人身事故かの見通しを立てたいという意図」は考慮されない(考慮されにくい)という点に留意しておきたい。

控訴審判決は、**ウ**において、Xの組長Cとの面会については強要とまではいえないと判断している。この点は、面会させたことは不適切であるが、XはCと脱退問題について話し合いの上で解決したいと考えて会う約束をしていた事情があること、今回の面会でXはCから脱退許可を得たということから、不適切性の評価は減殺されると考えたものである。事実としての個別性を押さえて、Dとの面会とは異なる意味合いをもつという事実評価をしたものである。

5　金融商品販売における説明

(1) 事案の概要

Y_2はオーストラリア・ドル債券ファンドを設定したが、同ファンドは、Y_2を委託会社とする追加型、毎月分配型の投資信託であり、その受益証券の募集、販売をY_1銀行に委託していた。X_1・X_2ほか１名は、本件投資信託の受益証券をY_1の勧誘に応じて購入したが、本件投資信託の受益者に原則として毎月支払われる収益分配金には元本の一部払戻しに相当する部分があった。

Ｘらほか１名は、Ｙらに対し、投資信託の購入契約につき消費者契約法所定の不利益事実の不告知、詐欺または錯誤による無効または取消しを主張し不当利得の返還として、または目論見書の虚偽記載等、説明義務違反があったとして、金融商品取引法（Y_1については同法17条、Y_2については同法18条）、債務不履行または不法行為に基づく損害賠償として、投資信託の購入価格から分配金および解約時の清算金を控除した額の金員の支払い等を求めた。

一審判決（東京地判平成26年３月11日判時2220号51頁）は、Ｙらは、Ｘらに対し、説明義務違反に基づく共同不法行為責任を負い、ＸらはＹらの説明義務違反がなければ投資信託を購入しなかったと認められるとして、投資信託の購入価格からＸらが実際に支払いを受けた分配金および解約時の清算金を控除した額に相当する損害を認定し、５割の過失相殺をして、各請求の一部を認容し、その余をそれぞれ棄却した（購入者のほか１名の請求は全部棄却）。

そこで、ＸらおよびＹらは、各自の敗訴部分を不服としてそれぞれ控訴を提起した。

【ケース15−4　毎月分配型投資信託販売における説明ケース】

このケースでは、一審判決と控訴審判決とで、金融商品販売担当者に顧客に対して説明義務を尽くしたかという判断を異にしている。それぞれの判決では、どのような理由で、説明がされている（されていない）という事実認定がされたのであろうか。

以下では、一審判決と控訴審判決（東京高判平成27年１月26日判時2251号47頁）

とを対比することによって、これをみていくことにしよう。

(2)一審判決の論理

一審判決は、次のように論じた[6]。

ア　①当該投資信託には普通分配金と特別分配金があり、特別分配金は収益を原資とするものではなく元本の一部払戻しに相当するものであること（本件事実A）、②分配金の水準はファンドの収益の実績を示すものではないこと（本件事実B）が重要である。

イ　金融機関から投資信託の受益証券を購入した顧客に対し交付された目論見書には、①本件事実A、②本件事実Bのうち、①について記載があるものの、その記載は、「費用及び税金」の大項目の「課税上の取扱い」という項目において、収益分配金には課税扱いとなる普通分配金と非課税となる特別分配金（受益者毎の元本の一部払戻しに相当する部分）の区分があるという説明がされているにすぎないものであって、その他の部分には①、②について触れられていないから、当該目論見書の記載は、①が受益者の最大の関心事である毎月支払いを受ける収益分配金につき、その原資が何で、いかなる性質の金員の支払いであるかを示す金融商品としての最も基本的な性質に関わる事実であることに対する配慮を欠いた極めて不適切な記載である。

ウ　顧客に対し交付された販売用資料には、ファンドの基準価額がスタート時点の1万円を大きく割り込んだ折れ線グラフが示されているものの、少なくとも、当該折れ線グラフから、元本の払戻しに相当する特別分配金の存在を読み解くことを一般投資家に期待するのは不可能を強いるものといわざるを得ないことに加え、同販売用資料には、受益者の最大の関心事である収益分配につき、収益分配金は原則として「利子収入」を原資とするものであると理解される記載があり、この原則に対する例外は、「売買益」または「評価益」と理解され、収益分配の原資に関する説明は以上で完結しているかのような記述となっており、このような記述から、元本払戻しに相当する特別分配金の存在を想起することは不可能であり、当該記

6）一審判決の評釈として、青木浩子「毎月分配型投資信託の販売につき委託会社・販売会社に共同不法行為としての説明義務違反を認めた事例」NBL1039号8頁（2014）、山中眞人「投資信託委託会社の説明義務の検討」金法2006号6頁（2014）など。

述は当該投資信託における収益分配の原資は利子収入、売買益および評価益に限られるという誤った理解を導きかねない。

エ　目論見書および販売用資料が極めて不適切な内容であるから、これらが顧客に交付されたからといって、①および②に係る説明義務が尽くされたということはできず、金融機関に顧客に対する説明義務違反が認められる。

(3) 控訴審判決の論理

控訴審判決は、次のように判断し、一審判決を変更し、ＸらのＹらに対する請求を棄却する逆転判決を言い渡した[7)]。

■事実関係

①　X_1は、投資信託に対する５年以上の投資経験を有する不動産賃貸業等を目的とする株式会社の取締役であり、同じく不動産の賃貸業等を目的とするX_2においても顧問としてその経営指導等をしていた。

②　Y_1銀行Ａ支店の担当者Ｂは、Y_2が作成した投資信託の目論見書およびパンフレットを示してこれに沿い、また、研修で教えられたとおりに、本件投資信託に係るファンドがオーストラリアの公社債等で運用する豪ドル建てファンドであること、リスクの内容および程度、運用実績においては比較的安定して分配金が出ているが、本件投資信託の分配金は投資信託の運用収益を原資とするとは限らず、元本の払戻しによることもあることなどを説明した。

③　X_1は、Ｂの説明に対し分かっているから必要ない旨述べたが、Ｂは、目論見書・パンフレットを渡ししっかり読むよう伝えた。

■Y_1の説明義務違反の有無

Y_1の信義則上の説明義務の違反の有無は、対象となる商品の仕組み、特性、リスクの内容と程度等につき、顧客の属性を踏まえて、顧客が具体的に理解できる説明をしたと評価できるか否かを総合判断すべきであるところ、X_1が企業経営に関与し、投資信託に係る５年以上の投資経験を有していたことに照らせば、本件投資信託を購入するに当たりX_1が分配金の分配実績

7）控訴審判決の評釈として、青木浩子「毎月分配型投資信託の販売につき説明義務違反を否定した事例」金法2016号６頁（2015）。

が運用実績であると誤解したとは想定し難く、BがX1に対してした説明の内容やX1のその際の応答ぶりに照らせば、本件において説明義務の違反があったとは認められない。

(4)考察

控訴審判決は、「金融機関は毎月分配型の投資信託の受益証券を購入する顧客に対し、その仕組み、特性、リスクの内容と程度等の説明として、分配金に運用収益以外のものが含まれていること、および、分配金が分配されていることが必ずしも良好な運用実績を意味しないことも、当該顧客の属性、すなわち、投資経験、金融商品取引の知識、投資意向、財産状態等の諸要素を踏まえて、当該顧客が具体的に理解することができる程度に説明をすべき信義則上の義務があるところ、金融機関の担当者は、投資信託に係る5年以上の投資経験を有する企業経営者の顧客に対し、判示の事実関係の下においては、当該顧客の属性を踏まえた説明がされており、説明義務違反は認められない」とした事例である。

控訴審判決と一審判決の結論の差異は、事実認定の違いに由来する。

一審判決は、①本件投資信託の分配金には普通分配金と特別分配金があり、特別分配金は収益を原資とするものではなく元本の一部払戻しに相当するものであること（本件事実A）、②分配金の水準はファンドの収益の実績を示すものではないこと（本件事実B）の両事実を説明する義務があり、Bはこれを怠ったとする。

これに対して、控訴審判決では、次のように判断していった。

【A】 X1は、本人尋問において、(i)「Bからは顧客の支払ったものの中から分配金が支払われることがあるとの説明はなかった」旨供述する一方、(ii)「Bは入社後の期間が短いようでいろいろなことを話そうとしていたが、説明用資料があるのだからその記載内容を話してくれればよい旨を述べて、Bの説明を制した」と供述した。

【B】 上記の(ii)部分は、Bの控訴審の証人尋問における、「X1が、オーストラリアの公社債等で資産を運用する本件投資信託に興味を示す一方、研修で教えられたとおり、リスクの内容および程度、運用実績と分配金との関係などを説明しようとしても、もう分かっているから必要ない旨述べていた」旨の証言と大筋において符合している。

【C】 したがって、これに沿う事実を認定することができる。これが、【事実関係】の①②で認定されている事実である。

【D】 そうすると、「Bから説明を受けたX_1は、Bの説明を聞いていなかったか、聞いていたとしても記憶に残らない程度にしか説明内容に関心を示していなかった」が、「BからX_1に対しては、本件投資信託の分配金は投資信託の運用収益を原資とするとは限らず、元本の払戻しによることもあり得ることが口頭で説明され、実質的に上記AおよびBの各事実の説明がされている」と事実認定したのである。

控訴審判決は、人証の結果を突き合わせて整合する部分を押さえ、その事実を認定したのである。これに対して、一審は、X_1の本人尋問は実施したが、Bの証人尋問をしておらず、目論見書および販売用資料の記載内容から、説明を想定してその適否（説明義務違反の有無）を評価している。

6　市役所職員の説明

(1) 事案の概要

Xの子Aは、身体障害者である。Xは、Aのために、Y市役所に身体障害者手帳を受け取りに出かけた際、担当者から、Aが利用する鉄道・バスの運賃は5割引になるという説明を受けた。身体障害者が外出するには介護が必要なことが多いことから、介護者の運賃も5割引になるという制度がとられているが、担当者は、介護者であるXの運賃の割引制度については何も説明しなかった。そのため、XはAの介護者として鉄道・バスに乗車した際にも正規料金を支払っていた。ところが、その旅行中に、鉄道会社の従業員から介護者にも割引制度があることを教えられた。

そこで、Xは、それまでに支払った正規運賃と割引額相当額との差額の損害（1万円余）を被ったが、これは職員の説明義務（情報提供義務）違反に基づくものであるとして、Y市に対して、国家賠償法1条1項に基づき、損害賠償を求めた。

【ケース15－5　市役所職員の介護者運賃割引説明ケース】

このケースでは、一審判決と控訴審判決とで判断を異にし、上告審判決では、破棄差戻しがされている。それぞれの判断に事実認定の違いが影響したのであろうか。

上告審判決は、東京高判平成21年９月30日判時2059号68頁であるが、これに至るまでの経過をみていくことにしよう。

(2)一審判決と控訴審判決

一審判決は、Ｘの請求を認容した。その理由は、市役所の担当者は、介護者の運賃割引の説明をせず、『障がい者のてびき』の交付もしなかったと事実認定した上、身体障害者手帳の交付にあたっては、鉄道・バスの運賃が一定の場合に介護者にも割引になることを教示すべき条理上の義務があるところ、担当者はこれに反したというものであった。

控訴審判決は、Ｘ請求を棄却するという逆転判決をした。その理由は、『障がい者のてびき』の交付はされたと事実認定した上、行政がある事柄についての説明義務を負っているかどうかは、説明義務を規定する法令の有無、当該事柄の内容・性質、住民と行政の相談・交渉の経緯等の具体的事情を総合して判断すべきであるが、本件割引制度のような民間企業の割引制度等に関する情報提供義務を定めた法令は見当たらないとして、Ｙの説明義務を否定するものであった。

(3)上告審判決の論理

上告審判決は、控訴審判決を破棄して、差し戻すという、再度逆転する判決を言い渡した。

上告審判決の理由は、次のとおりである[8)]。

【A】 身体障害者の移動の自由について、原理的な観点から基礎づけた上、身体障害者・介護者の鉄道バス運賃の割引制度の趣旨を考察し、関係法令を解釈して、身体障害者福祉法の目的・理念を具体化する仕方を明らかにした。つまり、人が社会生活を営む上で移動することは重要であるから、移動の自由の保障は、憲法13条の一内容というべきものと解した

8）上告審判決の評釈として、太田匡彦「判批」季刊社会保障研究46巻３号313頁（2010）、山下慎一「判批」法政78巻１号134頁（2011）、瀧澤仁唱「判批」賃金と社会保障1513号15頁（2010）、青木淳一「判批」自研88巻６号115頁（2012）、加藤新太郎「身体障害者の介護者運賃割引制度の情報提供義務」NBL1095号77頁（2017）。

のである。

【B】 身体障害者は、健常者と異なり、程度の差こそあるものの移動の自由が損なわれているから、身体障害者にとっての移動の自由は、健常者より以上に、その自立を図り、生活圏を拡大し、社会経済活動への参加を促進するという観点から、大きな意義がある。そうであるからこそ、身体障害者に移動の自由を制度的に保障することはその福祉増進に資するものとして、政策的に支援することが求められる。

【C】 身体障害者が介護者の介護を受けて鉄道・バスに乗車する際介護者にも運賃割引制度がある旨の情報は、身体障害者福祉法9条4項2号にいう『身体障害者の福祉に関し、必要な情報』に当たるから、市の担当者がこれを教えなかったことは、情報提供義務違反になる。

(4) 考察

一審判決と控訴審判決とでは、X側に『障がい者のてびき』が交付されたかどうかという事実認定に違いがあったが、担当者としては、その事務として一律に冊子を交付しているのであるから、Xに対しても交付している蓋然性は高いと思われる。しかし、Xが介護者に5割の運賃割引があることを教えられているとすれば、割引運賃を支払っていたはずであるから、Xにその認識がないことは明らかである。その限りで、Xに冊子が交付されていない可能性がないわけではない。

それでは、『障がい者のてびき』を見れば、介護者が5割の運賃割引となることは理解することができるであろうか。この冊子には、「JR（鉄道・バス）私鉄（鉄道）の運賃の割引」という欄に、「第1種身体障害者（介護付）五割」と記載がされていた[9)]。しかし、この記載を読んでも、介護者が5割の運賃割引となることを読み取ることは難しい。そうすると、『障がい者のてびき』の交付の事実は、結論を導く上で決定的なものとはいえない。つまり、『障がい者のてびき』の交付の有無は見かけ上の争点であって、本件において結論を導くには意味は乏しかったのである。この点は、事実の争点について当該ケースで結論を導くに当たって有意味か否かを考慮した上で、争点化することの必要

9）現在の版の『障がい者のてびき』には、運賃割引制度についてまぎれのない形で記載されている。

性を教えるものといえよう。

むしろ、本件における判断を左右する要素としては、身体障害者福祉法制をどのように解するかというスタンスいかんが大きいと解される。身体障害者福祉法は、身体障害者の自立を図り、生活圏を拡大し、社会経済活動への参加を促進するという福祉増進のため、国・地方公共団体だけでなく国民の責務をも定めている。とりわけ、国・地方公共団体は身体障害者の主体的な生活の実現を政策的に支援することが要請されており、そのように法制は整備されつつある。これを受けて、第一線の市役所職員にも同法の目的や理念に配慮した思いやりある執務が要請されると考えるか、控訴審判決のように、「民間企業の制度だから担当職員は介護割引を教えなくてもよい」と考えるか。これが判断の分岐である。

本件において、Xは金銭賠償目的ではなく、自治体とその職員に、身体障害者福祉関係事務を進めるに際して暖かな配慮をする契機となることを考えて提訴した。上告審判決は、Xの問題提起に応えて、上記のように判断したものということができる。

7　事実認定スキル向上のために

(1) 民事事実認定手法の10のポイント

民事事実認定の手法として、留意すべき重要事項をリストアップしておこう。

第1に、動かし難い事実と事実経過の自然さを押さえて要証事実認定の基礎とすること。

第2に、事実認定は徹頭徹尾経験則の適用である。推論の構造を意識するとともに、経験則の階層性、経験則の例外随伴性に配慮すること。

第3に、時系列で証拠・間接事実（事前の状況、行為時の状況、事後の状況）を整理することにより全体の事実関係がみえてくる。

第4に、証拠評価においては、経験則に合致する自然な流れと整合するか否かを検討していくこと。しかし、経験則に反するがそれなりの説明が可能な事情、論理的には考慮されにくいが無視もしにくい固有の事情にも留意すること。

第５に、書証は点、人証は線としてみていくこと。

第６に、処分証書がある場合には、①文書の成立の真正を争うのか、②契約の解釈を争うのか、③書証の記載内容を覆滅したいとして争うのかという争い方の類型に応じた扱いをすること。

第７に、人証の評価においては、適格性テスト、誠実性テスト、自然性テスト、合理性テスト、整合性テストをすること。

第８に、細部揺るがせにせず、かといって全体像を見失わない（葉を見る・木を見る・森を見る）こと。

第９に、ミクロ的視点とマクロ的視点（鳥の目と虫の目）を併せもつこと。要件事実論的（分析的）思考とスジ論的（統合的）思考を併せもつこと。

第10に、バランス感覚と方向感覚をもつこと。

(2) 実践的スキルの体系としての民事事実認定手法

民事事実認定論には、知識体系としての民事事実認定理論と実践的スキルの体系としての民事事実認定手法論とがある。前者は、学としての民事事実認定論であり、後者は、術（アート）としての民事事実認定論である。

本書は、知識体系としての民事事実認定理論（学としての民事事実認定論）[10]を基礎として、実践的スキルの体系としての民事事実認定手法論（術（アート）としての民事事実認定論）を考察してきた。両者は、車の両輪であるということもできるし、同じものを別の角度から光を当てたものということもできる。

知識体系としての民事事実認定理論をマスターすれば、事実認定を上手く実践することができるか。これは、「ピアノ演奏法を学べば、ピアノを上手く弾くことができるか」という問いかけに似ている。もちろん、経験・訓練が重要なのである。もっとも、経験を積めば、誰でも事実認定の達人になるというわけではない。民事事実認定に上達するためには、知識体系としての民事事実認定理論を基礎にして経験を重ね、経験から暗黙知である土地勘と相場観を獲得していくことが必要なのである。この暗黙知を可能な限り言葉にしようとする試みは、実践的スキルの体系としての事実認定手法を明らかにすることにほかならない[11]。

10）加藤・認定論12頁。

11）加藤・認定論６頁。

本書が、読者諸賢の民事事実認定スキル向上の一助になることを祈念して擱筆する。

●コラム15 三文判が押された取締役会議事録

新興のIT関係の株式会社Yが、第三者割当の方法による株式発行をした際に、第三者に有利な価格による新株発行をしたが、これは、当時の代表取締が会社支配を強化する不公正な目的で行ったものであるとして、会社から排除された元の取締役Xが損害賠償請求をした。

争点は、Y社では、正規の手続として取締役会が開催され、問題の決議がされていたか（主要事実）、取締役Xが、取締役会の議事録に押印したか、議事録管理担当者Aが印章を調達して押印したか（間接事実）というものであった。

Xは、取締役会決議がされていないと主張したが、それに対して、Yは、取締役会できちんと決議されており、取締役会議事録がある、その議事録にXの押印もあると、反論した。Xは、「自分は、議事録に押印した覚えはない」と主張し、本人尋問でもそう述べた。これに対し、議事録の管理担当者Aが、「Xの取締役は大変ルーズであって、印鑑を持っているときと持ってないときがあった。印鑑を持ってないときは、その場で本人が三文判を買ってきて、それを議事録に押していた」という陳述書を提出した。

確かに、いくつかの議事録を見てみると、押印されている印章がバラバラである。しかし、いくら当時規模の小さな会社であったとしても、議事録の管理担当者が「次に来社するときに印章を持ってきてください」と言うことはあっても、その場で取締役に三文判を買いに走らせて、押印させることは、普通はないように思われる。もちろん、議事録を急いで作成したい事情があれば、そういうこともないとはいえないが、当時そうした事情があったという説明はされていない。

そこで、裁判官（筆者）は、弁論準備手続において、「Aの陳述書の当該個所の記述（取締役に三文判を買いに走らせて、押印させること）は、普通ではあまり想定されないでしょうね」とコメントし、その後の双方の出方を観察した。

ところが、Aの証人尋問において、Y側訴訟代理人は、その点に触れることなく主尋問を終えたが、X側訴訟代理人も、どうしたことか反対尋問でこの点を問題とすることはなかった。

裁判官は、当事者が問題にしないのであれば、間接事実でもあるから、裁判所がさらに突っ込むこともないかと考え、補充尋問は控えた。「取締役に三文判を買いに走らせて、押印させること」について、きちんとした反証もされてないから、裁判所としては深入りしなかったのである。

改めて、証人Aの証言と陳述書の証拠評価について検討してみよう。

第1に、議事録に押印する取締役の印章は、経験則上、同一人については同一のもので揃っているのが通常である。仮に、Y社が実際には開催していない取締役会議事録に勝手にX名義の印章を押しているのであれば、同一のもので揃えるであろう。しかし、現実には、議事録に押印されているX名義の印章は、三文判も含めて少なくとも三種類のものであった。したがって、Aが言うように、Xがルーズで、印鑑を持ち合わせていないときは、その場で三文判を文房具屋で買ってきて押印していたという可能性がないわけではない。

第2に、ある日の取締役会の議事録については、Xは友人の結婚式に出ており、取締役会には出席していないのに議事録には押印されているというアリバイ主張がされた。しかし、時間的には、Xは友人の結婚式にも取締役会にも十分両方に出席することができることが反証されている。

そうすると、Xの本人尋問・陳述書とAの証人尋問・陳述書は、その両者を比較すると、関連証拠や経験則に照らし、決め手を欠き、どちらにより信用性があるともいえない。そうすると、X本人の印章が押されている取締役会議事録が示す事実、すなわち取締役会が開かれたという事実を推認をせざるを得ない。もっとも、X訴訟代理人が、Aに対して、取締役に三文判を文房具屋に購入に行かせるという事実の不自然さに焦点を当てて反対尋問し、その真偽がテストされ疑念が生ずれば、上記推認を覆すに足りる特別な事情にはなり得る。しかし、反対尋問はされなかった。その作成が法定されている取締役会議事録という書証の存在に対し、勝手に押印されたという主張を通すためには、相応の反証が必要である。それがされない以上、上記のような事実認定は、やむを得ないところであろう。

@東京地判平成12年 5 月24日判タ1054号260頁

事項索引

し

す

せ

そ

た

よ

り

る

ろ

判例索引

●昭和50～59年

●昭和60～63年

●平成元～9年

●平成10～19年

●平成20～31年

●令和

〔著者〕

加藤新太郎（かとう・しんたろう）

弁護士（アンダーソン・毛利・友常法律事務所顧問）。
1950年生まれ。博士（法学・名古屋大学）。
1975年裁判官任官（東京地方裁判所）。その後、名古屋、大阪、釧路に勤務。1988年司法研修所教官（第2部）、1992年司法研修所事務局長、1998年東京地方裁判所判事（部総括）、2001年司法研修所上席教官（第1部）、2005年新潟地方裁判所長、2007年水戸地方裁判所長、2009年東京高等裁判所判事（部総括）、2015年依願退官、2015年～2021年中央大学法科大学院教授。2015年7月弁護士登録、2021年中央大学法科大学院フェロー。
『弁護士役割論』（弘文堂・1992、〔新版〕2000）、『コモン・ベーシック弁護士倫理』（有斐閣・2006）、『手続裁量論』（弘文堂・1996）、『司法書士の専門家責任』（弘文堂・2013）、『民事事実認定論』（弘文堂・2014）、『リーガル・エクササイズ』（金融財政事情研究会・2015）、リーガル・コミュニケーション』（編著、弘文堂・2002）、『リーガル・ネゴシエーション』（編著、弘文堂・2004）、『民事事実認定と立証活動Ⅰ・Ⅱ』（編著、判例タイムズ社・2009）、『民事尋問技術』（編著、ぎょうせい・1996、〔新版〕1999、〔第4版〕2016）、『条解 民事訴訟法〔第2版〕』（共著、弘文堂・2011）など

民事事実認定の技法

2022（令和4）年2月28日　初版1刷発行
2023（令和5）年2月28日　同　2刷発行

著　者　加藤 新太郎

発行者　鯉 渕 友 南

発行所　株式会社 弘 文 堂　101－0062 東京都千代田区神田駿河台1の7
TEL03（3294）4801　振替00120－6－53909
https://www.koubundou.co.jp

装　幀　大 森 裕 二

印　刷　大 盛 印 刷

製　本　井上製本所

ISBN978-4-335-35890-6

民事裁判の法理と実践

加藤新太郎先生古稀祝賀論文集

三木浩一・山本和彦・松下淳一・村田渉▶編

実務家として理論家として、わが国の民事司法の発展に多大な寄与をされてきた加藤新太郎先生の古稀を祝し、第一線で活躍する研究者・実務家39名が、多彩な分野（判決手続、執行法、倒産法、国際民事訴訟法、ADR、司法制度、裁判実務、民事実体法）にわたる重要テーマに挑む。理論と実務を架橋し、民事裁判を多様な視角から光をあてる必読の論文集。　A５判 上製 箱入り 824頁 14000円

第１部　判決手続
三木浩一／我妻学／杉浦徳宏／関口剛弘／西川佳代／畑瑞穂／手賀寛／村田渉／佐瀬裕史／坂田宏／山本和彦／髙田昌宏／萩澤達彦／松村和徳／山本克己／森宏司／菱田雄郷／垣内秀介／小林学／長谷部由起子

第２部　執行法・倒産法
中島弘雅／下村眞美／八田卓也／工藤敏隆／佐藤鉄男／島岡大雄／松下淳一

第３部　国際民事訴訟・ADR
安達栄司／古田啓昌／村上正子／山田文

第４部　民事司法一般
内海博俊／石田京子／太田勝造／菅原郁夫／須藤典明／松田典浩／森炎／吉田和彦

＊定価（税抜）は、2023年２月現在のものです。

条解シリーズ

条解民事訴訟法〔第2版〕	兼子一=原著 松浦馨・新堂幸司・竹下守夫・高橋宏志・加藤新太郎・上原敏夫・高田裕成
条解民事執行法〔第2版〕	伊藤眞・園尾隆司=編集代表 林道晴・山本和彦・古賀政治=編
条解破産法〔第3版〕	伊藤眞・岡正晶・田原睦夫・中井康之・林道晴・松下淳一・森宏司=著
条解民事再生法〔第3版〕	園尾隆司・小林秀之=編
条解信託法	道垣内弘人=編
条解不動産登記法	七戸克彦=監修 日本司法書士会連合会・ 日本土地家屋調査士会連合会=編
条解消費者三法〔第2版〕 消費者契約法・特定商取引法・割賦販売法	後藤巻則・齋藤雅弘・池本誠司=著
条解弁護士法〔第5版〕	日本弁護士連合会調査室=編著
条解刑事訴訟法〔第5版〕	松尾浩也=監修 松本時夫・土本武司=編集顧問 池田修・河村博・酒巻匡=編集代表
条解刑法〔第4版〕	前田雅英=編集代表　松本時夫・池田修・渡邉一弘・河村博・秋吉淳一郎・伊藤雅人・田野尻猛=編
条解行政手続法〔第2版〕	髙木光・常岡孝好・須田守=著
条解行政事件訴訟法〔第4版〕	南博方=原編著 高橋滋・市村陽典・山本隆司=編
条解行政不服審査法〔第2版〕	小早川光郎・高橋　滋=編著
条解国家賠償法	宇賀克也・小幡純子=編著
条解行政情報関連三法 公文書管理法・行政機関情報公開法・行政機関個人情報保護法	高橋滋・斎藤誠・藤井昭夫=編著
条解独占禁止法〔第2版〕	村上政博=編集代表　石田英遠・川合弘造・渡邉惠理子・伊藤憲二=編